BIBLIOTHÈQUE
DES MERVEILLES

PUBLIÉE SOUS LA DIRECTION

DE M. ÉDOUARD CHARTON

———

LES BALLONS
ET
LES VOYAGES AÉRIENS

PARIS. — TYPOGRAPHIE DU MAGASIN PITTORESQUE
(JULES CHARTON, ADMINISTRATEUR DÉLÉGUÉ
rue des Missions, 15

BIBLIOTHÈQUE DES MERVEILLES

LES BALLONS

ET

LES VOYAGES AÉRIENS

PAR

FULGENCE MARION

QUATRIÈME ÉDITION

REVUE ET AUGMENTÉE

ILLUSTRÉE DE 34 VIGNETTES SUR BOIS

PAR P. SELLIER

PARIS

LIBRAIRIE HACHETTE ET Cie

79, BOULEVARD SAINT-GERMAIN, 79

1881

Droits de propriété et de traduction réservés

LES BALLONS

MERVEILLES DE LA NAVIGATION AÉRIENNE

PREMIÈRE PARTIE

LA CONQUÊTE DU CIEL

CHAPITRE PREMIER

LA FANFARE DE 1783.

> Où donc s'arrêtera l'homme séditieux ?
> L'espace voit, d'un œil par moment soucieux,
> L'empreinte du talon de l'homme dans les nues ;
> Le voilà maintenant marcheur de l'infini.
> Où s'arrêtera-t-il, le puissant réfractaire ?
> Jusqu'à quelle distance ira-t-il de la terre ?
> Jusqu'à quelle distance ira-t-il du destin ?
> Toute l'antique histoire affreuse et déformée
> Sur l'horizon nouveau fuit comme une fumée.
>
> VICTOR HUGO.

La Conquête du ciel : ce titre d'une introduction aux merveilles de l'art aérostatique peut paraître ambitieux aux astronomes et à ceux qui savent que le véritable ciel, l'espace infini, est à jamais inaccessible aux voyages de l'habitant de la terre. Cette inscription, brodée en lettres flamboyantes sur l'étendard de l'aérostation, n'a pas paru exagérée à ceux qui ont assisté à l'enthousiasme allumé par l'ascension de la première montgolfière. Dans l'histoire entière de l'humanité, jamais découverte n'excita pareil applaudissement. Jamais le génie de l'homme n'avait remporté un triomphe à l'apparence plus éclatante. Les sciences mathématiques et physiques recevaient le plus magnifique des témoignages, et déjà on saluait l'aurore d'une ère inattendue. Désormais l'homme régnait en maître sur la nature. Après avoir asservi le sol à sa puissance, après avoir fait courber la tête des vagues liquides sous la carène de ses navires, après avoir arraché la foudre au ciel, il allait, triomphateur sublime, prendre possession des célestes domaines. L'imagination à la fois orgueilleuse et confondue ne distinguait plus aucune limite à cette puissance, les portes de l'infini s'étaient écroulées sous le dernier coup de pied de la témérité humaine : la plus grande des révolutions venait de sonner au cadran séculaire des destinées.

Il faudrait avoir assisté à la frénésie de cet enthousiasme pour s'en rendre compte. Il faudrait avoir vu Montgolfier à Versailles, le 19 septembre 1783, sous les yeux de Louis XVI, ou bien les premiers aéronautes aux Tuileries. Paris n'avait qu'une voix pour acclamer les conquérants de l'espace céleste, et alors comme aujourd'hui la voix de Paris donnait le signal à la France, et la France le donnait au monde. Nobles et roturiers, savants et ignorants, grands et petits, le cœur battait d'un seul battement. Les rues débordaient de chansons, les librairies débordaient d'images et d'estampes, les salons ne s'entretenaient que de la nouvelle *machine;* le poète se délectait déjà dans la contemplation supérieure des vastes scènes de la création, le prisonnier songeait à son évasion nocturne, le physicien visitait le laboratoire de la foudre et des météores, le géomètre dressait le plan des villes et des royaumes, le général observait la disposition du camp ennemi en faisant pleuvoir des obus sur la ville assiégée; le gouvernement occulte donnait un nouveau service aux agents de la maréchaussée, le jeune garde-française s'envolait au ravissement de la fleur du castel, l'esprit fort proclamait un nouvel empiétement sur le domaine de Dieu, la piété craintive tremblait à l'approche des temps, le savant enregistrait un nouveau chapitre aux annales des connaissances humaines. Nul ne restait indifférent. Revoyez sous un coup d'œil général la marche progressive de l'esprit humain depuis les périodes les plus reculées jusqu'à nos jours : ni les chefs-d'œuvre de l'art et de l'éloquence, ni les législations souveraines, ni les conquêtes du sabre, ni la locomotive, ni le télégraphe, ne suscitèrent mouvement comparable à celui-là. C'était l'audace humaine, altière et victorieuse, brillant au rang d'étoile dans l'immense étonnement des cieux !

Dans l'histoire des progrès de l'esprit humain, il est donc peu d'événements qui aient suscité un enthousiasme pareil à celui qu'éveilla dans tous les esprits l'ascension du premier ballon. En général, les découvertes scientifiques, dit Arago, celles même dont les hommes pouvaient espérer le plus d'avantage, les découvertes, par exemple, de la boussole et de la machine à vapeur, furent reçues, à leur apparition, avec une dédaigneuse indifférence. Les événements politiques, les hauts faits militaires, jouissent exclusivement du privilége d'émouvoir la masse du public. Il y a eu cependant deux exceptions à cette règle. Sur cette seule indication, chacun de vous a déjà nommé l'*Amérique* et les *aérostats*, Christophe Colomb et Montgolfier. Les découvertes de ces deux hommes de génie, si différentes, jusqu'ici, dans leurs résultats, eurent, en naissant, des fortunes pareilles. Recueillez, en effet, les marques de l'enthousiasme général que la découverte de quelques îles excita chez l'Andalou, le Catalan, l'Aragonais, le Castillan ; lisez le récit des honneurs inouïs qu'on s'empressait de rendre, depuis les plus grandes villes jusqu'aux plus petits hameaux, non seulement au chef de l'entreprise, mais encore aux simples matelots, et dispensez-vous ensuite de chercher dans les écrits de l'époque quelle sensation les *aérostats* produisirent parmi nos compatriotes. Les processions de Séville et de Barcelone sont l'image fidèle des fêtes de Lyon et de Paris. En 1783, comme deux siècles auparavant, les imaginations exaltées n'eurent garde de se renfermer dans les limites des faits et des probabilités. Là, il n'était pas d'Espagnol qui, sur les traces de Colomb, ne voulût, lui aussi, aller fouler de ses pieds ces contrées où, dans l'espace de quelques jours, il devait recueillir autant d'or et de pierreries qu'en possédaient jadis les plus riches potentats. En France, chacun, suivant la direction habituelle de ses idées, faisait une application différente, mais séduisante, de la nouvelle faculté, j'ai presque dit des nouveaux organes que l'homme venait de recevoir des mains de Montgolfier. De tels projets, qu'on dirait empruntés à l'Arioste, semblaient assurément devoir satisfaire les esprits les plus aventureux, les plus enthousiastes ; il n'en fut pas ainsi cependant : la découverte des aérostats, malgré le brillant cortège dont chacun l'entourait à l'envi, ne parut que l'avant-coureur de découvertes plus grandes encore ; rien désormais ne devait être impossible à qui venait de conquérir l'atmosphère ; cette pensée se reproduit sans cesse, elle revêt toutes les formes ; la jeunesse s'en empare avec bonheur, la vieillesse en fait le texte de mille regrets amers. Voyez la maréchale de Villeroi : octogénaire et malade, on la conduit presque de force à une des fenêtres des Tuileries, car elle ne croit pas aux ballons. Le ballon, toutefois, se détache de ses amarres ; le physicien Charles, assis dans la nacelle, salue gaiement le public, et s'élance ensuite majestueusement dans les airs. Oh ! pour le coup, passant, et sans transition, de la plus complète incrédulité à une confiance sans bornes dans la puissance de l'esprit humain, la vieille maréchale tombe à genoux, et, les yeux baignés de larmes, laisse échapper ces tristes paroles : « Oui, c'est décidé maintenant, c'est certain, ils trouveront le secret de ne plus mourir, *et c'est quand je serai morte !* »

Et que serait-ce si nous rappelions les idées populaires écloses à la première fécondité de cette découverte ? Dans les imaginations moins tempérées, chez les esprits moins éclairés, parmi les rangs du peuple causeur, ce n'était pas seulement le ciel bleu, l'atmosphère terrestre qui devenait le domaine de l'homme ;

c'était le vaste ciel des mondes. La lune, mystérieux séjour d'habitants inconnus, ne serait plus inaccessible ; l'espace n'avait plus d'abîmes que le génie ne pût franchir. Bientôt des expéditions tenteraient le céleste voyage et nous rapporteraient des nouvelles de ce monde voisin. Christophe Colomb et sa renommée s'évanouissaient à l'éclat de cette conquête sans précédent. Les planètes qui voguent autour du soleil en compagnie de la terre, les comètes aventureuses, jadis objets de terreur, les étoiles lointaines, c'était là désormais le champ ouvert aux investigations du roi de la terre. On se demandait avec terreur où l'homme s'arrêterait dans son ambition, et l'on entendait dans l'espace une voix qui répondait : Nulle part !

La Providence de Bossuet a dit à la société : Marche ! Le nouvel essor qui faisait palpiter les ailes de l'humanité dépassait l'ordre de cette Providence, et l'ancien monde mourait en donnant naissance au phénix de la « Liberté dans la lumière. »

On comprend cet enthousiasme. Il y a dans le seul fait d'une ascension dans les airs quelque chose de si grand, de si hardi, de si surprenant, que l'âme se sent profondément touchée. Et s'il nous arrive encore, même aujourd'hui que nous sommes témoins de ces faits depuis quatre-vingts ans, d'être émus par le départ des hommes qui se confient sur une nacelle tremblante à l'abîme de l'immensité aérienne, quel dut être l'étonnement de ceux qui, pour la première fois depuis le commencement du monde, virent un de leurs frères s'envoler dans le vide, sans autre assurance que la témérité d'une foi rayonnante ?

Pourquoi sommes-nous obligé de constater ici que l'immense retentissement qui remua les esprits d'un bout de l'Europe à l'autre et qui annonçait de si vastes espérances à la découverte nouvelle, s'éteignit insensiblement sans se réveiller pour aucune réalisation des prévisions qui paraissaient si légitimes ? Il y a bientôt cent ans que le premier voyage aérien étonna le monde, et nous ne sommes pas plus avancés qu'en 1783. Notre siècle est le plus brillant d'entre tous par ses découvertes. L'homme

se fait porter par le feu ; mieux que le poisson, il traverse les
océans ; mieux que la taupe et les animaux souterrains, il traverse les montagnes ; mieux que la parole, il transmet instantanément sa pensée de Paris à New-York ; mieux que l'œil, il
fixe les images impalpables : le soleil est son esclave. L'air seul
lui est resté insoumis. La direction des ballons n'est pas trouvée ; moins que cela, les ballons ne paraissent pas dirigeables,
et c'est à des constructions plus conformes à la structure des
oiseaux que l'on devra demander le secret de la navigation
aérienne. Aujourd'hui comme autrefois, on est à la discrétion
des ballons, globes plus légers que l'air, qui sont la proie des
courants et des tempêtes. Et les aérostats sont descendus au
discrédit de la curiosité frivole et du couronnement ordinaire
des fêtes publiques.

Nous aimons à espérer que l'aurore si joyeuse et si éclatante
qui est apparue à l'horizon de ce siècle, aux yeux surpris de
nos ancêtres, n'attendra pas un autre siècle pour annoncer le
jour si impatiemment attendu de la véritable conquête des airs.
Le dix-neuvième siècle nous a déjà donné tant de choses, que
sa générosité ne nous refusera pas la plus précieuse. Lorsque
l'homme aura pris possession du ciel aérien, comme il a pris
possession de l'élément liquide, les barrières qui séparent les
peuples tomberont d'elles-mêmes, et, de l'équateur aux pôles,
le globe terrestre deviendra le séjour d'une seule famille. Le
philosophe, qui suit silencieusement la marche corrélative du
progrès dans le sein de l'humanité entière, reconnaît, il est
vrai, que les distinctions rivales des peuples ne peuvent pas encore s'effacer, et que peut-être l'heure que nous espérons est
retardée sur le livre du destin. Mais puisque c'est l'humanité
qui se perfectionne elle-même par son incessant travail, que
tous ceux dont le cœur palpite aux grandes questions du progrès, que tous ceux dont l'esprit s'exalte pour la cause universelle, travaillent chacun selon son impulsion intime ! Conqué-
rons par notre ardeur studieuse le vaste domaine de la nature.

CHAPITRE II

Tentatives anciennes imaginées à diverses époques pour s'élever
dans les airs.

> ... Cœlum certe patet. Ibimus illac.
> OVIDE.

Avant de contempler dans son expression absolue, triomphalement proclamée à la fin du siècle dernier, la conquête soudaine du royaume aérien, il est à la fois curieux et instructif de jeter un regard en arrière et de saisir, à la lueur des traditions antiques, les tentatives qui peuvent avoir été faites ou imaginées par l'homme pour s'affranchir du boulet de l'attraction terrestre.

La plupart des arts et des sujets de science peuvent remonter une échelle chronologique fort longue, et quelques-uns se perdent dans la nuit des temps, pour parler comme les historiens. L'art de s'élever dans les airs ne rencontre pas d'ancêtres sérieux dans l'histoire, et la découverte des Montgolfier s'est élevée spontanément sans que les inventeurs aient pu, comme Copernic ou Colomb, trouver dans la lecture des ouvrages anciens l'indice du principe sur lequel est construit le ballon. Du moins n'avons-nous aucune preuve que les peuples anciens aient rien mis en pratique dans l'art de la navigation aérienne. Les essais que nous allons signaler n'appartiennent pas rigoureusement à l'histoire de l'aérostation.

Si nous commencions notre revue rétrospective au déluge, ou aux temps héroïques, nous remarquerions d'abord dans le ciel mythologique Mercure aux pieds ailés et les fréquentes visites des divinités de l'Olympe aux habitants de la terre, et dans le ciel biblique, les voyages des anges. Mais ce serait abuser de l'analogie. Un peu plus tard, nous apercevons dans l'île de Crète Dédale fuyant la colère de Minos et se sauvant avec son fils Icare à l'aide d'ailes de sa construction qui lui permirent de traverser les airs. Les ailes étaient, parait-il, soudées par de la cire ; l'imprudent Icare s'étant élevé trop haut, fut atteint par un rayon de soleil qui fondit cette cire et le précipita dans la mer, auprès d'une petite île qui depuis se nomma Icarie. Il y a peut-être sous ce symbole l'invention des voiles de navire.

En descendant le labyrinthe de l'histoire antique, nous rencontrons, au quatrième siècle avant Jésus-Christ, Archytas de Tarente, ami et contemporain de Platon, qui passe pour avoir lancé dans les airs le premier cerf-volant, et qui, d'après les auteurs grecs, « fit une colombe de bois qui volait, mais qui ne se relevait plus si elle venait à tomber. » Son vol, est-il dit, s'effectuait « par le moyen d'un artifice mécanique et se soutenait par des vibrations. »

En l'an 66 de l'ère chrétienne, au temps de Néron, Simon le Magicien, — qui s'appelait le Mécanicien, — fit à Rome des expériences de vol à une certaine hauteur. On sait qu'aux yeux des premiers chrétiens, cette puissance, ainsi que celle de plusieurs autres personnages, était attribuée au démon, et que l'adversaire de notre homme volant, saint Pierre, se mit en prière pendant que Simon planait dans l'espace, et obtint de la charité divine que ce renégat tombât sur le Forum et se brisât le crâne sur place.

Du haut de la tour de l'hippodrome de Constantinople, au temps de l'empereur Emmanuel Comnène, un Sarrasin eut le même sort que Simon. Ses expériences étaient fondées sur le principe du plan incliné : il descendait suivant une route oblique en se servant de la résistance de l'air. « Sa robe, fort longue et fort large, dont les pans étaient retroussés avec de l'osier, devait lui servir de point d'appui. »

Le plan incliné a également servi à l'ange Uriel, du *Paradis perdu*, lequel descendait le matin du ciel sur la terre par un rayon de soleil, et remontait le soir de la terre au ciel par la même obliquité. Mais ne donnons pas droit de cité ici aux fantaisies de la pure imagination, et ne parlons pas non plus de Médée la magicienne, de l'enchanteresse Armide, des sorcières du Brocken, de l'Hippogriffe, neveu de Pégase, du Zéphyr aux ailes roses, et des inventions diaboliques du moyen âge, pour lesquelles bien des bûchers s'allumèrent.

Roger Bacon, du treizième siècle, inaugure une ère plus scientifique. Dans son *Traité de l'admirable puissance de l'art et de la nature,* il émet l'idée que l'on « peut faire des machines pour voler, dans lesquelles l'homme, étant assis ou suspendu au centre, tournerait quelque manivelle qui mettrait en mouvement les ailes faites pour battre l'air, à l'instar de celles des oiseaux. » Dans ce même traité il donne la description d'une machine volante avec laquelle celle de Blanchard, que nous retrouverons au dix-huitième siècle, offre certains rapports. Le moine Roger Bacon était digne de précéder au Panthéon des grands hommes le chancelier Bacon, qui devait, au dix-septième siècle, annoncer l'ère de la méthode expérimentale.

L'homonyme d'un nom illustre à d'autres titres, Jean-Baptiste Dante, mathématicien de Pérouse, à la fin du quinzième siècle, construisit des ailes artificielles qui, appliquées au corps de l'homme, lui permettaient de s'élever dans les airs. On rapporte qu'il fit plusieurs fois l'essai de son appareil sur le lac de Trasimène. J.-B. Dante ne doit pas être confondu avec celui qui traça la méridienne de Bologne. Ses expériences sur le vol aérien eurent une triste fin. Dans une fête donnée pour la célébration du mariage de Barthélemy d'Alviane, Dante voulut offrir ce spectacle à la ville de Pérouse, — prélude des ballons qui couronnent aujourd'hui nos fêtes publiques. — Il s'éleva très haut et vola par-dessus la place; mais le fer avec lequel il dirigeait l'une de ses ailes s'étant brisé, il tomba sur l'église de Notre-Dame et se cassa la cuisse.

Un accident semblable arriva à un savant bénédictin anglais, Olivier de Malmesbury. Ce bénédictin passait pour fort habile dans l'art de prédire l'avenir; cependant il ne sut point deviner le sort qui l'attendait. Il fabriqua des ailes, d'après la description qu'Ovide nous a laissée de celles de Dédale, les attacha à ses bras et à ses pieds, et s'élança du haut d'une tour. Mais ses ailes le soutinrent à peine l'espace de cent vingt pas; il tomba au pied de la tour, se cassa les jambes, et traîna depuis ce temps une vie languissante. Il se consolait néanmoins de sa disgrâce en affirmant que son entreprise aurait certainement réussi s'il avait eu la précaution de se munir d'une queue.

Avant d'aller plus loin, observons que le dix–septième siècle est l'époque par excellence des voyages imaginaires. L'astronomie venait d'ouvrir avec éclat son monde de merveilles; une nouvelle vue venait d'être donnée à l'homme, et lui permettait de distinguer la surface de la lune et des autres terres. C'était comme un immense réveil de la pensée humaine. Notre globe, relégué loin du centre de l'univers au sein duquel il avait trôné jusque-là, n'était plus qu'un atome perdu dans un nombre incalculable d'autres globes. Les révélations du télescope plongeaient les esprits avides dans l'inquiète curiosité de l'inconnu. C'est alors qu'apparaissent ces excursions bizarres de l'imagination dans le ciel, ces *voyages dans la lune* et dans les planètes, ces romans scientifiques où quelques connaissances élémentaires sont la base des édifices les plus exagérés (¹). Et pour voyager dans les étoiles, il fallait inventer quelque moyen de transport. Au temps passé, Lucien s'était contenté d'un na-

(¹) Voy. Flammarion, *les Mondes imaginaires et les Mondes réels.*

vire soulevé par une trombe vers la lune levant; c'était là un moyen trop primitif. L'un des premiers voyageurs à la lune des temps modernes, Godwin (1638), apprivoise des *gansas* ou cygnes sauvages de l'île Sainte-Hélène en leur montrant constamment un objet blanc pour direction. Une belle nuit il s'envole du pic de Ténériffe à cheval sur un bâton trainé par un attelage de ces oies colossales. Au bout de douze jours, il aborde à la lune. Plus tard l'Anglais Wilkins opéra la même ascension, porté sur un aigle. Alexandre Dumas, qui a écrit un petit roman sur le même sujet, n'a fait que traduire une composition de nos voisins. Après Godwin, nous trouvons Wilkins, auteur d'un ouvrage plus curieux encore que le précédent : *A discourse concerning a new World*, etc., ou, dans l'édition française de la Montagne : *le Monde dans la lune*. Ce penseur peut être regardé comme le précurseur de Montgolfier et des esprits enthousiastes qui saluèrent sa découverte et l'appliquèrent aux découvertes astronomiques. Dans un chapitre de son grand ouvrage intitulé : *Qu'il n'est pas impossible que quelqu'un de la postérité puisse découvrir ou inventer quelque moyen pour nous transporter en ce monde de la Lune, et, s'il y a des habitants, d'avoir commerce avec eux*, il expose d'abord des doutes qui font paraître son idée irréalisable. Puis, c'est ainsi qu'il raisonne :

« Nonobstant tous lesquels doutes, ie soustiendray cette thèse :

» Que posé qu'un homme peust voler, ou par quelque autre moyen s'eslever jusqu'à vingt milles ou dix lieues de hauteur ou enuiron, il luy seroit possible d'aller jusques à la lune.

» Pour plus grande illustration de cecy : Vous deuez sçauoir que la pesanteur d'vn corps, ou (comme le définit Aristote) l'inclination qu'il a à tendre en bas vers quelque centre, n'est pas une qualité absolue qui lui soit intrinsèque, comme si partout où le corps retenoit son essence, il deuoit aussi retenir cette qualité : or, comme si la nature auoit planté en tout corps massif, *appetitionem centri, et fugam extremitatis*, l'inclination vers le centre et l'auersion de l'extrémité, et l'autre n'estant pas rien dauantage, ne peuuent auoir en eux aucun pouuoir d'attraction ou d'expulsion. Suiuant ce commun principe : *Quantitatis nulla est efficacia.*

» Ce que nous pouuons aussi conclurre du mouuement des oyseaux, lesquels ne s'eslèvent de la terre que pesamment, quoy qu'auec beaucoup de peine et de travail. Là où estant haut esleuez, ils se peuvent tenir en l'air et s'essorer tout à l'entour par la simple estendüe de leurs ailes. Or la raison de cette différence n'est pas, comme aucuns se l'imaginent faussement, l'espesseur de l'air qui est sous eux : car un oyseau n'est pas plus pesant quand il n'y a que vn pied d'air sous luy, que quand il y en a six cens. Comme il appert d'vn nauire dans l'eau (exemple de cette mesme nature), lequel n'enfonce pas d'auantage, et par conséquent, n'est pas plus pesant, quand il n'a que cinq brasses d'eau, que quand il en a cinquante.

» C'est une notion assez gentille à ce propos, dont Albert de Saxe fait mention, et après lui François Mendoce, que l'air, en quelque partie d'iceluy, est nauigable. Et sur ce principe statique, qui est que tout vaisseau d'airain ou de fer (*comme par exemple vn chavderon*) duquel bien que la substance soit beaucoup plus massiue que non pas celle de l'eau, néantmoins estant plein d'air plus léger, il flottera sur l'eau et n'enfoncera point. De mesme supposez qu'vn vaisseau ou vne escuelle de bois fust posée sur les bords extérieurs de cet air élémentaire, sa cauité estant pleine de feu, ou plvstost d'air éthéré, il faudroit nécessairement sur ce mesme fondement ou principe, qu'elle y demeurast flottante, et d'elle-mesme ne pourroit pas tomber en bas, non plus qu'vn nauire vuide covler à fond.

» C'est ce dont on demeure généralement d'accord, que si la terre estoit percée d'outre en outre, et que le trou allast justement passer par le centre, et qu'on y laissast choir quelque corps pesant, voire fust-ce vne meule de moulin; si est-ce que lors qu'elle viendroit à l'endroit du centre, elle s'y arresteroit tout court suspendüe en l'air.

» La vigueur naturelle par laquelle la terre attire à soy les corps denses est moins efficacieuse à quelque distance ou esloignement : et partant vn corps de moindre densité qui est plus proche d'elle comme est, par exemple, cet air rare dans lequel nous respirons, peut néanmoins naturellement estre plus bas en sa sitvation, qu'vn autre de plus grande densité qui est plus esloigné : comme, par exemple, les nuées dans la seconde région. Et bien que l'vn soit absolument et de soy-mesme plus propre à ce mouuement de descente ; si est-ce qu'à cause de son esloignement, la vertu magnétique de la terre ne peut pas si puissamment agir sur lui.

» Mais si on demande icy quels moyens on se pourroit imaginer pour nous esleuer au delà de la sphère de cette vigueur magnétique de la terre ? Ie réponds :

» 1. Que peut-estre il n'est pas impossible qu'vn homme puisse estre capable de voler en l'air par l'application de certaines ailes à son corps, ainsi qu'on dépeint les Anges, ou comme on peint Mercure et Dédale, et comme cela a esté attenté et entrepris par diuers personnes, et particuliérement par vn Turc à Constantinople, ainsi que le raconte Rusbequius.

» 2. S'il y a un si grand oiseau en Madagascar, ainsi que le raconte Paulus Venetus, dont les plumes des ailes sont de douze pas de longueur et qui peut enleuer en l'air vn cheual et son cheuaucheur, avec autant de facilité que feroit vn de nos milans vne petite souris ; il ne faudroit donc qu'instruire vn de ces oyseaux à porter un homme, et l'on pourroit cheuaucher iusquelà sur son dos, comme Ganimede sur vn aigle.

» 3. Ou si l'vn ou l'autre de ces moyens-là n'est pas suffisant, si puis-je affirmer sérieusement et sur de très-bons fondemens, qu'il seroit possible de faire vn chariot volant dans lequel vn homme pourroit estre assis et luy donner tel mouuement, qu'il pourroit estre porté et pourroit passer au trauers de l'air. Et mesme on le pourroit faire assez grand pour y mettre plusieurs personnes à la fois, auec des viures pour leur voyage, et autres danrées pour le commerce. Ce n'est pas la grandeur d'vne chose en ce genre de machines, qui puisse en empescher le mouuement, pourueu que la faculté mouuante s'y rapporte et y responde. Nous voyons vn grand navire flotter aussi bien sur l'eau qu'vn petit morceau de liége : et vn aigle voler en l'air aussi bien que le moindre moucheron.

» Cette machine se pourroit inuenter des mesmes principes, par lesquels Archytas fit voler vn pigeon de bois, et Regiomontanus vn aigle.

» Ie m'imagine qu'il ne seroit pas bien difficile (à qui en auroit le loisir) de montrer plus particuliérement le moyen de la composer.

» L'accomplissement d'vne telle inuention seroit d'vn si excellent vsage, qu'elle suffiroit non-seulement à rendre un homme fameux, mais aussi le siècle dans lequel il auroit vescu. Car outre les estranges descouuertes, qui par le moyen d'icelle se pourroient faire en cet autre monde-là, elle seroit encore d'vn aduantage inconcevable pour voyager icy-bas, au delà de toute autre commodité qui soit maintenant en vsage.

» De manière que nonobstant toutes ces impossibilitez apparentes, il est assez vray-semblable qu'il se pourra inuenter quelque moyen pour voyager à la Lune. Et combien seront heureux ceux qui reüssiront les premiers en cette entreprise !

> *O bien heureux esprits qu'vne viue estincelle*
> *Du diuin Prométhée a portés jusqu'aux cieux,*
> *Bien loin de ces brouillards que la terre recelle,*
> *Qui suffoquent notre àme et nous crevent les yeux. »*

Vient ensuite Cyrano de Bergerac, qui édite cinq moyens différents de voyager dans les airs : 1° par des fioles remplies de rosée que le soleil aspire et fait monter ; 2° par un grand oiseau de bois dont les ailes sont mises en mouvement ; 3° par des fusées d'artifice qui partent successivement et élèvent chaque fois le char aérien de leur force de projection ; 4° par un octaèdre de verre chauffé par le soleil, dont la partie inférieure laisse pénétrer l'air froid plus dense qui élève le ballon; 5° par un char de fer et un boulet d'aimant que le voyageur lance successivement en l'air et qui attire constamment le char. Ce dernier moyen lui avait été indiqué, disait-il, par un habitant de la lune.

Bien d'autres romanciers ont laissé leur imagination s'égarer dans cette voie, et nous aurions de longs chapitres à écrire, si nous embrassions leurs excursions, de l'île volante de Gulliver à la découverte australe de Rétif de la Bretonne. Mais il est prudent de ne pas nous aventurer dans ce vol sans issue et de continuer la revue historique des tentatives faites pour s'élever dans les airs, en signalant les faits dignes de décorer le port de la navigation aérienne.

En 1670, François Lana construisit l'appareil que notre gravure représente page 17. La légèreté spécifique de l'air échauffé et du gaz hydrogène n'étant pas encore découverte, il n'eut d'autre idée, pour faire élever ses ballons, que de les vider complétement d'air. Mais en supposant même que ces quatre ballons qui surmontent sa nacelle eussent été assez légers pour l'enlever, il est de toute évidence que la pression atmosphérique extérieure eût suffi pour les détruire.

Quant à l'idée de se servir d'une voile pour diriger le ballon comme on dirige un navire, c'était aussi une illusion; car la nacelle aérostatique et les quatre globes de la voile, étant tous plongés entièrement dans l'air, auraient toujours dû suivre la direction du courant atmosphérique, quel qu'il fût. Lorsqu'un navire est plongé dans la mer et que ses voiles reçoivent l'impulsion du vent, il faut considérer qu'il y a réellement deux forces : la force active du vent et la force passive de la résistance de l'eau ; en corrigeant ces deux forces l'une par l'autre, on peut être jusqu'à un certain point maître de suivre la direction qu'on veut; on finit même, en louvoyant, par remonter dans le lit du vent; mais lorsqu'on n'est soumis qu'à une seule force il faut lui obéir entièrement.

L'invention de Lana est décrite dans son livre intitulé :
Prodrome dell' arte maestra. Brescia, 1670.

Le germe des découvertes successives dont les hommes de
génie sont, de siècle en siècle, les révélateurs, et que les gé-
nérations développent, existait dès l'origine des temps, écrivait
en 1853 un chroniqueur du *Magasin pittoresque.* Lorsque le
voile qui les couvre est écarté par la main habile ou heureuse
d'un élu de la Providence, nombre de jaloux, pressés d'obs-
curcir cette gloire naissante, fouillent dans les rêves du passé,
qui sont parfois la prophétie, le mirage de l'avenir. Ils y cherchent des preuves que l'idée qui vient de surgir n'est pas neuve,
que le progrès est illusoire. L'homme que l'on admirait tout à
l'heure, loin, à leur avis, de mériter la reconnaissance universelle, n'a fait que s'attribuer lâchement le mérite d'un autre,
en exhumant l'invention enfouie, par un savant ignoré, dans
quelque bouquin vermoulu. Ces efforts, ces luttes pour enlever
à l'inventeur sa légitime récompense, sa gloire, peuvent obs-
curcir et désenchanter sa vie, mais non arrêter le retentissement de la divine parole dont l'homme de génie n'est qne l'organe ; et, en dépit des envieux, l'avenir saluera le nom de chaque révélateur.

Le premier aérostat, s'élançant par delà des nues, avait à
peine imposé silence à ceux qui, niant la possibilité de s'élever
et de naviguer dans l'air, taxaient de folie les tentatives faites
dans ce but, que ces mêmes gens s'empressèrent d'affirmer que
la découverte n'était point nouvelle. Le secret de voler à travers l'espace était connu des anciens, disaient-ils ; Icare, les
magiciennes de la Thrace, les prophètes ravis au ciel, Simon le
Sorcier, la fable et l'histoire, jusqu'à Cyrano de Bergerac et ses
ingénieuses rêveries pour voyager à travers la lune et le soleil,
furent mis en avant et opposés aux jeunes aéronautes. Ces pré-
curseurs cependant étaient d'étranges rivaux ; l'envie ne pouvait s'en contenter, et mit en lumière l'ouvrage rare et ignoré
du P. Lana. Ce jésuite parlait de navigation aérienne comme

d'un divertissement scientifique; la barque volante, dont il donnait la gravure, était surmontée de quatre sphères d'un cuivre tellement mince (il en spécifiait l'épaisseur), que jamais on n'en avait vu de pareil. Pour produire le vide qui devait alléger l'esquif, le bon père conseillait de les remplir d'eau, que l'on

Globe volant. — Ballon de Lana (1670).

écoulerait en ouvrant des robinets promptement refermés. Le moyen, comme on voit, était naïf. Cette plaisanterie fut sérieusement présentée comme la source de l'invention des aérostats.

Après la barque dirigeable de Lana, il convient de placer le navire moins chimérique au point de vue des conditions de la navigation atmosphérique, mais plus invraisemblable et surtout plus extraordinairement bizarre, qu'un autre religieux, le P. Galien, décrivit en 1755, dans son petit livre institulé : *l'Art de naviguer dans les airs, amusement physique et géométrique.* Ce projet de navigation aérienne est colossal, et sa hardiesse n'a d'égal que le sérieux du narrateur. Selon lui, l'atmosphère est partagée en deux couches superposées, la couche supérieure étant plus légère que la première. « Or, dit-il, un bateau se maintient sur l'eau, parce qu'il est plein d'air, et que l'air est plus léger que l'eau. Supposons donc qu'il y ait la même différence de poids entre les couches supérieures de l'air et les inférieures qu'entre l'air et l'eau ; supposons aussi un bateau qui aurait sa quille dans l'air supérieur, et ses fonds dans une autre couche plus légère, il arrivera à ce bateau la même chose qu'à celui qui plonge dans l'eau. »

Le P. Galien ajoute *qu'à la région de la grêle,* il y a dans l'air une séparation en deux couches, dont l'une pèse 1 quand l'autre pèse 2. « *Donc,* dit-il, en mettant un vaisseau dans la région de la grêle, et en élevant ses bords de *quatre-vingt-trois toises* au-dessus, dans la région supérieure, qui est moitié plus légère, on naviguerait parfaitement. »

Si les flancs du navire ne mesuraient pas juste 83 toises, le vaisseau sombrerait au moindre mouvement !... Comment le transportera-t-on dans la région de la grêle? C'est un léger détail sur lequel Galien ne s'explique pas. Quelle est la construction et la taille de ce fameux navire? Oh! ici, nous avons plus de détails qu'il ne nous en faut.

« Nous voici donc arrivés, dit le P. Galien, au moment de la construction de notre vaisseau pour naviguer dans les airs et transporter, si nous le voulons, une nombreuse armée avec tous ses attirails de guerre et ses provisions de bouche, jusqu'au milieu de l'Afrique ou dans d'autres pays non moins inconnus. Pour cela, il faut lui donner une vaste capacité.

» Plus il sera grand, plus sa pesanteur en sera absolument

plus grande, mais aussi elle sera moindre respectivement à son énorme grandeur, comme peuvent le comprendre ceux qui ont quelque teinture de géométrie, et qui savent que plus un corps est grand, moins il a à proportion de superficie, quoiqu'il en ait absolument davantage.

» Nous construirons ce vaisseau de bonne et forte toile doublée, bien arée ou goudronnée, couverte de peau et fortifiée de distance en distance de bonnes cordes, ou même de câbles dans les endroits qui en auront besoin.

» Quant à la forme qu'il faudra donner à ce vaisseau, on aura assez de loisir d'y penser avant que de mettre la main à l'œuvre ; contentons-nous pour le présent d'examiner si un vaisseau de figure cubique, ayant, par exemple, 1 000 toises de diamètre, dont le seul corps, indépendamment de sa charge, pèserait 200 livres ou 2 quintaux par toise carrée, pourrait se soutenir dans l'air à la région de la grêle, supposé que la pesanteur de l'air de cette région soit à celle de l'eau comme 1 est à 1000, et que la pesanteur de l'air de la région immédiatement au-dessus, ne soit à celle de l'eau que comme 1 est à 2000.

» Le vaisseau serait plus long et plus large que la ville d'Avignon, et sa hauteur ressemblerait à celle d'une montagne bien considérable. Un seul de ses côtés contiendrait un million de toises carrées ; car 1000 est la racine carrée d'un million. Il aurait six côtés égaux, puisque nous lui donnons une figure cubique. Nous supposons aussi qu'il serait couvert ; car, s'il ne l'était pas, il ne faudrait avoir égard qu'à cinq de ses côtés, pour mesurer combien pèserait le corps de ce vaisseau, indépendamment de sa cargaison, en lui donnant 2 quintaux de pesanteur par toise carrée. Ayant donc six côtés égaux, et chaque côté étant d'un million de toises carrées, dont chacune pesant 2 quintaux, il s'ensuit que le seul corps de ce vaisseau pèserait 12 millions de quintaux, pesanteur énorme au delà de six fois plus grande que n'était celle de l'arche de Noé, avec tous les animaux et toutes les provisions qu'elle renfermait.

» Nous voilà donc embarqués dans l'air avec un vaisseau d'une horrible pesanteur. Comment pourra-t-on s'y soutenir et transporter avec cela une nombreuse armée, tout son attirail de guerre et ses provisions de bouche, jusqu'au pays le plus éloigné? C'est ce que nous allons examiner... »

Nous ferons grâce à nos lecteurs des immenses calculs du bon père. Le résultat est qu'il reste encore pour sa cargaison 58 millions de quintaux; ce qui irait cinquante-quatre fois au delà de ce que pouvait peser l'arche de Noé avec tout ce qu'elle contenait d'animaux et de provisions pour un an que dura le déluge. « Quand bien même il entrerait dans notre vaisseau *quatre millions de personnes* pesant chacune 3 quintaux, ce qui est un poids au-dessus de ce que pèse le commun des hommes, et que nous permettrions à chacune de ces personnes d'avoir avec elle 9 quintaux en provisions ou en marchandises, tout cela ne ferait qu'une charge de 48 millions de quintaux. Il en manquerait donc encore 10 millions pour son entière cargaison.

» *Quant à la forme qu'il faudrait donner à ces vaisseaux, elle serait sans doute bien différente de celle dont nous venons de parler.* Il y aurait beaucoup de choses à ajouter ou à réformer pour les rendre commodes, et bien des précautions à prendre pour obvier aux inconvénients; mais ce sont des choses que nous laissons aux sages réflexions de nos habiles machinistes... »

Galien a soin de nous avertir que cette navigation ne serait pas si dangereuse que celle de mer; le vaisseau, en descendant ici-bas, irait avec une lenteur à ne rien faire craindre de funeste pour les gens de dedans, la vaste étendue de la colonne d'air de dessous s'opposant à la vitesse de sa chute. D'ailleurs, ce vaisseau, après même s'être submergé et rempli d'air grossier, ne pèserait jamais un tiers de plus qu'un pareil volume de cet air. Il viendrait donc à terre beaucoup plus lentement que ne peut faire la plume légère, puisque cette plume, malgré sa légèreté, pèse grand nombre de fois plus que l'air en pareil volume, et, par conséquent, beaucoup plus, à proportion des masses, que ne ferait notre vaisseau submergé !

Ce n'étaient pas ces précédents qui pouvaient enlever quelques rayons à la gloire de Montgolfier et mettre en doute la spontanéité de sa découverte. On lui chercha d'autres rivaux, et alors vint l'histoire de l'*ovoador* ou homme volant, légende assez confuse et dont les versions variaient. Selon les uns, un certain

Ballon de Laurent Guzman (1709).

Laurent de Guzman, moine de Rio-Janeiro, ayant vu flotter devant la fenêtre de sa cellule une coquille d'œuf ou une écorce d'orange, avait, en 1720, lancé un ballon devant ses compagnons ébahis ; suivant les autres, ce moine s'était élevé à Lisbonne, en 1736, dans un panier d'osier, devant le roi Jean V, jusqu'à la corniche du palais, d'où il était retombé. Les dates s'accordaient peu ; car d'autres récits placent la prétendue ascension de Guzman en 1709. La gravure ci-jointe, extraite de la Bibliothèque de la rue Richelieu, est l'unique trace rencontrée de la soi-disant invention de Guzman; nous la reproduisons dans toute sa bizarrerie.

Ce rêve semble plus fantastique encore que ceux de Lana et de Galien.

Suivons notre revue rétrospective. En 1678, un mécanicien de Sablé, dans le Maine, nommé Besnier, inventa une *machine à voler*. Cet instrument consistait en quatre ailes ou grandes pales convenablement inclinées, montées à l'extrémité de leviers qui portaient sur les épaules de l'homme, et qu'on faisait mouvoir alternativement au moyen des pieds et des mains; voici la description qu'en donne dans le *Journal des Savants*, Paris, 12 septembre 1678, un témoin oculaire :

« Les ailes sont chacune un châssis oblong de taffetas, attachées à chaque bout de deux bâtons, que l'on ajustait sur les épaules. Ces châssis se pliaient du haut en bas comme des battants de volets brisés. Ceux de devant étaient remués par les mains et ceux de derrière par les pieds, en tirant chacun une ficelle qui leur était attachée.

» L'ordre du mouvement était tel, que quand la main droite faisait baisser l'aile droite de devant, le pied gauche faisait remuer l'aile gauche de derrière, ensuite la main gauche et le pied droit faisaient baisser l'aile gauche de devant et la droite de derrière.

» Ce mouvement en diagonale paraissait très-bien imaginé, parce que c'est celui qui est naturel aux quadrupèdes et aux hommes quand ils marchent ou lorsqu'il nagent. On trouvait néanmoins qu'il manquait deux choses à cette machine pour la rendre d'une plus grande usage : la première, qu'il faudrait y ajouter une grande pièce très-légère, qui, étant appliquée à quelque partie choisie du corps, pût contre-balancer dans l'air le poids de l'homme; la seconde, que l'on ajustât une queue qui servît à soutenir et à conduire celui qui volerait; mais on trouvait bien de la difficulté à donner le mouvement et la direction à cette espèce de gouvernail, après les expériences qui avaient été inutilement faites autrefois par plusieurs personnes.

» L'inventeur commença d'abord par s'élever de dessus un escabeau, ensuite de dessus une table, après d'une fenêtre médiocrement haute, puis d'un second étage, et ensuite d'un grenier, d'où il passa par-dessus les maisons de son voisinage ; et, s'exerçant ainsi peu à peu, il mit sa machine dans l'état où elle était alors. »

La tradition, dit Dupuis-Delcourt, rapporte que sous Louis XIV, un nommé Allard, danseur de corde, personnage historique d'ailleurs, annonça qu'il ferait un certain jour, devant le roi, à Saint-Germain, une expérience de vol. Il devait partir de la terrasse, au bord de la forêt, et se rendre par la voie de l'air jusque dans le bois du Vésinet, au lieu à peu près où se trouve aujourd'hui le débarcadère du chemin de fer. On ne possède aucune description de ses ailes, mais tout porte à croire qu'il s'agissait bien moins de voler, c'est-à-dire de se translater, de voyager dans l'air par le moyen d'un agent mécanique, que d'une simple expérience sur la résistance de l'air, d'une sorte de plan incliné à l'aide duquel l'opérateur comptait s'abaisser sans danger du haut de la terrasse et traverser la rivière. Il partit ; mais, les conditions d'équilibre n'étant pas remplies, il tomba au pied même de la terrasse et se blessa dangereusement.

Léonard de Vinci, le célèbre peintre, aurait connu l'art de voler dans les airs, et l'aurait pratiqué. Cuper, dans son *Traité de l'excellence de l'homme*, l'affirme. Quelques historiens l'ont écrit, d'autres l'ont répété ; mais nous n'avons aucune garantie, aucune certitude de la sincérité de leur affirmation. Nous manquons d'ailleurs entièrement de détails sur la manière dont ce fait se serait produit (¹).

____

(¹) **M.** Nadar nous a communiqué des dessins sur différents modes de vol aérien, attribués à la main de Léonard de Vinci, et qui, par l'exactitude de la construction anatomique, méritent certainement la signature d'un grand artiste.

L'abbé Desforges, chanoine de Sainte-Croix, à Étampes, annonça en 1772, par la voie des journaux, l'expérience d'une voiture volante. Des curieux en grand nombre se rendirent à Étampes le jour indiqué ; c'était dans le courant de l'été, et là on vit, en effet, le chanoine installé avec sa machine à ailes sur la tour de Guitel, déjà en ruine à cette époque.

La machine du chanoine était une sorte de nacelle ou gondole longue de 7 pieds et large de 2 1/2 ; les ailes étaient à charnières, fort larges, dit-on ; la gondole pouvait au besoin servir de bateau ; elle pesait avec les ailes 48 livres, le conducteur et son bagage 150 livres, en tout 213 livres que la voiture devait porter. Tout avait été prévu selon le chanoine, et ni l'orage, ni la pluie, ni les vents, ne pouvaient l'arrêter ni la culbuter. La machine devait faire 30 lieues à l'heure.

Le jour de l'expérience. M. Desforges entra dans sa nacelle, et, le moment du départ venu, il déploya et fit mouvoir ses ailes avec une grande vitesse. « *Mais*, dit un témoin, *plus il les agitait, et plus sa machine semblait presser la terre et vouloir s'identifier avec elle.* »

Ajoutons à ces essais les fantaisies imaginaires de Gulliver, de Wikins (Pierre) dans les *Hommes volants*, et de Rétif de la Bretonne dans sa *Découverte australe*, et nous aurons la liste des noms que l'on a inscrits, la plupart du temps à tort, sur les marges de l'œuvre de Montgolfier. Un dernier ouvrage, fort curieux, du reste, que l'on a réuni aux précédents, est *le Philosophe sans prétention, ou l'Homme rare* (1775), d'un M. de la Folie, de Rouen. Sur le livre de Rétif de la Bretonne, on voit un homme volant muni d'ailes fort artistement dessinées qui s'appliquent exactement aux épaules, — coiffé d'une sorte de parachute, — et chargé d'un panier de provisions suspendu à sa ceinture. Au frontispice du dernier ouvrage, on voit, non un homme, mais une machine à voler. Au milieu d'un châssis de bois léger, l'opérateur est assis sur un siège ; d'une main il se tient à l'un des montants, de l'autre il

Un roman de Rétif de la Bretonne.

tourne une crémaillère qui paraît donner un mouvement de rotation très-vif à deux globes de verre roulant sur un axe vertical. Ces globes se frottent légèrement, une auréole les enveloppe; de l'électricité est développée, et c'est à ce fluide que l'on doit le mouvement d'ascension.

De temps en temps cependant, on revenait aux ailes; le marquis de Bacqueville s'envola d'une fenêtre de son hôtel sur le quai, et alla tomber dans la rivière sur un bateau de blanchisseuses. Tous ces essais furent chansonnés : les vaudevilles et la moquerie poursuivirent les tentatives malheureuses, comme pour décourager l'imagination, cette avant-courrière du génie. Blanchard, qui fit plus tard admirer son intrépidité comme voyageur aérien, tourné en ridicule pour d'infructueux efforts, avait été recueilli par l'abbé Viennoy, dans son hôtel de la rue Taranne, aujourd'hui maison des bains. Il y exposa en public ce qu'il appelait son *Vaisseau volant*. Il en demeura au projet, et l'on se moqua de lui. En l'honneur du chanoine d'Étampes, on fit jouer le *Cabriolet volant;* on railla Blanchard dans un autre mauvais vaudeville intitulé : *Cassandre mécanicien*. Nous retrouverons Blanchard après la découverte des Montgolfier.

Si la plupart de ces inventions échouèrent, c'est qu'elles tentaient le vol dans l'espace, non d'après le principe des aérostats (plus légers que l'air), mais au moyen de la direction d'appareils plus lourds que l'air. Ces tentatives ont été renouvelées en ces dernières années sur la foi de principes mathématiques plus rationnels. Aux époques antérieures à l'histoire de l'aérostation, nous trouvons tantôt la conception d'appareils plus lourds que l'air, tantôt celle des aérostats. Ainsi, en 1767, nous voyons Black, professeur de physique à Édimbourg, annoncer dans ses cours qu'une vessie remplie d'hydrogène s'élèverait naturellement dans l'atmosphère; mais il ne fit jamais l'expérience, la regardant comme purement amusante. Enfin Cavallo, en 1782, avait communiqué à la Société royale de Londres des expériences qu'il avait faites et qui consistaient à remplir d'hydrogène des bulles de savon qui s'élevaient d'elles-mêmes dans l'atmosphère, le gaz qui les remplissait étant plus léger que l'air.

Aucun de ces travaux scientifiques ou romanesques n'enlève à Joseph Montgolfier la gloire d'avoir imaginé et construit le premier aérostat.

CHAPITRE III

Théorie de l'ascension des aérostats.

> Rien de plus facile que ce qui s'est
> fait hier ; rien de plus difficile que
> ce qui se fera demain.
> BIOT.

On enseigne en physique une proposition connue sous le nom de *Principe d'Archimède*, et qui s'énonce comme il suit : « Tout corps plongé dans un liquide perd une partie de son poids égale au poids du fluide qu'il déplace.» Chacun a pu vérifier expérimentalement ce principe, et reconnaître que les objets sont beaucoup plus légers dans l'eau qu'au dehors. Un corps plongé dans l'eau est soumis à l'action de deux forces opposées : la pesanteur qui tend à l'abaisser, et une poussée de bas en haut qui tend à l'élever. Or ce principe s'applique aux gaz aussi bien qu'aux liquides, à l'air aussi bien qu'à l'eau. Un corps que l'on pèse dans l'air n'indique pas en réalité son véritable poids, mais ce poids diminué de celui de l'air qu'il déplace; pour connaître le poids rigoureux d'un objet, il faudrait le peser dans le vide.

Si un objet placé dans l'air est plus lourd que la quantité d'air qu'il déplace, cet objet descend et tombe sur le sol. S'il est d'égale densité, il plane ou flotte dans les couches d'air où il se trouve. S'il est plus léger, il s'élève jusqu'à ce qu'il rencontre des couches d'air de moindre densité que lui. On sait que l'air diminue de densité suivant sa hauteur; les couches qui avoisinent la surface de la terre sont les plus lourdes, elles supportent la pression de toutes celles qui s'étendent au-dessus d'elles; celles-ci sont d'autant plus légères qu'elles sont plus élevées.

Le principe de la construction des aérostats n'est donc pas en contradiction avec les lois de la physique et de la pesanteur, comme il peut le paraître à quelques-uns au premier abord; il est, au contraire, en parfaite harmonie avec ces lois. Les aérostats sont simplement des globes d'étoffe légère et imperméable qui, remplis d'air chaud ou de gaz hydrogène, s'élèvent dans l'air, *parce qu'ils sont moins lourds que l'air qu'ils déplacent.*

Aussi l'application de ce principe parut-elle si simple à la nouvelle de l'invention des ballons, que l'un des plus revêches, l'astronome Lalande, écrivait : « A cette nouvelle nous dîmes tous : Cela doit être; comment n'y a-t-on pas pensé? » On y avait bien pensé, comme nous l'avons vu dans le chapitre précédent; mais il y a loin quelquefois de la conception d'une idée à sa réalisation.

Le premier aérostat, celui de Montgolfier, était tout simplement gonflé d'air chaud, et c'est parce que Montgolfier se servait exclusivement d'air chaud qu'on nomma ces appareils *montgolfières.* On peut se convaincre à première vue que l'air chaud est plus léger que l'air froid, puisqu'il est dilaté et occupe plus de volume, — ce qui revient à dire que dans le même volume il y en a une moindre quantité. La différence entre le poids de l'air chaud et celui de l'air froid qu'il déplaçait était encore plus forte que le poids de l'enveloppe : donc le ballon devait monter.

Et puisque l'air va en diminuant de densité à mesure qu'on s'élève, le ballon devrait s'élever seulement jusqu'à la couche d'air de densité égale à la sienne. Et comme d'un autre côté l'air chaud qu'il contenait allait en se refroidissant, il devait redescendre lentement, suivant la lenteur du refroidissement.

Enfin, comme l'air est toujours parcouru par des courants plus ou moins forts, le ballon devait suivre la direction du courant des couches d'air qu'il traversait nécessairement.

On voit avec quelle simplicité s'expliquent et l'ascension et le voyage des montgolfières. Il en est de même des aérostats à gaz hydrogène. Un ballon rempli de gaz hydrogène déplace un volume égal d'air atmosphérique; mais comme le gaz hydrogène est beaucoup plus léger que l'air, il est poussé de bas en haut par une force égale à la différence qui existe entre la densité de l'air et celle du gaz hydrogène. Le ballon doit donc s'élever dans l'atmosphère jusqu'à ce qu'il rencontre des couches d'une densité précisément égale à celle de sa propre densité, et, arrivé là, il doit rester en équilibre. Pour que l'aérostat redescende, il faut nécessairement remplacer une partie du gaz hydrogène qui le remplit par de l'air atmosphérique, et il ne peut toucher terre que lorsque le gaz hydrogène a été expulsé et remplacé par l'air atmosphérique.

Les ballons à gaz hydrogène sont presque les seuls en usage aujourd'hui. A peine voit-on s'élever encore une moutgolfière isolée. Nous connaissons cependant des aéronautes qui préfèrent un voyage en montgolfière à celui d'un ballon à hydrogène. A notre avis, ceux-ci sont préférables. La quantité de combustible qu'il faut emporter avec soi, la faible différence qui existe entre la densité de l'air échauffé et celle de l'air froid (¹), la nécessité d'alimenter et surveiller sans cesse le feu dans le réchaud suspendu au centre de la nacelle, offraient

(¹) Le calcul donne :
Densité de l'air à 6° = 1
10° = 0,96
50° = 0,84
100° = 0,72

Ainsi, en entretenant dans la montgolfière la température de l'eau bouillante, ce qui est fort difficile au milieu d'un air très-froid, on n'obtient guère qu'un tiers de différence pour la force ascensionnelle. L'hydrogène pur est quatorze fois plus léger que l'air : pour obtenir de l'air chaud ainsi raréfié, il faudrait pouvoir l'élever à 3653°.

des obstacles et de grands dangers. Récemment, M. Eugène Godard a obvié au dernier de ces inconvénients (celui de brûler vif à quelques mille mètres de hauteur), en adaptant une cheminée surmontée d'une toile métallique de Davy. C'est principalement par cette disposition qu'il a remis en vigueur l'usage des montgolfières.

Généralement, on ne se sert pas d'hydrogène pur pour le gonflement des aérostats. On se contente du gaz d'éclairage, c'est-à-dire de l'hydrogène bicarboné provenant de la décomposition de la houille, qui est environ deux fois plus léger que l'air. Il suffit pour cela de faire arriver de l'usine à gaz la plus voisine la quantité de gaz nécessaire pour le gonflement, au moyen d'un tuyau de conduite reliant l'orifice du ballon à la source du gaz.

L'enveloppe des aérostats est composée de longs fuseaux de taffetas (ou méridiens), cousus ensemble et enduits d'un vernis au caoutchouc, qui rend le tissu imperméable et s'oppose à la fuite du gaz par les pores. Une soupape, moyen imaginé par le physicien Charles, avec lequel nous ferons bientôt connaissance, s'adapte à la partie supérieure du ballon, et permet à l'aéronaute de donner une fuite de gaz lorsqu'il veut descendre. Quand la soupape est ouverte, une partie du gaz s'échappe et est remplacée par de l'air froid, augmentant le poids de l'appareil. La nacelle dans laquelle se placent les aéronautes est suspendue au ballon par un filet qui enveloppe le globe tout entier. Des sacs de sable sont emportés suivant la quantité et la force ascensionnelle de l'aérostat. Quand la descente s'opère, si l'aéronaute s'aperçoit qu'il tombe sur un lac, une rivière, une maison, un clocher, ou tout autre point désagréable, il verse du sable, passe par-dessus le clocher et descend dans un endroit plus propice. Ce second moyen est dû comme le précédent au physicien Charles. Ce sont là les deux modes d'ascension ou de descente. Pour monter, jeter du lest; pour descendre, ouvrir la soupape.

Lorsqu'on se sert d'hydrogène pur pour gonfler l'aérostat, on se conforme aux dispositions générales reproduites par notre dessin.

Des copeaux de fer ou de zinc, de l'eau et de l'acide sulfurique, occupent une série de tonneaux qui communiquent par des tuyaux de conduite avec un tonneau central défoncé à sa partie inférieure et plongeant dans une cuve pleine d'eau. Le

Comment on gonfle les ballons.

gaz se produit par la réaction de l'eau et de l'acide sulfurique sur le zinc et le fer : c'est de l'hydrogène mélangé d'acide sulfureux. En passant par la cuve d'eau, il se débarrasse de tout parasite désagréable, se lave parfaitement, et arrive pur dans l'aérostat par un long tube en toile reliant à l'orifice du ballon le tonneau central. L'acide sulfureux reste noyé dans l'eau.

Pour faciliter l'introduction du gaz dans le ballon, on dresse deux mâts ; à leur sommet sont des poulies sur lesquelles s'enroule une corde qui passe dans un anneau fixé à la couronne de la soupape. Par ce moyen, l'aérostat peut d'abord être légèrement soulevé au-dessus du sol et le tuyau de gaz peut facilement y aboutir. Plus tard, quand l'aérostat est à demi gonflé, il n'est plus nécessaire de le suspendre, mais il faut au contraire empêcher qu'il ne s'envole. Un certain nombre d'hommes le retiennent alors par les cordes ; les forces d'ascension se manifestent de plus en plus ; si quelques hommes seulement restaient pour le retenir, il les emporterait vite dans l'espace. Quand les préparatifs sont terminés, on suspend la nacelle, l'aéronaute s'y place, et c'est alors qu'il crie le fameux *Lâchez tout !* parole d'un effet irrésistible.

Comme nous l'avons déjà dit, le ballon ne doit jamais être entièrement gonflé, car la pression atmosphérique diminuant à mesure qu'on s'élève, le gaz intérieur se dilate en vertu de ses forces expansives, et le ballon éclaterait bientôt dans l'espace.

Un aérostat de dimension ordinaire, dont la force ascensionnelle permet d'enlever trois personnes, des appareils et du lest, a environ 15 mètres de hauteur, 11 mètres de diamètre, et 700 mètres cubes de capacité. Dans ces conditions, l'enveloppe pèse environ 100 kilogrammes, et les accessoires, tels que filets, nacelle, 50 kilogrammes.

Pour connaître la hauteur à laquelle il se trouve, l'aéronaute consulte son baromètre. On sait que c'est le poids de l'air qui presse sur la cuve du baromètre et élève le mercure dans le tube. Plus l'air est lourd, plus le baromètre est haut. Au niveau de la mer, la colonne de mercure est de 77 centimètres. A 1 000 mètres, elle est de 67 centimètres. A 2 000 mètres, elle est de 60. A 3 000 mètres, elle baisse à 53 ; à 4 000 mètres, à 47 ; à 5 000 mètres, à 41 ; à 6 000 mètres, à 36. Nous croyons toutefois utile d'ajouter que ce sont là des chiffres fournis par des tables théoriques, et qu'il y a une sorte de cercle vicieux à se servir du baromètre pour connaître la hauteur. Il conviendrait de contrôler ces données par des mesures trigonométriques prises à terre sur la hauteur de l'aérostat.

Quelquefois on a vu l'aéronaute effectuer sa descente à l'aide d'un appareil étranger à son ballon : le *parachute*. Si, par une

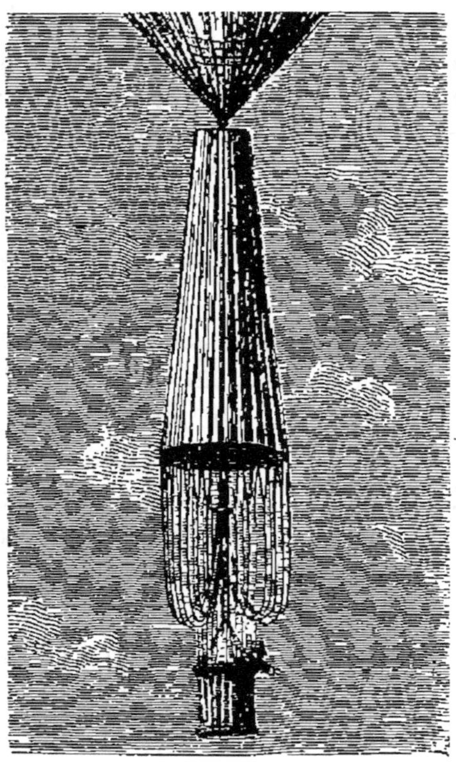

Parachute fermé.

cause quelconque, l'aérostat n'offre plus les conditions de sécurité nécessaires à la descente, le parachute peut rendre un important service au voyageur. Jusqu'à présent, il est vrai, on s'est plutôt servi du parachute pour étonner le public par le spectacle d'un homme qui, du plus haut des airs, se précipite courageusement dans l'espace, que pour obvier à des inconvénients qui ne se sont pas présentés. Toutefois, il arrive souvent que les aéronautes accrochent leur parachute à l'équateur de leur ballon avant de partir pour une excursion aérienne.

Le parachute que l'on voit ci-dessus ressemble fort à l'objet vulgaire et quelquefois fort utile qu'on nomme un parapluie. Les fuseaux de taffetas qui le forment sont cousus ensemble et réunis au sommet à une rondelle de bois. Plusieurs cordes partant de cette rondelle soutiennent la nacelle destinée à recevoir l'aéronaute. Au sommet se trouve pratiquée une ouverture qui permet à l'air, comprimé par la rapidité de la descente, de s'échapper, sans imprimer à l'appareil des secousses dangereuses.

Le parachute modère la rapidité de la descente par la large surface qu'il présente à la résistance de l'air. Lorsque l'aéronaute veut descendre en parachute, il lui suffit, étant dans la nacelle fixée à celui-ci, de lâcher la corde qui lie le parachute au ballon au moyen d'une poulie. La descente s'accomplit aussitôt avec une vitesse effrayante; mais l'air qui s'engouffre dans les plis du parachute le force à s'ouvrir, et aussitôt, vu la grande surface qu'il présente à l'air, la descente s'opère avec une lenteur suffisante pour que l'aéronaute atteigne la terre sans choc trop brusque.

L'essai du parachute fut d'abord fait sur des animaux. Blanchard laissa tomber ainsi son chien d'une hauteur de 2 000 mètres. Un tourbillon l'arrêta dans sa chute et le porta au-dessus des nuages. L'aéronaute rencontra bientôt après le parachute et le pauvre animal, qui fit éclater, par ses aboiements répétés, son inquiétude et sa joie de retrouver son maître. Un nouveau courant les sépara; mais le parachute et le chien gagnèrent la terre sains et saufs peu de temps après l'aéronaute.

L'expérience a démontré que, pour un même corps, si la vitesse est doublée, la résistance de l'air est quadruplée; si la vitesse est triplée, la résistance de l'air est neuf fois plus grande; ou enfin, pour parler le langage de la science, la résistance de

l'air augmente comme le *carré* de la vitesse du corps en mouvement. Il résulte de ce principe que lorsqu'un corps tombe
dans l'air, l'accélération de vitesse, qu'il éprouve d'abord va
toujours en décroissant, jusqu'à ce que la vitesse devienne uniforme. Cette résistance s'accroît encore en raison de la surface
du corps en mouvement, de sorte qu'en augmentant la surface

Expérience du parachute par Garnerin (1802).

d'un corps tombant, l'uniformité de sa vitesse s'établit plus
près de l'origine du mouvement. C'est ainsi qu'on peut ralentir
la descente d'un corps en lui donnant un grand développement
de surface.

Garnerin conçut en 1802 l'audacieux dessein de se laisser

tomber de plus de 200 toises de hauteur, ce qu'il exécuta aux yeux de tout Paris. Arrivé à cette hauteur, l'intrépide aéronaute coupa la corde qui retenait la nacelle au ballon. La chute se fit d'abord avec une rapide accélération ; mais bientôt, le parachute se développant, la vitesse fut considérablement diminuée ; toutefois le parachute faisait d'énormes oscillations résultant de l'accumulation de l'air en dessous. Cet air, en s'échappant, tantôt par un bord, tantôt par l'autre, produisait sur le parachute cette suite de secousses qui, heureusement, n'amenèrent aucun résultat fâcheux.

L'origine du parachute est déjà ancienne, comme on peut le voir par une figure qui se trouve dans un recueil de machines publié à Venise en 1617.

Le texte français qui précède les planches donne l'explication suivante, que nous reproduisons textuellement avec son orthographe, sans y faire d'autre changement que de placer les accents. « Avecq un voile quarré estendu avecq quattre perches égalles, et ayant attaché quattre cordes aux quattre coings, un homme sans danger se pourra jetter du haut d'une tour ou de quelque autre lieu éminent : car encore que, à l'heure, il n'aye pas de vent, l'effort de celui qui tombera apportera du vent qui retiendra la voile de peur qu'il ne tombe violemment, mais petit à petit descende. L'homme doncq se doibt mesurer avec la grandeur de la voile. »

Une espèce de parachute moins parfaite, il est vrai, que celle qu'employa Garnerin, mais d'un emploi possible néanmoins, était donc décrite cent quatre-vingt-cinq ans avant la tentative heureuse du célèbre aéronaute.

Nous lisons encore dans la relation de l'ambassade du roi Louis XIV à Siam, qu'un saltimbanque de ce pays grimpait au haut d'un bambou élevé et se laissait descendre, sans autre secours que deux parasols dont les manches étaient attachés à sa ceinture. Il s'abandonnait ainsi au vent et tombait, çà ou là, au hasard, sans se faire aucun mal.

CHAPITRE IV

Première expérience publique (Annonay, le 5 juin 1783).

En 1783, les fils de Pierre Montgolfier, riche fabricant de papier à Annonay, dans la province du Vivarais (aujourd'hui département de l'Ardèche), étaient déjà dans la fleur de l'âge. Ils s'occupaient d'expériences de physique.

Joseph Montgolfier (¹), après s'être assuré, par de petites

(¹) L'auteur croit utile de donner ici un extrait d'une lettre que M. Séguin aîné, membre correspondant de l'Institut, neveu de Joseph Montgolfier, lui a écrite d'Annonay :

« Tous ceux qui ont écrit sur lui (Joseph), tant pour ses biographies que pour rendre compte de ses travaux, semblent s'être entendus pour fausser à son égard et à son détriment l'opinion du public !

» Tout le monde converge en effet pour le faire partager avec ses frères, et surtout avec Étienne, l'honneur d'inventions auxquelles jamais un des siens n'a participé. Cette opinion était si bien celle de ses confrères à l'Institut, que lors de la première publication de mon ouvrage sur les ponts en fil de fer, M. Gérard, membre de la section de mécanique, chargé de faire le rapport de l'extrait de mon ouvrage que j'avais lu à l'Académie des sciences, me réprimanda vertement de ce qu'en parlant de mon oncle Montgolfier j'avais ajouté le prénom de *Joseph*, en me disant que l'Académie n'admettait et ne connaissait qu'un seul Montgolfier, qui avait été membre de l'Institut, et qu'ajouter un prénom à son nom c'était induire en erreur ceux qui pouvaient croire que tout autre que lui seul pût avoir un mérite quelconque à ses inventions. — Mais vous savez comment se font les biographies, etc...

» Son frère Étienne était poli, allait à la cour de Louis XVI, portait galamment son épée, faisait des compliments aux dames coquettes, des compliments aux grands seigneurs, et voilà son seul et unique mérite, que ses historiens peuvent faire valoir sans que personne le trouve mauvais. Mais il n'en est pas expériences faites en particulier, dans le courant de 1782 et au commencement de l'année 1783, qu'une chaleur de cent degrés raréfie l'air de moitié dans un vaisseau fermé et lui fait occuper dans ce nouvel état un espace double de celui qu'il occupait précédemment, ou, en d'autres termes en *diminue la pesanteur de moitié*, supputa quelle était la forme et le volume d'une machine qui, remplie d'un air ainsi raréfié, devrait s'élever dans l'air, en entraînant le poids de son enveloppe.

Son premier ballon fut un petit parallélipipède creux, en taffetas très mince, contenant moins de deux mètres cubes d'air. Il le fit monter au plafond d'un appartement au mois de novembre 1782, à Avignon, où il se trouvait alors. Rentrés peu de temps après à Annonay, les deux frères répétèrent en commun, avec succès, l'expérience en plein air. Certains alors du principe, ils firent une machine plus considérable, et qui contenait au delà de 20 mètre cubes d'air ; elle s'éleva de même, rompit les cordes à l'aide desquelles on voulait la retenir, et alla tomber sur les coteaux voisins, après être montée à une hauteur de deux à trois cents mètres.

Les frères Mongolfier firent alors une très grande et forte machine, avec laquelle ils voulurent faire constater publiquement leur découverte.

L'expérience eut lieu le 5 juin 1783. L'assemblée des États du Vivarais, se trouvant à Annonay, fut invitée à y assister, et voici en quels termes en a rendu compte Faujas de Saint-Fond, auteur de la *Description des expériences de la machine aérostatique,* publiée la même année :

« Après avoir médité longtemps sur l'ascension des vapeurs dans l'atmosphère, où elles se réunissent pour former des nuages qui, malgré leurs masses et leur pesanteur, se soutiennent non seulement à de grandes hauteurs, mais encore flot-

---

moins vrai que parmi les sept ou huit frères Montgolfier, tous d'une grande valeur, Joseph seul a eu une dose de génie telle, que depuis Newton il n'avait pas existé d'homme qui pût lui être comparé ! »

tent et voyageant au gré des vents, ils entrevirent la possibilité d'imiter la nature dans une de ses plus grandes et de ses plus majestueuses opérations. Ils conçurent dès lors l'idée hardie de former, à l'aide d'une vaste enveloppe et d'une vapeur légère, une espèce de nuage factice que la seule pesanteur de l'air atmosphérique forcerait de s'élever jusqu'à la région où les orages et les tempêtes prennent naissance. L'idée seule de ce projet suppose nécessairement du génie; son exécution, du courage, et une tête organisée de manière à trouver des ressources pour parer à la multitude d'obstacles qui devaient environner une entreprise de cette espèce.

» Il y a loin sans doute d'une expérience de cabinet, quelque délicate et quelque ingénieuse qu'elle puisse être, à celle où il faut que l'homme combine des moyens pour imiter la nature dans une opération qui n'avait encore été tentée par personne, car tout ce qui avait été fait jusqu'alors pour s'élever dans l'air, n'étant fondé que sur de faux calculs ou sur des pratiques chimériques, n'avait abouti qu'à jeter un ridicule mérité sur ceux qui s'obstinaient à prendre la route la plus opposée au véritable but.

» Le jeudi 5 juin 1783, l'assemblée des États particuliers de Vivarais, se trouvant à Annonay, fut invitée par les auteurs de la machine aérostatique à assister à l'expérience qu'ils se proposaient de faire en public.

» Quel fut l'étonnement général lorsque les inventeurs d'une telle machine annoncèrent qu'aussitôt qu'elle serait pleine d'un gaz qu'ils avaient le moyen de produire à volonté par le procédé le plus simple, elle s'enlèverait d'elle-même jusqu'aux nues! Il faut convenir alors que, malgré la confiance que l'on avait aux lumières et à la sagesse des Montgolfier, cette expérience paraissait si incroyable à ceux qui allaient en être les témoins, que les personnes les plus instruites, celles même qui étaient le plus favorablement prévenues, doutaient presque sans balancer de son succès.

» Enfin, les frères Montgolfier mettent la main à l'œuvre, ils procèdent au développement des vapeurs qui devaient produire le phénomène; la machine, qui ne présentait alors qu'une enveloppe de toile doublée en papier, qu'une espèce de sac gigantesque de 35 pieds de hauteur, déprimé, plein de plis et vide d'air, se gonfle, grossit à vue d'œil, prend de la consistance, adopte une belle forme, se tend dans tous les points, fait effort pour s'enlever : des bras vigoureux la retiennent, le signal est donné, elle part et s'élance avec rapidité dans l'air, où le mouvement accéléré la porte en moins de dix minutes à 1 000 toises d'élévation.

» Elle décrit alors une ligne horizontale de 7 200 pieds, et comme elle perdait considérablement de son gaz, elle descendit lentement à cette distance, et elle se serait sans doute soutenue bien plus longtemps en l'air, si l'on avait eu la facilité de porter dans son exécution la solidité et l'exactitude qu'elle exigeait; mais le but était rempli, et cette première tentative, couronnée d'un aussi heureux succès, mérite à jamais aux frères Montgolfier la gloire d'une des plus étonnantes découvertes.

» Pour peu qu'on veuille réfléchir sur les difficultés sans nombre que présentait une expérience aussi hardie, sur la critique amère à laquelle elle exposait ses auteurs, si elle eût manqué par quelque accident, sur les dépenses qu'elle a entraînées, l'on ne peut s'empêcher d'avoir la plus grande admiration pour les auteurs de la machine aérostatique. »

Étienne Montgolfier a, du reste, pris soin lui-même de donner la description de ce premier ballon. « La machine aérostatique dont l'expérience, dit-il, fut faite devant MM. des États particuliers du Vivarais, le jeudi 5 juin 1783, était construite en toile doublée de papier, cousue sur un réseau de ficelles fixé aux toiles. Elle était à peu près de forme sphérique, et sa circonférence était de 110 pieds; un châssis en bois de 16 pieds en carré la tenait fixée par le bas. Sa capacité était d'environ 22 000 pieds cubes; elle déplaçait donc, en supposant la pesan-

teur moyenne de l'air comme 1/300 de la pesanteur de l'eau,
une masse d'air de 1 980 livres.

» La pesanteur du gaz était à peu près moitié de celle de
l'air, car il pesait 990 livres, et la machine pesait avec le châssis
500 livres. Il restait donc 490 livres de rupture d'équilibre, ce
qui s'est trouvé conforme à l'expérience. Les différentes pièces de

Les frères Montgolfier. — Médaillon de David.

la machine étaient assemblées par de simples boutonnières arrêtées par des boutons; deux hommes suffirent pour la monter et
pour la remplir de gaz, mais il en fallut huit pour la retenir, et
qui ne l'abandonnèrent qu'au signal donné : elle s'éleva par un
mouvement accéléré, mais moins rapide sur la fin de son ascension, jusqu'à la hauteur d'environ 1 000 toises. Un vent à peine
sensible vers la surface de la terre la porta à 1 200 toises de

distance du point de son départ. Elle resta 10 minutes en l'air ;
la déperdition du gaz par les boutonnières, par les trous d'aiguille et autres imperfections de la machine, ne lui permit pas
d'y rester davantage. Le vent, au moment de l'expérience, était
au midi, et il pleuvait ; la machine descendit si légèrement qu'elle
ne brisa ni les épis, ni les échalas de la vigne sur lesquels elle
se reposa. »

CHAPITRE V

Seconde expérience (Champ de Mars, le 27 août 1783).

L'enthousiasme indescriptible allumé par l'ascension du premier ballon à Annonay rayonna de toutes parts, et enflamma bientôt la curiosité étonnée des physiciens de la capitale. Le procès-verbal dressé par les États particuliers du Vivarais, ou pour mieux dire par le contrôleur général d'Ormesson, fut envoyé à l'Académie des sciences de Paris. Pour satisfaire à la demande du comte de Breteuil, ministre, l'Académie nomma une commission. Mais la renommée, plus rapide que la commission scientifique et plus enthousiaste que les académies, avait d'un seul essor franchi la distance d'Annonay à Paris et exalté l'ardeur anxieuse des amateurs de physique. Aussitôt, ce fut à qui reproduirait l'expérience des Montgolfier, quoique le procès-verbal ainsi que les lettres venues d'Annonay ne fissent pas mention de l'espèce de gaz employé pour gonfler les ballons d'un fluide moins lourd que l'air. Par une de ces coïncidences fréquentes dans l'histoire des sciences, et qui sont les pas du progrès de cette histoire, le gaz hydrogène avait été découvert six ans auparavant par le physicien anglais Cavendish ; à peine expérimenté encore dans les laboratoires de chimie, il parut appelé immédiatement à son usage le plus triomphal. Un jeune professeur de physique, Charles, secondé par deux constructeurs, les frères Robert, se lance ardemment à la recherche des modes de gonflement par ce gaz, alors nommé *air inflammable*. Sachant cet air beaucoup plus léger que celui dont les Montgolfier avaient été obligés de se servir dans la pénurie d'une ville de province, il se concerte avec les deux expérimentateurs précédents pour construire un ballon de taffetas enduit de gomme élastique, de douze pieds de diamètre, et le remplir d'hydrogène.

La chose ainsi arrêtée, l'on ouvre une souscription : le projet de cette expérience ayant couru de bouche en bouche, chacun est frappé; et tous s'empressent de venir se faire inscrire. Bientôt les noms les plus illustres décorent le tableau de cette *première souscription nationale;* elle mérite ce nom : rien n'avait été écrit, rien n'avait été annoncé, dans aucun papier public, et tout le monde accourait en foule pour contribuer à cette curieuse expérience.

Le gonflement par le gaz hydrogène s'effectua d'une manière très primitive; on perdit une quantité immense de gaz, car l'opération dura quatre jours. Il fallut employer 500 kilogrammes de fer et 250 kilogrammes d'acide sulfurique pour remplir un ballon qui soulevait à peine un poids de 9 kilogrammes. Cependant, au bout du quatrième jour, le ballon, composé de fuseaux de soie recouverts d'un vernis, flottait aux deux tiers rempli dans l'atelier des frères Robert.

C'est le 23 août, moins de trois mois après l'expérience d'Annonay, que, la souscription close, on commença le mystérieux gonflement. Mille péripéties entouraient ce second pas dans la conquête d'un nouveau monde. Il faudrait avoir été témoin de l'impression publique pour la ressentir. Suivons encore ici le récit du témoin oculaire Faujas de Saint-Fond, racontant cette scène palpitante d'intérêt depuis le gonflement du ballon à la place des Victoires, dans les ateliers des frères Robert, jusqu'à son ascension au Champ de Mars et à sa chute à Gonesse :

« Comme celle du 23, la journée du 24 fut employée à produire de l'air inflammable, à rafraîchir le ballon et à le préserver d'accident; mais les coopérateurs furent bien dédommagés de leurs peines, lorsqu'ils aperçurent qu'il tendait à s'élever avec effort, à six heures du soir, quoiqu'il ne fût rempli qu'à demi. Le courage redoubla, l'enthousiasme s'en mêla; l'on vit dès lors le succès de l'expérience; à sept heures, le *Globe* faisait effort contre les liens qui le retenaient. L'on prit les précautions les plus sûres pour qu'il n'arrivât aucun accident pendant la nuit; le robinet fut soigneusement fermé, la clef fut emportée, et chacun se retira content.

» L'on juge que le lendemain 25, ce fut à qui arriverait le premier pour rendre visite à la machine. Elle fut reconnue être dans le meilleur état : l'on y introduisit du gaz pour réparer les pertes inévitables qui s'étaient faites pendant la nuit, soit par des pores imperceptibles, soit par des trous d'aiguille que la gomme élastique n'avait pas entièrement bouchés. On la pesa à six heures du matin, après l'avoir débarrassée de ses attaches, et quoiqu'elle ne fût pleine environ qu'à demi, elle enlevait 21 livres : comme le jour fixé pour l'expérience publique était indiqué au 21, on ne voulut pas la remplir davantage, crainte de la fatiguer. Pesée de nouveau à neuf heures du soir, elle n'enlevait plus que 18 livres; elle avait donc perdu, dans quinze heures, 3 livres de poids, c'est-à-dire que l'équilibre en moins était rompu de 3 livres. »

Le 26, le *Globe* fut visité à la pointe du jour et fut trouvé en très bon état; il avait perdu de l'air inflammable à peu près dans les mêmes proportions que la veille. On se remit au travail pour augmenter le gaz, et dès huit heures du matin on sortit le ballon de son harnais, on l'attacha à de petites cordes, et on eut le plaisir de le voir s'élever à plus de 100 pieds.

« Une nombreuse populace accourut aussitôt de toute part; la place des Victoires fut couverte de monde, et la surprise des personnes qui n'étaient pas présentes fut extrême, en voyant dans les airs un corps de ce diamètre. Mais le vent qui survint pouvant le fatiguer, on le retira pour le remettre à sa première place, dans la cour où était son établissement, et il y eut ce jour-là une si grande quantité de visites, qu'une garde du guet à pied et à cheval, établie à la porte, ne put jamais retenir l'affluence du monde, et qu'il fallut se déterminer à laisser les portes ouvertes pour satisfaire la curiosité et l'empressement du public.

» L'on expédia d'abord pour le Champ de Mars l'attirail et tous les accessoires nécessaires à l'expérience : à deux heures après minuit, le ballon fut dégagé de ses liens; des personnes intelligentes le transportèrent jusqu'à la porte; et comme il n'était pas plein, on eut la facilité de le comprimer et de lui faire adopter une forme allongée, qui lui permit d'arriver sur la place des Victoires sans le plus léger accident. Il fut déposé sur un brancard prêt à le recevoir et disposé pour cet objet. Les mêmes lisières qui le tenaient suspendu dans la cour le rendirent stable, et il entra en marche.

» Rien de si singulier que de voir ce ballon ainsi porté, précédé de torches allumées, entouré d'un cortège et escorté par un détachement du guet à pied et à cheval ! Cette marche nocturne, la forme et la capacité du corps qu'on portait avec tant de peine et de précaution, le silence qui régnait, l'heure indue, tout tendait à répandre sur cette opération une singularité et un mystère véritablement faits pour en imposer à tous ceux qui n'auraient pas été prévenus. Aussi les cochers de fiacre qui se trouvèrent sur la route en furent si frappés que leur premier mouvement fut d'arrêter leurs voitures et de se prosterner humblement, chapeau bas, pendant tout le temps qu'on défilait devant eux.

» Enfin le ballon arriva, par les rues des *Petits-Champs*, de *Richelieu*, de *Saint-Nicaise*, par le *Carrousel*, le *pont Royal*, la rue de *Bourbon* et les *Invalides* (3 kilomètres), à l'École militaire, où il fut déposé au milieu du Champ de Mars, dans une enceinte disposée pour le recevoir.

» Les lisières qui l'enveloppaient servirent à le retenir en place, au moyen de petites cordes fixées vers le méridien du *Globe*, et qui furent arrêtées dans des anneaux de fer plantés en terre.

Le départ du premier ballon pour le Champ de Mars (27 août 1783).

» Dès l'instant où le jour parut, l'on s'occupa à faire du gaz ; à midi il était assez plein pour avoir une belle forme, il fallut peu de temps pour achever de le remplir ; mais l'on réservait au public le reste de l'opération, pour lui donner une idée de la manière dont on produisait le gaz.

» Le Champ de Mars était garni de troupes, les avenues étaient gardées de tout côté : les ordres étaient donnés pour faciliter la marche des voitures et prévenir les accidents. A trois heures l'on vit le Champ de Mars se couvrir de monde ; les carrosses arrivaient de toutes parts, et bientôt ils ne purent aller qu'à la file. Les bords de la rivière, le chemin de Versailles, l'amphithéâtre de Passy, étaient garnis d'une foule immense de spectateurs. L'hôtel de l'École militaire et le Champ de Mars renfermaient la plus superbe et la plus nombreuse assemblée. A cinq heures, un coup de canon fut le signal qui annonça que l'expérience allait commencer ; il servit en même temps d'avertissement pour les savants placés sur la terrasse du Garde-Meuble de la couronne, sur les tours de Notre-Dame et à l'École militaire, et qui devaient appliquer les instruments et les calculs à leur observation. Le *Globe*, dépouillé des liens qui le retenaient, s'éleva, à la grande surprise des spectateurs, avec une telle vitesse, qu'il fut porté en deux minutes à 488 toises de hauteur ; là il trouva un nuage obscur dans lequel il se perdit ; un second coup de canon annonça sa disparition, mais on le vit bientôt percer la nue, reparaître un instant à une très grande élévation, et s'éclipser dans d'autres nuages.

» La pluie violente qui survint au moment où le *Globe* s'élevait ne l'empêcha pas de monter avec une extrême rapidité, et l'expérience eut le plus grand succès ; elle étonna tout le monde. L'idée qu'un corps parti de terre voyageait dans l'espace avait quelque chose de si admirable et de si sublime, elle paraissait si fort s'écarter des lois ordinaires, que tous les spectateurs ne purent se défendre d'une impression qui tenait de l'enthousiasme. La satisfaction était si grande, que les femmes, élégamment vêtues, les yeux dirigés sur le *Globe*, recevaient la pluie la plus forte et la plus abondante sans se déranger, s'occupant beaucoup plus alors de voir un fait aussi surprenant que du soin de se garantir de l'orage.

» Le *Globe* avait 12 pieds 2 pouces de diamètre; la circonférence était donc de 38 pieds 3 pouces 7 lignes; sa capacité intérieure, de 943 pieds 3 lignes cubes; le poids du taffetas et du robinet, de 25 livres; et la force d'ascension, lorsqu'il s'est élevé, de 35 livres. »

Il convient d'ajouter au récit de Faujas de Saint-Fond que la chute de ce premier ballon à hydrogène, causée par l'expansion des gaz et la rupture de l'enveloppe, jeta un effroi sans pareil chez les bons campagnards au milieu desquels elle s'effectua. Les habitants accoururent en foule, et deux moines leur ayant assuré que c'était la peau d'un animal monstrueux, ils l'assaillirent à coup de pierres, de fourches et de fléaux : le curé du lieu fut obligé de se transporter près du ballon pour rassurer ses paroissiens épouvantés. Ils attachèrent enfin à la queue d'un cheval l'instrument de la plus belle expérience de physique qui ait jamais été faite; il fut traîné à plus de mille toises à travers champs.

Les nombreux dessins, éventails, estampes de l'époque, représentent des paysans armés de fourches, de fléaux, de faux, qui l'écharpent; un garde champêtre du temps tire à coup double sur le pauvre ballon, un chien se précipite pour dévorer la peau, un gros curé pérore, une troupe de jeunes gens lancent des pierres.

Nous lisons dans le récit de Dupuis-Delcourt que l'alarme générale ayant amené un grand nombre de personnes chez le curé, celui-ci, tout aussi embarrassé que ses ouailles effrayées, finit par leur proposer d'aller exorciser la chose, quelle qu'elle fût.

On se rendit donc processionnellement, et non sans faire de grands détours et de nombreuses stations, accompagnées de prières, au lieu où gisait sur le sol la malheureuse machine. Comme elle était encore à moitié pleine de gaz, elle offrait un

Expérience du 27 août 1783 au Champ de Mars.

spectacle imposant, et le vent, qui la faisait tressaillir de temps à autre, lui donnait véritablement une apparence redoutable. Évidemment on cherchait à gagner du temps, dans l'espérance que le monstre s'éloignerait. Qui pouvait dire que ce ne fût pas là l'une des fameuses bêtes de l'Apocalypse?

Mais il y mettait de l'obstination. Une heure s'était déjà passée dans ces préliminaires; il fallait en finir : un brave, —l'histoire n'a pas recueilli son nom, — prit à deux mains son courage, se saisit d'un fusil de chasse, et, avec toutes les précautions, toutes les ruses d'un chasseur consommé, il se détacha du groupe qui stationnait toujours à la même place, et marcha vers l'animal, sur lequel il fit feu à une distance raisonnable.

Heureusement notre homme ne s'était pas trop avancé, il n'y eut pas inflammation du gaz hydrogène; mais la charge de plomb avait déchiré le flanc du ballon; le gaz en sortit, et l'on vit, peu à peu, la masse d'abord changer de forme, puis bientôt s'amoindrir. Victoire! nul doute, la bête était blessée; elle se tordait sur elle-même! d'aucuns lui entendirent même jeter un grand cri : c'en était fait d'elle.

Immédiatement ces hommes, tout à l'heure si pleins de terreur, si timorés, si craintifs, se précipitent vers le pauvre ballon : il est frappé de toutes manières, à coups de fourches, à coups de fléaux et de bâtons. Un malavisé ose y porter la main et déchire ce qu'il croit être la peau d'un animal; une odeur fétide se répand et éloigne pour quelques instants tout le monde. Enfin, le premier ballon à gaz hydrogène, ce bel instrument, qui avait coûté tant de soins et d'argent, fut attaché à la queue d'un cheval qu'on chassa devant soi, à travers les champs, les fossés et les routes, pendant l'espace de plus d'une lieue; le cheval courait encore, accompagné de mille cris d'enthousiasme, quand il n'avait plus derrière lui que des lambeaux épars du ballon.

On sut à Paris ce qui venait de se passer, mais trop tard. Quand on vint sur les lieux, il fut à peine possible de recueillir quelques échantillons de l'étoffe.

Émeute à Genève (août 1782).

CHAPITRE VI

Troisième expérience (Paris, faubourg Saint-Antoine, en présence
des commissaires de l'Académie).

INTERMÈDES.

Comme on le voit, le triomphe de l'aérostation marchait à
merveille et faisait du bruit dans le monde. Montgolfier le jeune
était arrivé à Paris avant l'expérience du 27 août, que nous venons de rapporter, et avait assisté en simple spectateur à cette
mémorable ascension. Immédiatement il se mit à la construction
de l'aérostat qui devait servir à la constatation du phénomène
par l'Académie des sciences, et à son illustration officielle à Versailles sous les yeux du roi Louis XVI.

C'est en ce moment, c'est-à-dire au commencement de septembre 1783, que furent construits ces petits ballons en peau
de baudruche qui servent aujourd'hui de jouets d'enfants. Tout
Paris s'amusa à répéter en petit le phénomène de la merveilleuse
ascension. Le ciel de la capitale se vit tout à coup traversé d'une
multitude de petits nuages roses formés par la main des hommes.

Faujas de Saint-Fond raconte qu'on essaya d'abord de faire
des ballons en papier fin et léger ; mais cette matière étant per-
méable à l'air inflammable, personne ne put réussir à enlever des
ballons de cette espèce. Il fallut donc chercher une matière moins

poreuse et plus légère encore, s'il était possible ; et l'on y réussit.

Le *Journal de Paris*, du 11 septembre, apprit au public que M. le baron de Beaumanoir, « qui cultive avec autant de succès que de zèle les sciences et les beaux-arts », devait faire partir un ballon de 18 pouces de diamètre. A midi de ce même jour, il fit cette expérience en présence d'une nombreuse assemblée, dans le jardin qui fait face à l'hôtel de Surgères, rue de la Ville-l'Évêque. M. de Beaumanoir n'abandonna pas le ballon, qui s'éleva très bien, mais fut retenu par un fil de soie qui ne lui permit guère de monter au delà de 50 pieds. A cinq heures du soir du même jour, ce petit globe fut rempli de nouvel air inflammable, et fut abandonné à lui-même. Les spectateurs eurent le plaisir de le voir s'élever à une très grande hauteur ; il disparut ensuite en prenant la route de Neuilly, et l'on assure qu'il fut retrouvé à plusieurs lieues par des paysans.

Quoique cette expérience pût être regardée à la rigueur comme un objet de pure curiosité, elle ne laissa pas que d'intéresser les personnes qui se proposaient de faire des recherches pratiques sur les gaz. Celle-ci donnait un fait de plus et une application en petit qui pouvait servir d'échelle et d'objet de comparaison.

La matière qu'employa le baron de Beaumanoir était une substance animale, connue dans l'art du batteur d'or sous le nom de *peau de baudruche* (¹).

La *baudruche* n'est que la pellicule intérieure qui tapisse le gros boyau du bœuf : on détache cette légère enveloppe, qu'on étend toute fraîche sur des planches, pour avoir la facilité d'enlever avec délicatesse les parties grasses et filandreuses qui la rendraient inégale ; on la laisse sécher en cet état et on lui donne d'autres préparations pour l'adoucir et la rendre propre au genre d'emploi auquel on la destine.

(¹) Croirait-on que deux siècles auparavant, Jules-César Scaliger proposait, pour imiter la colombe volante d'Archytas, de faire usage d'une enveloppe de la même peau des batteurs d'or ? (Scaliger, *de Subtilitate*, etc., 326.)

Bientôt les ballons aérostatiques en peau de baudruche devinrent à la mode, et il ne se passa pas de jour que l'on n'en enlevât plusieurs, soit à la ville, soit à la campagne (¹).

Pendant ce temps-là, Étienne Montgolfier s'occupait de construire aux frais de l'Académie des sciences un ballon de 70 pieds de hauteur sur 40 de diamètre pour renouveler l'expérience d'Annonay. Il s'établit dans les immenses et magnifiques (si nous en jugeons par les estampes) jardins de son ami Réveillon, propriétaire de la manufacture royale de papiers peints, rue de Montreuil, faubourg Saint-Antoine. Cet homme, dont la mort devait quelques années après marquer si tristement les premiers jours de la révolution française, mérite par son dévouement à la nouvelle découverte la reconnaissance des amis des sciences.

L'aérostat que Montgolfier faisait construire avait une forme assez bizarre : la partie majeure représentait un prisme haut de 8 mètres, le sommet une pyramide de la même hauteur, la partie inférieure un cône tronqué de 6 mètres. Il était fait de

(¹) La fabrication des ballons en baudruche est facile. Les boyaudiers vendent cette peau pour l'usage des batteurs d'or, et la mettent sous forme de petites baguettes. Pour pouvoir l'employer, il faut la faire tremper douze à quinze heures dans l'eau tiède, ce qui permet de la développer facilement. Pendant ce temps, on prépare un moule, qui peut être en bois ou en plâtre, et auquel on peut donner des dimensions beaucoup plus considérables. Ce moule doit avoir la forme et les dimensions de la moitié du ballon qu'on veut fabriquer. C'est donc ordinairement une demi-sphere.

Lorsque la baudruche est suffisamment détrempée, on en développe un morceau, que l'on applique bien exactement sur la surface du moule, en commençant par le sommet; on enlève avec précaution, au moyen d'une petite pince ou d'un grattoir, les rebords ou les inégalités qui pourraient s'y trouver. On applique ensuite une seconde baudruche recouvrant la moitie de la première, et ainsi de suite, en faisant en sorte qu'il n'y ait partout que deux épaisseurs, et que la baudruche précédente ne soit pas desséchée lorsqu'on applique la seconde dessus, parce que leur collage résulte de leur humidité. Lorsque tout l'hémisphère est recouvert, on en lie le bas avec un ruban, et on laisse sécher pendant quelques heures, en ayant la précaution de maintenir humide le bord inférieur de la baudruche au-dessous du ruban. On graisse alors toute la superficie de la baudruche, comme on l'avait fait pour le moule lui-même, et l'on rabat par-dessus le ruban le bord que l'on a maintenu humide, et à partir duquel on exécute la seconde moitié du ballon, en toile d'emballage doublée d'un fort papier intérieurement et extérieurement. Chacune de ses parties était composée de vingt-quatre branches ou méridiens réunis et cousus ensemble.

Reprenons le récit de Faujas de Saint-Fond.

« La machine était peinte en bleu d'azur, et représentait une espèce de tente avec son pavillon et ses ornements en couleur d'or. Sa longueur totale était de 70 pieds, et son poids de mille livres. L'air qu'elle déplaçait pouvait être évalué à environ 4 500 livres, et la vapeur dont elle devait être remplie, étant une fois plus légère que l'air commun, ne pesait que 2 250 livres : il y avait donc un excès de légèreté de 1 250 livres ; la machine pouvait enlever un poids de cette force.

» L'approche de l'équinoxe ayant amené les pluies d'automne, les opérations relatives à cette expérience furent sans cesse contrariées. La machine était d'un si grand volume qu'il était impossible de l'assembler et de la coudre autre part qu'en plein air et dans le jardin spacieux où elle devait être établie. C'était

remontant alors vers le sommet du moule, où l'on place un petit cylindre ; celui-ci sert à former l'embouchure du ballon, qu'on a soin de renfoncer en cet endroit de trois ou quatre épaisseurs de baudruche. Après avoir laissé sécher quelques heures, on enlève le ballon du moule, d'où il se détache facilement ; puis, soufflant dans l'embouchure, on gonfle le tout, et l'on passe, au moyen d'une éponge fine, une couche légère de vernis gras sur la surface extérieure ; lorsque ce vernis est sec, on dégonfle le ballon, on le retourne comme un bas, par le moyen de son embouchure ; on le gonfle de nouveau, l'on vernit de même la seconde surface, et le ballon est prêt.

Un ballon de trois pieds de diamètres ne doit peser, tout verni, que 2 onces 1/2. Si on le remplit de gaz hydrogène bien pur, il peut enlever un poids de 6 à 7 onces.

Pour obtenir ce gaz, il suffit de mettre dans un flacon de l'acide sulfurique avec deux fois autant d'eau, en ayant soin de ne verser l'acide que peu à peu dans l'eau (car la chaleur qui se développe alors pourrait faire éclater le vase) ; puis de jeter dans ce mélange du zinc en grains. On bouche le flacon avec un bouchon traversé par un tube de verre dont l'extrémité recourbée plonge dans un vase plein d'eau. L'hydrogène qui se dégage du flacon se lave dans cette eau et est reçu dans une cloche renversée, plongée elle-même dans le liquide, et au sommet de laquelle est placé un tube qui s'engage dans l'embouchure du ballon, qu'on a eu soin de bien presser pour en faire sortir l'air. C'est par ce tube que le ballon reçoit l'hydrogène dont il doit être gonflé.

un très grand embarras que de ployer chaque fois une enveloppe si lourde, et que les forts papiers dont elle était couverte rendaient cassante : aussi fallait-il ordinairement au moins vingt hommes pour la remuer, et ils étaient obligés d'user d'adresse et de précaution pour ne rien détruire. Jamais machine n'a donné autant d'inquiétude ni d'embarras.

» Cette machine aurait pu sans doute être construite d'une manière plus solide et moins sujette à être endommagée. L'Académie royale des sciences avait offert de payer les frais de cette machine sans les limiter, et cela suffisait pour que l'auteur cherchât les moyens les plus économiques de diminuer la dépense.

» Le 11 du mois de septembre, le temps paraissait se disposer au beau ; la machine, étant entièrement finie, fut mise en place et disposée pour faire les premières expériences. L'on en fit le soir même l'essai ; l'on vit avec admiration cette belle machine se remplir en neuf minutes, se redresser sur elle-même, se tendre dans tous les points et prendre la plus belle forme. Huit hommes qui la retenaient furent soulevés à plusieurs pieds, et elle se serait enlevée à une grande hauteur, si on ne lui avait pas opposé de nouvelles forces.

» Les commissaires de l'Académie des sciences furent invités à assister, le lendemain, à l'expérience qui leur était consacrée.

» Des nuages épais se disposaient à couvrir l'horizon, et l'on était menacé d'orage. Cependant l'on craignait qu'en différant encore, l'expérience fût rejetée trop loin ; tout l'appareil était en état, il eût fallu du temps pour le démonter ; l'on se décida donc à remplir le ballon.

» Cinquante livres de paille sèche qu'on alluma par paquets sur lesquels on jeta à diverses reprises une dizaine de livres de laine hachée, produisirent en dix minutes une vapeur si expansive et douée d'une telle force que la machine, malgré sa pesanteur, quoique déprimée et repliée sur elle-même, se redressa graduellement et comme par ondulation : son volume et sa capacité étonnèrent les spectateurs, et lorsqu'elle se fut développée en entier et qu'elle tendit à s'enlever, la surprise et l'admiration redoublèrent.

» La machine perdit terre, et se soutint à plusieurs pieds avec une charge de 500 livres. Si l'on eût coupé dans ce moment les cordes qui la retenaient, elle allait s'enlever à une très grande hauteur. La pluie survint subitement ; alors le vent souffla avec impétuosité ; le plus sûr moyen de sauver la machine était de la laisser partir. Mais comme elle était destinée à des expériences qui devaient avoir lieu à Versailles, on voulut ne pas l'abandonner, et les efforts qu'on fit pour l'obliger à descendre, joints à des coups de vent furieux et à la pluie qui l'inondait, la déchirèrent en plusieurs endroits. Comme l'orage redoubla et se soutint longtemps, il fut absolument impossible de la manœuvrer en cet état. Elle endura la pluie pendant plus de vingt-quatre heures ; les papiers se décollèrent et tombèrent en lambeaux ; le canevas fut mis à découvert, et cette belle et superbe machine, qui avait coûté tant de soins, fut détruite en très peu de temps. »

CHAPITRE VII

.

Quatrième expérience (Versailles, 19 septembre 1783, en présence
du roi Louis XIV).

L'aérostat mis en pièces par le vent et la pluie, dans le jardin du faubourg Saint-Antoine, ne pouvait plus servir pour
l'expérience de Versailles. Le roi Louis XVI avait demandé une
ascension pour le 19. Déjà on parlait de la possibilité d'enlever
un homme et des appareils, et l'on voyait en perspective de splendides voyages aériens. Mais le roi avait imposé silence. Il ob-
jectait que la nouveauté des aérostats n'était pas une condition
suffisante de sécurité, et craignait pour la vie de celui de ses
sujets qui oserait ainsi tenter l'inconnu. Il défendit donc d'abord
avec la plus grande rigueur toute tentative de voyage. Il permit
senlement que l'on essayât sur quelques animaux suspendus au
ballon dans une cage d'osier.

Les Montgolfier se remirent à l'œuvre pour la construction
d'un nouvel aérostat. Cinq jours seulement leur restaient. Aidés
de quelques amis, ils travaillèrent avec tant d'empressement et
d'ardeur, qu'ils parvinrent, pour la date fixée, à présenter un
magnifique aérostat sphérique, beaucoup plus solide que le premier, construit d'une bonne et forte toile de coton, et peint en
détrempe.

C'est ici le lieu de remarquer que les premiers aérostats étaient vraiment d'une élégance surprenante et d'une richesse bien supérieure à ceux qu'on a construits depuis. Les estampes coloriées du temps et les gravures en taille-douce nous en offrent de magnifiques spécimens. Tantôt le ciel mythologique était descendu sur le navire aérien, tantôt les hauts faits de l'histoire s'y trouvaient reproduits, tantôt de riches broderies y dessinaient les tentes et les loges royales, couronnées d'écussons et de chiffres entrelacés. On peut critiquer ce luxe comme inutile et proclamer qu'il est plus important de s'attacher à la sécurité d'un ballon qu'à sa décoration ; mais tant que ledit luxe n'est pas *effréné*, il est permis de l'assortir à la solidité des formes.

Le ballon de Versailles était bleu, avec des ornements d'or, et présentait l'image d'une tente richement décorée. Il mesurait 57 pieds de hauteur sur 41 de diamètre.

La veille de l'expérience, la *machine*, comme on l'appelait, fut essayée à Paris, et elle réussit à souhait. Dès le matin du 19, elle fut transportée à Versailles, où les préparatifs pour la recevoir avaient été faits d'avance.

Dans la grande cour du château était un théâtre octogone. Cette espèce d'échafaud, lisons-nous dans le récit de Faujas de Saint-Fond, recouvert et entouré de toiles de toutes parts, avait dans le milieu une ouverture de plus de 15 pieds de diamètre, autour de laquelle on pouvait circuler au moyen d'une banquette destinée à ceux qui faisaient le service de la machine. Une garde nombreuse décrivait une double enceinte autour de ce vaste théâtre.

Le dessous de l'échafaud était consacré aux opérations propres à produire la vapeur. C'était sous la grande ouverture, recouverte par le dôme de la machine, que devait se faire ce travail. Au milieu et à terre était un réchaud de fer à claire-voie, de 4 pieds de hauteur sur 4 de diamètre, fait pour recevoir les matières combustibles. Un entourage en forte toile peinte et de forme circulaire, adhérant à la base du ballon et descendant par le trou jusque sur le pavé, pouvait être considéré comme un vaste entonnoir, comme une espèce de cheminée destinée à contenir les vapeurs et à les conduire dans l'intérieur de la machine, de sorte que les personnes qui devaient diriger le feu se trouvaient placées, par ce moyen, sous le ballon même; elles avaient à leur portée des provisions de paille et de laine hachée pour produire la vapeur, ainsi qu'une cage d'osier avec un mouton, un coq et un canard, et tous les autres agrès nécessaires pour l'expérience.

A dix heures du matin, la route de Paris à Versailles était couverte de voitures; l'on arrivait en foule de toutes parts, et à midi les avenues, les cours du château, les fenêtres et même les combles étaient garnis de spectateurs. Tout ce qu'il y a de plus grand, de plus illustre et de plus savant dans la nation semblait s'être réuni comme de concert pour rendre un hommage solennel aux sciences, sous les yeux de l'auguste cour.

Ce fut dans ce moment et au milieu de ce concours immense de citoyens de tout état, que Leurs Majestés et la famille royale se transportèrent dans l'enceinte et pénétrèrent jusque sous la machine même pour en examiner les détails et se faire rendre un compte exact de tous les préparatifs de cette belle expérience.

A une heure moins quatre minutes, le bruit d'une boîte annonce qu'on va remplir la machine; on la voit presque aussitôt s'élever, se gonfler et déployer avec rapidité les plis et replis dont elle est composée; elle se développe en entier, sa forme plaît à l'œil, sa capacité imposante étonne : elle atteint déjà jusqu'au plus haut des mâts. Une autre boîte avertit qu'elle est prête à partir, et à la troisième décharge les cordes sont coupées et la machine s'élève pompeusement dans l'air, entraînant avec elle l'attirail dans lequel étaient renfermés un mouton et des volatiles.

La machine s'élève d'abord à une grande hauteur en décrivant une ligne inclinée à l'horizon, que le vent du sud la força de prendre; elle parut rester ensuite quelques secondes en sta-

Expérience du 19 septembre 1783, à Versailles.

tion, et produisit alors le plus bel effet. Enfin elle descendit lentement dans le bois de Vaucresson, à 1700 toises du point d'où elle avait été enlevée ([1]).

Il paraît que dès cette époque certains journalistes peu scrupuleux ne craignaient pas de jeter le blâme sur ces expériences et de raconter des faits à tort et à travers sans s'occuper de leur exactitude. Entre autres, ils déclarèrent que le coq s'était brisé la tête. Faujas de Saint-Fond leur faisait dès lors les mêmes reproches qu'ils s'attirent aujourd'hui. « Il est fâcheux de voir, dit-il, les papiers publics annoncer ainsi des faits sans preuve, et qui, dans des cas pareils, devraient être toujours garantis par la signature de ceux qui les envoient. L'on a aussi assuré dans plusieurs gazettes et journaux que la machine de M. de Montgolfier avait été remplie avec de l'air inflammable, tandis que les procédés qu'on a employés ont consisté simplement à faire usage de paille sèche allumée et de quelques livres de laine hachée.

» Tout ce qui a été dit jusqu'à présent sur le point de son élévation et sur l'espace qu'elle a parcouru n'est pas plus exact. La vraie distance, selon la carte de l'Académie, du point de dé-

---

([1]) L'on ne resta que onze minutes pour la remplir, et elle se soutint huit minutes en l'air.

Dans l'expérience d'Annonay, le ballon s'était élevé à une plus grande hauteur, au moins à 1 000 toises; cependant il n'était pas, à beaucoup près, d'une construction aussi régulière : une cause s'opposa à l'ascension de celui de Versailles. Deux déchirures de 7 pieds d'ouverture sur son sommet et dans la partie où les toiles avaient été cousues dans un mauvais sens furent occasionnées par un coup de vent qui obligea à tirer toutes les cordes dans le même sens. A mesure que la vapeur se dissipait, le ballon descendait lentement du côté du bois de *Vaucresson*, et d'une manière si tranquille, que l'on comprit alors que s'il eût porté des hommes, ils n'auraient couru aucun danger.

Faujas se rendit aussitôt sur les lieux avec l'abbé d'Espagnac, le chevalier de Lorimier, Brongniart, etc. Pilatre de Rozier les précédait de quelques pas. Ils virent le ballon sur la partie du bois de *Vaucresson*, nommée le *carrefour Maréchal*, où il s'était développé sur la pelouse; un seul de ses côtés portait sur un petit chêne, dont il faisait à peine ployer les branches.

part au bois de *Vaucresson*, *carrefour Maréchal*, est de 1700 toises. Quant à la hauteur, deux habiles astronomes s'en sont occupés, en se plaçant à l'Observatoire de Paris. M. le Gentil a fixé cette hauteur à 280 toises au-dessus du second étage de l'Observatoire royal, et M. Jaurat, à 283 au-dessus du rez-de-chaussée du même Observatoire. »

CHAPITRE VIII

Expériences faites pour l'essai de voyages aérostatiques.

L'esprit humain n'est pas accoutumé à s'arrêter sur le chemin de la solution d'un problème, et ce n'est pas lorsqu'il se croit près d'atteindre le but qu'il consent à se reposer. La cage d'osier de Versailles se transformait devant les yeux de l'ardeur française en un char aérien, et *les Mille et une nuits* déroulaient leurs visions dans l'espace. Les poètes rêvaient. Les mathématiciens calculaient. Pourquoi l'homme ne tenterait-il pas lui-même le voyage ?

On se mit alors à faire de nouveaux essais, dirigés maintenant dans le but de reconnaître si l'ascension d'un homme était réellement impossible ou désespérément dangereuse. Montgolfier revint de Versailles chez Réveillon et construisit avec soin une nouvelle machine dans les jardins du faubourg Saint-Antoine. Elle fut entièrement terminée le 10 du mois d'octobre, selon notre cicerone Faujas de Saint-Fond. Sa forme était ovale, sa hauteur de 70 pieds, son diamètre de 49, et sa capacité de 60 000 pieds cubes ; la partie supérieure, entourée de fleurs de lis, était ornée des douze signes du zodiaque en couleur d'or ; le milieu portait les chiffres du roi, entremélés de soleils, et le bas était garni de mascarons, de guirlandes et d'aigles éployés, .

qui paraissaient supporter en volant cette superbe sphère à fond d'azur.

Un galerie circulaire, construite en osier et revêtue de toiles sur lesquelles on avait peint des draperies et d'autres ornements, était attachée par une multitude de cordes au bas de la machine ; elle avait environ 3 pieds de largeur ; il y régnait de droite et de gauche une balustrade de 3 pieds 1/2 de hauteur. Cette galerie ne gênait ni n'interrompait en aucune manière l'ouverture, d'environ 15 pieds de diamètre, qui était au bas de la machine ; elle lui servait, au contraire, de prolongement, et c'était au milieu de cette ouverture qu'on avait placé un réchaud en fil de fer suspendu par des chaînes, au moyen duquel les personnes qui étaient dans cette galerie avec des approvisionnements de paille avaient la facilité de développer du gaz à volonté.

Cette machine pesait au moins 1 600 livres.

L'on avait eu soin d'avertir le public, dans le *Journal de Paris* du 11 octobre, que les expériences qu'on se proposait de faire regardaient essentiellement les savants, et que plus elles pouvaient être intéressantes pour la physique, moins elles devaient amuser les personnes que la simple curiosité y attirait.

Cette précaution avait paru nécessaire pour se soustraire à l'empressement général, avant qu'on eût pu obtenir quelques résultats satisfaisants. Il était prudent et utile, dans une occasion pareille, de procéder tranquillement et sans trouble, avec des gens exercés dans l'art des expériences, car celles-ci devaient naturellement présenter des difficultés. L'on sait que lorsqu'on n'est point gêné par l'inquiétude du succès, qui dépend souvent de la plus légère circonstance, l'on travaille avec bien plus de confiance ; chacun aide de ses conseils, et tout le monde étant coopérateur, l'intérêt devient général, et, loin de porter alors un œil critique sur les opérations, l'on met une espèce d'amour-propre à les voir réussir.

Mais dès qu'on sut qu'il était question d'expériences, l'on accourut de toutes parts ; et comme l'on ne put d'abord refuser l'entrée à des personnes de haute considération qui se présentèrent, beaucoup d'autres mirent en œuvre bien des moyens pour être admises ; et des essais qu'on avait résolu de ne faire qu'en comité devinrent presque sur-le-champ des expériences solennelles.

Le mercredi 15 octobre, Pilatre de Rozier, qui, disait Faujas, a donné dans plusieurs occasions des preuves de l'intelligence et du courage qu'il porte dans des expériences hardies, où il n'a pas craint souvent d'exposer sa vie, ayant déjà fait quelques essais terre à terre avec la machine aérostatique, désira ardemment qu'on l'enlevât, s'il était possible, à une grande hauteur : il se plaça, pour cet objet, dans la galerie. La machine fut gonflée, elle partit en conservant le plus parfait équilibre, et s'éleva jusqu'à la longueur des cordes qu'on y avait attachées pour la retenir, c'est-à-dire jusqu'à 80 pieds de hauteur, et elle y resta en station pendant 4 minutes 25 secondes, sans que l'aéronaute éprouvât la plus légère incommodité.

Ce qu'il y eut de très intéressant dans cette expérience, c'est que l'on fut rassuré sur un point qui avait paru inquiéter généralement tout le monde, c'est-à-dire sur la manière dont la machine tomberait lorsque le gaz s'affaiblirait ; mais l'on vit clairement qu'au lieu de tomber, elle descendait avec lenteur, étant toujours tendue, et qu'après avoir touché terre, elle partait de nouveau et s'élevait encore à une certaine hauteur, lorsque la personne qui était dedans l'allégeait en sortant de la galerie.

Le vendredi 17, on répéta les mêmes expériences : l'empressement de les voir fut tel, que l'affluence du monde était extrême ; il était difficile de réunir une plus brillante assemblée. Mais un vent contraire qui s'éleva nuisit au succès de ces expériences, et quoique Pilatre de Rozier fût enlevé à peu près à la même hauteur que le mercredi, la machine, fatiguée par le vent et par la résistance des cordes qui la retenaient, se soutint moins bien, et ne produisit pas un si bel effet que dans l'expérience précédente, et c'est alors qu'on sentit très bien qu'il eût été à désirer qu'on se fût refusé à l'empressement du public; car il arrive souvent qu'une expérience vue par des personnes qui y assistent plutôt par curiosité que par mode d'instruction, nuit beaucoup aux progrès d'une découverte, parce que le public ne calcule jamais les peines et les soins de toute espèce qu'elle peut avoir coûtés à celui qui en est l'auteur. Le dimanche suivant, Montgolfier choisit un beau temps pour faire les nouvelles expériences que voici.

Première expérience. Le 19 octobre, à quatre heures et demie et en présence de plus de deux mille personnes, la machine, dont on avait diminué la galerie, fut remplie de gaz en cinq minutes, et Pilatre de Rozier, étant placé dans la galerie, avec un poids de 100 livres dans la partie opposée pour faire équilibre, fut enlevé à la hauteur de 200 pieds : la machine se soutint six minutes à cette élévation, sans feu dans le réchaud.

Deuxième expérience. La machine portant Pilatre de Rozier avec le contre-poids de 100 livres, le feu étant dans le réchaud, fut enlevée à 250 pieds de hauteur, où elle resta en station pendant huit minutes et demie; comme on la retirait, un vent d'est la porta sur une touffe de très grands arbres dans un jardin voisin, où elle s'embarrassa sans perdre l'équilibre; l'on renouvela le gaz et elle se retira elle-même de ce mauvais pas, en s'élevant pompeusement dans l'air au bruit des acclamations publiques. Cette seconde expérience fut très instructive; l'on n'avait pas manqué de dire que si jamais une telle machine tombait sur une forêt, elle serait détruite et ferait courir les plus grands dangers à ceux qui seraient dedans. Cet exemple prouve que la machine ne *tombe* pas, mais qu'elle *descend;* qu'elle ne se renverse pas; qu'elle ne se détruit pas sur les arbres; qu'elle ne fait périr ni souffrir les voyageurs qu'elle porte; qu'au contraire ces derniers, en produisant du nouveau gaz, lui donnent des moyens de se tirer d'embarras, et qu'elle peut reprendre sa route malgré un événement pareil.

L'intrépide de Rozier donna encore un exemple de la facilité qu'il y a de descendre et de remonter à volonté ; car la machine étant parvenue à plus de 200 pieds, elle descendit lentement ; et comme elle approchait de terre, le premier aéronaute produisit très adroitement et très à propos du gaz, et repartit subitement pour gagner sa première place.

Troisième expérience. La machine partit encore avec de Rozier, accompagné, cette fois, de Giroud de Villette, et comme l'on avait allongé les cordes, elle s'éleva jusqu'à la hauteur de 324 pieds, et elle y resta dans le plus parfait équillibre pendant neuf minutes ; c'était un spectacle bien extraordinaire que celui de voir, pour la première fois, des hommes portés à cette élévation, et s'y soutenir sans danger et sans inquiétude.

La machine était d'un superbe effet à cette hauteur ; elle dominait sur Paris, et elle était vue de tous les environs ; sa grandeur ne paraissait pas avoir diminué aux yeux des spectateurs placés dans le lieu où se faisait l'expérience ; mais les hommes étaient à peine visibles : l'on distinguait avec des lunettes Pilatre de Rozier occupé à produire du gaz avec autant d'intelligence que d'ardeur.

Lorsque la machine fut redescendue, les expérimentateurs assurèrent qu'ils n'avaient pas éprouvé la plus légère incommodité ; ils reçurent les justes applaudissements que leur zèle et leur courage leur avaient mérités.

Le marquis d'Arlandes, major d'infanterie, prit ensuite la place de Giroud de Villette, et fut enlevé avec Pilatre de Rozier. Cette dernière tentative eut le même succès que la précédente.

Quelques jours après ces expériences, les rédacteurs du *Journal de Paris*, qui les avaient rapportées, reçurent une lettre de Montgolfier et une de Giroud de Villette, le second voyageur aérien. Celle de Montgolfier a rapport à l'action du vent sur l'expérience de la veille et n'offre pas d'intérêt général ; la seconde nous présente quelques passages utiles à signaler :

« Je me suis trouvé, dit-il, presque dans l'intervalle d'un quart de minute, élevé de 400 pieds de terre, suivant le rapport qu'on m'en a fait; nous restâmes dans cette position pendant dix minutes. Mon premier soin, Messieurs, fut d'admirer, à la faveur d'un trou large de 4 pouces, le physicien intelligent que j'avais l'honneur d'accompagner; son courage, son agilité, ses talents à bien manœuvrer et conduire son feu, m'enchantèrent. En me retournant, je distinguai les boulevards depuis la porte Saint-Antoine jusqu'à celle Saint-Martin, tout couverts de monde, qui me paraissaient former une plate-bande allongée de fleurs variées. La rue Saint-Antoine, les jardins qui nous environnaient, me représentaient la même chose; ensuite, voulant m'occuper du sujet qui m'avait engagé à faire ce voyage, je promenai ma vue dans le lointain. D'abord je vis la butte Montmartre, qui me semblait être de moitié plus basse que notre niveau; je découvris facilement Neuilly, Saint-Cloud, Sèvres, Issy, Ivry, Charenton, Choisy et peut-être Corbeil, que le léger brouillard m'a empêché de distinguer; dès l'instant, je fus convaincu que cette machine peu dispendieuse serait très utile dans une armée pour découvrir la position de celle de son ennemi, ses manœuvres, ses marches, dispositions, et les annoncer par des signaux aux troupes alliées de la machine. Je crois qu'en mer il est également possible, avec des précautions, de se servir de cette machine. Voilà, Messieurs, une utilité incontestable, que le temps nous perfectionnera; tout mon regret est de n'avoir pas pensé à me munir d'une lunette d'approche. »

CHAPITRE IX

Le premier voyage aérien.

Ces nombreuses et ardentes expériences n'avaient d'autre but que d'appliquer la découverte de Montgolfier à la grande conquête, à la navigation aérienne. Les recherches du faubourg Saint-Antoine ayant donné aux futurs aéronautes les résultats les plus satisfaisants, il fut résolu que l'on tenterait un premier voyage aérien.

« S'il existait, dit Linguet (*Annales politiques du dix-huitième siècle*), s'il existait du premier voyage de Christophe Colomb un journal de la main de cet intrépide navigateur, avec quel respect il serait conservé ([1]), avec quelle confiance il serait cité, comme on aimerait à le suivre dans le compte ingénu qu'il rendrait de ses pensées, de ses espérances, de ses craintes, des murmures de ses équipages, de ses tentatives pour les calmer, et enfin de sa joie au moment qui, dégageant sa parole et justifiant son audace, le déclara le créateur en quelque sorte d'un nouveau monde ! Tous ces détails nous ont été transmis, mais par des mains étrangères ; quelque intéressants qu'ils soient encore, on ne peut se dissimuler que cette circonstance leur fait perdre quelque chose de leur prix. »

([1]) Il est en partie conservé. Voy. les *Voyageurs anciens et modernes*, par Ed. Charton.

Cette relation du premier voyage aérien, écrite de la main de l'un des deux premiers aéronautes, existe, et nous pouvons l'offrir à nos lecteurs.

Une entreprise aussi nouvelle demandait certes un grand courage chez celui qui osait le premier se confier aux courants inconnus de l'atmosphère. Elle offrait des dangers pour lui, la mort peut-être, par une chute, par le feu, par le froid, par un égarement dans la mystérieuse région des nuages. Elle offrait des dangers pour les campagnes au-dessus desquelles passerait le ballon chargé d'un réchaud et de paille. Aussi, deux hommes temporisaient et craignaient : Montgolfier et le roi. Après mûr examen, Louis XVI s'opposa même à l'expérience et donna au lieutenant de police l'ordre d'empêcher le départ. Il permettait seulement que l'expérience fût tentée avec deux *condamnés* que l'on embarquerait dans la machine.

Pilatre de Rozier s'indigne à cette proposition. « Eh quoi ! de vils criminels auraient les premiers la gloire de s'élever dans les airs ! Non, non, cela ne sera point ! » Il conjure, il supplie, il s'agite de cent manières; il remue la ville et la cour, il s'adresse aux personnes le plus en faveur à Versailles; il s'empare de la duchesse de Polignac, gouvernante des enfants de France et toute-puissante sur l'esprit de Louis XVI. Celle-ci plaide chaleureusement sa cause auprès du roi. Le marquis d'Arlandes, gentilhomme du Languedoc, major dans un régiment d'infanterie, avait fait avec lui une ascension en ballon captif; Pilatre le dépêche vers le roi. Le marquis d'Arlandes proteste que l'ascension ne présente aucun danger, et comme preuve de son affirmation, il offre d'accompagner Pilatre dans son voyage aérien. Sollicité de tous les côtés, vaincu par tant d'insistances, Louis XVI se rendit.

Les jardins de la Muette, près Paris, furent le théâtre de ce premier voyage aérien, en présence du Dauphin et de sa suite. Pilatre de Rozier et le marquis d'Arlandes prirent pour la première fois congé de la terre le 21 octobre 1783, à une heu rede l'après-midi.

Ballon du marquis d'Arlandes (1783).

La lettre que voici est surtout intéressante en ce qu'elle est le récit simple et presque minutieux du premier voyage tenté dans les airs par des hommes, et qu'elle peint parfaitement la liberté d'esprit et l'enjouement de caractère que les Français conservent dans les entreprises les plus périlleuses.

M. le marquis d'Arlandes à M. Faujas de Saint-Fond.

Paris, le 28 novembre 1783.

« Vous le voulez, mon cher Faujas, et je me rends d'autant plus volontiers à vos désirs que, par les questions que l'on m'adresse, par les propos invraisemblables que l'on fait tenir à M. Pilatre et à moi, je sens qu'il est essentiel de fixer l'opinion publique sur les détails de notre voyage aérien.

» Je vais décrire le mieux que je pourrai *le premier voyage que des hommes aient tenté* à travers un élément qui, jusqu'à la découverte de MM. Montgolfier, semblait si peu fait pour les supporter.

» Nous sommes partis, le 21 octobre 1783, à une heure cinquante-quatre minutes. La situation de la machine était telle que M. Pilatre de Rozier était à l'ouest et moi à l'est. Le vent était à peu près nord-ouest. La machine, dit le public, s'est élevée avec majesté; mais il me semble que peu de personnes se sont aperçues qu'au moment où elle a dépassé les charmilles, elle a fait un demi-tour sur elle-même. Par ce changement, Pilatre s'est trouvé en avant de notre direction, et moi, par conséquent, en arrière. Je crois qu'il est à remarquer que de ce moment jusqu'à celui où nous sommes arrivés, nous avons conservé la même position par rapport à la ligne que nous avons parcourue.

» J'étais surpris du silence et du peu de mouvement que notre départ avait occasionnés sur les spectateurs; je crus qu'étonnés et peut-être effrayés de ce nouveau spectacle, ils avaient besoin d'être rassurés. Je saluai du bras avec assez peu de succès; mais ayant tiré mon mouchoir, je l'agitai, et je m'aperçus alors d'un grand mouvement dans le jardin de la Muette. Il m'a semblé que tous les spectateurs qui étaient épars dans cette enceinte se réunissaient en une seule masse, et que, par un mouvement involontaire, elle se portait, pour nous suivre, vers le mur, qu'elle paraissait regarder comme le seul obstacle qui pût nous séparer.

» C'est dans ce moment que M. Pilatre me dit : « Vous ne » faites rien et nous ne montons guère.— Pardon ! » lui répondis-je. Je mis une botte de paille, je remuai un peu le feu, et je me retournai bien vite ; mais je ne pus retrouver la Muette. Étonné, je jette un regard sur le cours de la rivière, je la suis de l'œil ; enfin j'aperçois le confluent de l'Oise. « Voilà donc » Conflans ! » Et, nommant les autres principaux coudes de la rivière par les noms des lieux les plus voisins, je dis : « Passy, » Saint-Germain, Saint-Denis, Sèvres ! Donc je suis encore à » Passy ou à Chaillot. » En effet, je regardai par l'intérieur de la machine, et j'aperçus sous moi la Visitation de Chaillot. M. Pilatre me dit dans ce moment : « Voilà la rivière, et nous baissons. » — Eh bien, mon cher ami, du feu ! » Et nous travaillâmes. Mais au lieu de traverser la rivière, comme semblait l'indiquer notre direction, qui nous portait sur les Invalides, nous longeâmes l'île des Cygnes, rentrâmes sur le lit principal de la rivière, et nous la remontâmes jusqu'au-dessus de la barrière de la Conférence. Je dis à mon brave compagnon : « Voilà une ri- » vière qui est bien difficile à traverser. — Je le crois bien, me » répondit-il ; vous ne faites rien. — C'est que je ne suis pas si » fort que vous, et que nous sommes bien. » Je remuai le réchaud, je saisis avec une fourche ma botte de paille, qui, sans doute trop serrée, prenait difficilement. Je la levai et la secouai au milieu des flammes. L'instant d'après, je me sentis comme soulevé par-dessous les aisselles, et je dis à mon cher compagnon : « Pour cette fois, nous montons. — Oui, nous montons », répondit-il, sorti de l'intérieur, sans doute pour faire quelques observations. Dans cet instant, j'entendis, vers le haut de la machine, un bruit qui me fit craindre qu'elle n'eût crevé : je regardai et je ne vis rien. Comme j'avais les yeux fixés au haut de la machine, j'éprouvai une secousse, et c'était la seule que j'eusse ressentie. La direction du mouvement était de haut en bas. Je dis alors : « Que faites-vous? Est-ce que vous dansez? » — Je ne bouge pas. — Tant mieux ! dis-je; c'est enfin un nou- » veau courant qui, j'espère, nous sortira de la rivière. » En effet, je me tourne pour voir où nous étions, et je me trouvais entre l'École militaire et les Invalides, que nous avions dépassés d'en- viron 400 toises. M. Pilatre me dit en même temps : «Nous » sommes en plaine. — Oui, lui dis-je, nous cheminons. — Tra- » vaillons, me dit-il, travaillons. » J'entendis un nouveau bruit dans la machine, que je crus produit par la rupture d'une corde. Ce nouvel avertissement me fit examiner avec attention l'inté- rieur de notre habitation. Je vis que la partie qui était tournée vers le sud était remplie de trous ronds dont plusieurs étaient considérables. Je dis alors : « Il faut descendre. — Pourquoi? » — Regardez, dis-je. » En même temps je pris mon éponge, j'éteignis aisément le peu de feu qui minait quelques-uns des trous que je pus atteindre; mais, m'étant aperçu qu'en appuyant pour essayer si le bas de la toile tenait bien au cercle qui l'en- tourait, elle s'en détachait très-facilement, je répétai à mon com- pagnon : « Il faut descendre. » Il regarda sous lui, et me dit : « Nous sommes sur Paris. — N'importe, lui dis-je. Mais, voyons, » n'y a-t-il aucun danger pour nous : êtes-vous bien tenu? — » Oui. » J'examinai de mon côté, et j'aperçus qu'il n'y avait rien à craindre. Je fis plus : je frappai de mon éponge les cordes qui étaient à ma portée. Toutes résistèrent. Il n'y eut que deux ficelles qui partirent. Je dis alors : «Nous pouvons traverser Paris. » Pendant cette opération, nous nous étions sensiblement approchés des toits; nous faisons du feu, et nous nous relevons avec la plus grande facilité. Je regarde sous moi et je découvre parfaitement les Missions étrangères. Il me semblait que nous nous dirigions vers les tours de Saint-Sulpice, que je pouvais apercevoir par l'étendue du diamètre de notre ouverture. En nous relevant, un courant d'air nous fit quitter cette direction, pour nous porter vers le sud. Je vis sur ma gauche une espèce de bois que je crus être le Luxembourg ; nous traversons le boulevard, et je m'écrie, pour le coup : « Pied à terre ! » Nous cessons le feu ; l'intrépide Pilatre, qui ne perd point la tête, et qui était en avant de notre direction, jugeant que nous donnions dans les moulins qui sont entre le Petit-Gentilly et le boulevard, m'avertit. Je jette une botte de paille, en la secouant pour l'enflammer plus vivement ; nous nous relevons, et un nouveau courant nous porte un peu sur la gauche. Le brave de Rozier me dit encore : « Gare les » moulins ! » Mais, mon coup d'œil fixé par le diamètre de l'ouverture me faisant juger plus sûrement de notre direction, je vis que nous ne pouvions pas les rencontrer, et je lui dis : « Arri- » vons. » L'instant d'après, je m'aperçus que je passais sur l'eau. Je crus que c'était encore la rivière ; mais, arrivé à terre, j'ai reconnu que c'était l'étang. Nous nous sommes posés sur la butte aux Cailles, entre le moulin des Merveilles et le moulin Vieux, environ à 50 toises de l'un et de l'autre. Au moment où nous étions près de terre, je me soulevai sur la galerie en y appuyant les deux mains ; je sentis le haut de la machine presser faiblement ma tête ; je la repoussai et sautai hors de la galerie. En me retournant vers la machine, je crus la trouver pleine ; mais quel fut mon étonnement ! elle était parfaitement vide et totalement aplatie. Je ne vois point M. Pilatre ; je cours de son côté pour l'aider à se débarrasser de l'amas de toile qui le couvrait ; mais, avant d'avoir tourné la machine, je l'aperçus sortant de dessous en chemise, attendu qu'avant de descendre il avait quitté sa redingote et l'avait mise dans son panier. Nous étions seuls, et pas assez forts pour renverser la galerie et retirer la paille qui était enflammée. Il s'agissait d'empêcher qu'elle ne mît le feu à la machine. Nous crûmes alors que le seul moyen d'éviter cet inconvénient était de déchirer la toile. M. Pilatre prit un côté, moi l'autre, et, en tirant violemment, nous découvrîmes le

Passage du ballon du marquis d'Arlandes au-dessus de Paris
21 novembre 1783).

foyer. En secouant un des paniers, nous jetons le feu sur celui qui avait transporté mon compagnou ; la paille qui y restait prend feu ; le peuple accourt, se saisit de la redingote de M. Pilatre et se la partage.

» Je souffrais de voir de Rozier en chemise, et craignant que sa santé n'en fût altérée, car nous nous étions très échauffés en pliant la machine, j'exigeai de lui qu'il se retirât dans la première maison ; le sergent de garde l'y escorta pour lui donner la facilité de passer la foule. Il rencontra sur son chemin monseigneur le duc de Chartres, qui nous avait suivis, comme l'on voit, de très près, car j'avais eu l'honneur de causer avec lui un moment avant notre départ ; enfin, il nous arriva des voitures, il se faisait tard ; M. Pilatre, n'ayant qu'une mauvaise redingote qu'on lui avait prêtée, ne voulut point venir à la Muette, Je partis seul, quoique avec le plus grand regret de quitter mon brave compagnon. »

Le premier voyage aérien fut donc accompli par Pilatre de Rozier. Coïncidence curieuse, l'anagramme de son nom est à peu près celui-ci : T (u) seras le p..... roi de l'air.

On dressa alors le procès-verbal que voici. On remarquera parmi les signatures celle d'un observateur qui s'appelait Benjamin Franklin :

« Aujourd'hui 21 novembre 1783, au château de la Muette, on a procédé à une expérience de la machine aérostatique de M. de Montgolfier.

» Le ciel était couvert de nuages dans plusieurs parties, clair dans d'autres, le vent nord-ouest.

» A midi huit minutes on a tiré une boîte qui a servi de signal pour annoncer qu'on commençait à remplir la machine. En huit minutes, malgré le vent, elle a été développée dans tous les points et prête à partir, M. le marquis d'*Arlandes* et M. *Pilatre de Rozier* étant dans la galerie.

» La première intention était de faire enlever la machine et de la retenir avec des cordes pour la mettre à l'épreuve, étudier les *poids* exacts qu'elle pouvait porter et voir si tout était convenablement disposé pour l'expérience importante qu'on allait tenter.

» Mais la machine, poussée par le vent, loin de s'élever verticalement, s'est dirigée sur une des allées du jardin, et les cordes qui retenaient, agissant avec trop de force, ont occasionné plusieurs déchirures, dont une de plus de 6 pieds de longueur. La machine, ramenée sur l'estrade, a été réparée en moins de deux heures.

» Ayant été remplie de nouveau, elle est partie à une heure cinquante-quatre minutes, portant les mêmes personnes; on l'a vue s'élever de la manière la plus majestueuse, et lorsqu'elle fut parvenue à environ 250 pieds de hauteur, les intrépides voyageurs, baissant leurs chapeaux, ont salué les spectateurs. On n'a pu s'empêcher d'éprouver alors un sentiment mêlé de crainte et d'admiration.

» Bientôt les navigateurs aériens ont été perdus de vue; mais la machine, planant sur l'horizon et étalant sa plus belle forme, a monté au moins de 3 000 pieds de hauteur, où elle est toujours restée visible. Elle a traversé la Seine au-dessous de la barrière de la Conférence, et, passant de là entre l'École militaire et l'hôtel des Invalides, elle a été à portée d'être vue de tout Paris.

» Les voyageurs, satisfaits de cette expérience et ne voulant pas faire une plus longue course, se sont concertés pour descendre; mais, s'apercevant que le vent les portait sur les maisons de la rue de Sèvres, faubourg Saint-Germain, ils ont conservé leur sang-froid et, développant du gaz, ils se sont élevés de nouveau et ont continué leur route en l'air jusqu'à ce qu'ils aient eu repassé Paris.

» Ils sont descendus alors tranquillement dans la campagne, au delà du nouveau boulevard, vis-à-vis le moulin de *Croulebarbe*, sans avoir éprouvé la plus légère incommodité, ayant encore dans leur galerie les deux tiers de leur approvisionnement; ils pouvaient donc, s'ils eussent désiré, franchir un espace triple à celui qu'ils ont parcouru. Leur route a été de 4 à 5 000 toises, et le temps qu'ils y ont employé de vingt à vingt-cinq minutes.

» Cette machine avait 70 pieds de hauteur, 46 de diamètre; elle contenait 60 000 pieds cubes, et le poids qu'elle a enlevé était d'environ 16 à 1 800 livres.

» Fait au château de la Muette, à cinq heures du soir. Signé : le duc *de Polignac*, le duc *de Guines*, le comte *de Polastron*, le comte *de Vaudreuil d'Hunaud*, *Benjamin Franklin*, *Faujas de Saint-Fond*, *Leroy*, de l'Académie des sciences. »

On rapporte que Franklin, plus illustre dans son humilité que les plus brillants d'entre les seigneurs de la cour, consulté sur l'utilité dont pouvaient être les machines aérostatiques, répondit simplement par ces paroles : « C'est l'enfant qui vient de naître. »

CHAPITRE X

Le second voyage aérien (1er décembre 1783). — Charles et Robert
aux Tuileries.

La première ascension de Pilatre de Rozier et du marquis
d'Arlandes était un trait d'audace inouïe et unique jusqu'à ce
jour. Leur courage était, pour ainsi dire, leur seule garantie ; à
la merci de la montgolfière, ils avaient accompli l'une des entreprises les plus extraordinaire que l'homme eût jamais exécutées.
La seconde ascension, dont nous allons parler, offrait au point
de vue scientifique et artistique des conditions toutes différentes.

Dès le lendemain de leur expérience du Champ de Mars
(27 août), le professeur Charles, déjà célèbre par ses cours du
Louvre, par son cabinet de physique, par son rôle dans l'ensei-
gnement officiel, et les frères Robert, mécaniciens, s'étaient
associés pour la construction d'un aérostat à gaz hydrogène, de
9 mètres de diamètre, destiné à enlever une nacelle et un ou
deux voyageurs. C'est pour cette ascension que le professeur
Charles créa immédiatement tout d'une pièce l'art de l'aérostation, qui n'a pas fait de progrès depuis : — la soupape qui
donne issue au gaz hydrogène et détermine ainsi la descente
lente et graduelle de l'aérostat ; — la nacelle où s'embarquent
les voyageurs ; — le filet qui supporte et soutient la nacelle ; —

le lest qui règle l'ascension et modère la chute ; — l'enduit de caoutchouc appliqué sur le tissu du ballon, qui rend l'enveloppe imperméable et prévient la déperdition du gaz ; — enfin l'usage du baromètre, qui sert à mesurer à chaque instant, par l'élévation ou la dépression du mercure, les hauteurs que l'aéronaute occupe dans l'atmosphère. Pour cette première ascension, Charles créa donc tous les moyens, tous les artifices, toutes les précautions ingénieuses qui composent l'art de l'aérostation.

Le 26 novembre, l'aérostat, muni de son filet et de sa nacelle, fut sorti de la salle des Tuileries où on l'avait exposé, et suspendu au milieu de la grande allée, en face du château.

Le grand bassin situé devant le pavillon de l'Horloge reçut les vingt-cinq tonneaux destinés à la confection du gaz.

L'ascension, fixée au 28, fut remise au lundi 1er décembre, par suite d'une explosion qui faillit tout compromettre ; et cette date du 1er décembre 1783 fut inscrite en lettres d'or dans l'histoire de Paris.

La journée se para pour cette grande fête.

A midi, les souscripteurs qui avaient payé *quatre louis* leur banquette prirent place dans l'enceinte réservée autour du bassin. Les souscripteurs vulgaires à 3 francs occupèrent le reste du jardin. Nous lisons au bas des nombreuses estampes, les unes spirituelles, les autres sottes ou inconvenantes, qui reproduisirent ce spectacle sans pareil, le chiffre de 600 000. Les Tuileries sont, sans contredit, un fort vaste jardin ; mais nous tenons pour très exagéré le chiffre de ces spectateurs. C'eût été les trois quarts de la population entière de Paris. Il est vrai qu'on était venu en foule des environs de la capitale et même de plus loin.

Les toits des maisons environnantes, les combles, les fenêtres, le pont Royal, la place Louis XV, étaient couverts d'une foule immense.

Vers midi, le bruit se répand que le roi s'oppose à l'ascension. Charles accourt chez le ministre de Breteuil et lui représente que

si le roi est maître de sa vie, il n'est pas maître de son honneur.
Une véritable promesse nationale est engagée. Le baron de Breteuil autorise.

Mais déjà deux partis se sont dessinés parmi les spectateurs :
les partisans de Montgolfier et ceux du professeur Charles. Ils
cherchent tous les moyens de se combattre et de ternir mutuel-
lement la gloire de leurs maîtres. Une épigramme contre Charles
et Robert, les auteurs de la souscription, passe de main en main
dans la foule inquiète :

> Profitez bien, messieurs, de la commune erreur,
>   La recette est considérable.
>   C'est un tour de Robert le Diable,
>   Mais non pas de Richard sans Peur.

Soudain le bruit du canon se fait entendre : ce sont les pièces
d'artillerie disposées sur la terrasse du bord de l'eau qui annoncent les dernières manœuvres. Les doutes se dissipent. Charles,
prêt à partir, s'approche gracieusement d'Étienne Montgolfier
et lui présente un petit ballon captif : « C'est à vous, Monsieur,
lui dit-il, qu'il appartient de nous montrer la route des cieux. »
Le bon goût et la délicatesse de cette pensée trouvent un écho
prolongé dans les applaudissements du public ; le petit aérostat
s'envole vers le nord-est, faisant resplendir au soleil sa brillante
couleur d'émeraude.

Écoutons maintenant la relation du professeur Charles lui-
même, dont la simplicité reporte nos pensées vers un temps qui
semble aujourd'hui séparé de nous par un abîme de plusieurs
siècles :

« Le globe, échappé des mains de M. de Montgolfier, s'élança
dans les airs et sembla y porter le témoignage de notre réunion :
les acclamations l'y suivaient. Pendant ce temps, nous prépa-
rions à la hâte notre fuite ; les circonstances orageuses qui nous
pressaient nous empêchèrent de mettre à nos dispositions toute

la précaution que nous nous étions proposée la veille. Il nous tardait de n'être plus sur la terre. Le globe et le char en équilibre touchaient encore au sol qui nous portait; il était une heure trois quarts. Nous jetons dix-neuf livres de lest et nous nous élevons au milieu du silence concentré par l'émotion et la surprise de l'une et de l'autre part...

» A ce sentiment moral succéda bientôt une sensation plus vive encore : l'admiration du majestueux spectacle qui s'offrait à nous. De quelque côté que nous abaissions nos regards, tout était têtes; au-dessus de nous, un ciel sans nuages; dans le lointain, l'aspect le plus délicieux. « O mon ami, disais-je à » M. Robert, quel est notre bonheur ! J'ignore dans quelle dis- » position nous laissons la terre; mais comme le ciel est pour » nous ! quelle sérénité ! quelle scène ravissante ! Que ne puis-je » tenir ici le dernier de nos détracteurs, et lui dire : Regarde, » malheureux, tout ce qu'on perd à arrêter les progrès des » sciences ! »

» Tandis que nous nous élevions progressivement par un mouvement accéléré, nous nous mîmes à agiter dans l'air nos banderoles en signe d'allégresse, afin de rendre la sécurité à ceux qui prenaient intérêt à notre sort; pendant ce temps j'observais toujours le baromètre. M. Robert faisait l'inventaire de nos richesses; nos amis avaient lesté notre char comme pour un voyage de long cours : vins de Champagne, etc.; couvertures et fourrures, etc. « Bon ! lui dis-je, voilà de quoi jeter par la » fenêtre. » Il commença par jeter une couverture de laine à travers les airs; elle s'y déploya majestueusement et vint tomber auprès du dôme de l'Assomption.

» Alors le baromètre descendit environ de 26 pouces : nous avions cessé de monter, c'est-à-dire que nous étions élevés environ à 300 toises. C'était la hauteur à laquelle j'avais promis de nous contenir; et, en effet, depuis ce temps jusqu'à celui où nous avons disparu aux yeux des observateurs en station, nous avons toujours composé notre marche horizontale entre 26 pouces de mercure et 26 pouces 8 lignes ; ce qui s'est trouvé d'accord avec les observations de Paris.

» Nous avions soin de perdre du lest à mesure que nous descendions par la perte insensible de l'air inflammable, et nous nous tenions sensiblement à la même hauteur. Si les circonstances nous avaient permis de mettre plus de précision à ce lest, nntre marche eut été absolument horizontale et à volonté.

» Arrivés à la hauteur de Monceaux que nous laissions un peu à gauche, nous restâmes un instant stationnaires. Notre char se retourna, et enfin nous filâmes au gré du vent. Bientôt nous passons la Seine entre Saint-Ouen et Asnières, et telle fut à peu près notre marche aérographique, laissant Colombe sur la gauche, passant presque au-dessus de Genne-Villiers : nous avons traversé une seconde fois la rivière, en laissant Argenteuil sur la gauche ; nous avons passé à Sannois, Franconville, Eau-Bonne, Saint-Leu-Taverny, Villiers, traversé l'Ile-Adam, et enfin Nesles, où nous avons dû passer presque perpendiculairement. Ce trajet fait environ neuf lieues de Paris, et nous l'avons parcouru en deux heures, quoiqu'il n'y eût dans l'air presque pas d'agitation sensible.

» Durant tout le cours de ce délicieux voyage, il ne nous est pas venu en pensée d'avoir la plus légère inquiétude sur notre sort et celui de notre machine. Le globe n'a souffert d'autre altération que les modifications successives de dilatation et de compression dont nous profitions pour monter et descendre à volonté d'une quantité quelconque. Le thermomètre a été pendant plus d'une heure entre 10 et 12 degrés au-dessus de zéro, ce qui vient de ce que l'intérieur de notre char était réchauffé par les rayons du soleil.

» Au bout de *cinquante-six* minutes de marche, nous entendimes le coup de canon qui était le signal de notre disparition aux yeux des observateurs de Paris. Nous nous réjouîmes de leur avoir échappé. N'étant plus obligés de composer strictement notre course horizontale, ainsi que nous avions fait jusqu'alors, nous nous sommes abandonnés plus entièrement aux spectacles variés que nous présentait l'immensité des campagnes au-dessus desquelles nous planions ; dès ce moment, nous n'avons plus cessé de converser avec leurs habitants, que nous voyions accourir vers nous de toutes parts ; nous entendions leurs cris d'allégresse, leurs vœux, leur sollicitude, en un mot l'alarme de l'admiration.

» Nous criions : *Vive le roi !* et toutes les campagnes répondaient à nos cris. Nous entendions très distinctement : « Mes » bons amis, n'avez-vous point peur ? n'êtes-vous point malades ? » Dieu ! que c'est beau ! Nous prions Dieu qu'il vous conserve. » Adieu, mes amis ! » J'étais touché jusqu'aux larmes de cet intérêt tendre et vrai qu'inspirait un spectacle aussi nouveau.

» Nous agitions sans cesse nos pavillons, et nous nous apercevions que ces signaux redoublaient l'allégresse et la sécurité. Plusieurs fois nous descendions assez bas pour mieux nous faire entendre ; on nous demandait d'où nous étions partis et à quelle heure, et nous montions plus haut en leur disant adieu.

» Nous jetions successivement, et suivant les circonstances, redingotes, manchons, habits. Planant au-dessus de l'Ile-Adam, après avoir admiré cette délicieuse campagne, nous fîmes encore le salut des pavillons ; nous demandâmes des nouvelles de Mgr le prince de Conti : on nous cria avec un porte-voix qu'il était à Paris, qu'il en serait bien fâché. Nous regrettions de perdre une si belle occasion de lui faire notre cour, et nous serions en effet descendus au milieu de ses jardins, si nous avions voulu ; mais nous prîmes le parti de prolonger encore notre course, et nous remontâmes ; enfin nous arrivâmes près des plaines de Nesles.

» Nous voyions de loin des groupes de paysans qui se précipitaient devant nous à travers les champs. « Laissez-nous aller », leur dis-je. Alors nous descendîmes vers une vaste prairie.

» Des arbustes, quelques arbres, bordaient son enceinte. Notre char s'avançait majestueusement sur un plan incliné très prolongé. Arrivé près de ces arbres, je craignis que leurs branches ne vinssent heurter le char. Je jetai deux livres de lest, et le char s'éleva par-dessus, en bondissant à peu près comme un coursier qui franchit une haie. Nous parcourûmes plus de vingt toises à un ou deux pieds de terre ; nous avions l'air de voyager en traîneau. Les paysans couraient après nous, sans pouvoir nous atteindre, comme des enfants qui poursuivent des papillons dans une prairie.

» Enfin nous prenons terre. On nous environne. Rien n'égale la naïveté rustique et tendre, l'effusion de l'admiration et de l'allégresse de tous ces villageois.

» Je demandai sur-le-champ les curés, les syndics ; ils accouraient de tous côtés ; il était fête sur le lieu. Je dressai aussitôt un court procès-verbal, qu'ils signèrent. Arrive un groupe de cavaliers au grand galop ; c'étaient Mgr le duc de Chartres, M. le duc de Fitz-James et M. Farrer, gentilhomme anglais, qui nous suivaient depuis Paris. Par un hasard très singulier, nous étions descendus auprès de la maison de chasse de ce dernier. Il saute de dessus son cheval, s'élance sur notre char, et dit en m'embrassant : *Monsieur Charles, moi premier!* »

Charles ajoute qu'ils furent comblés des caresses du prince, qui les embrassa tous deux, etc. Il raconte brièvement au duc de Chartres quelques circonstances du voyage ; mais écoutons-le : « Ce n'est pas tout, Monseigneur, ajoute-t-il, je m'en vais repartir. — Comment! repartir? — Monseigneur, vous allez voir. Il y a mieux. Quand voulez-vous que je redescende? — Dans une demi-heure. — Eh bien, soit, Monseigneur, dans une demi-heure je suis à vous. »

« M. Robert descendit du char, ainsi que nous étions convenus en voyageant. Trente paysans serrés autour et appuyés dessus, et le corps presque plongé dedans, l'empêchaient de s'envoler.

» Je dis à monseigneur le duc de Chartres : « Monseigneur, » je pars. » Je dis aux paysans : « Mes amis, retirez-vous tous en » même temps des bords du char au premier signal que je vais

Descente de Charles et Robert près de l'Ile-Adam, devant le duc de Chartres (1ᵉʳ décembre 1783).

» faire. » Je m'élançai comme l'oiseau ; en dix minutes, j'étais à plus de 1 500 toises, je n'apercevais plus les objets terrestres, je ne voyais plus que les grandes masses de la nature. »

En partant, Charles avait pris ses précautions pour échapper aux dangers de l'explosion du globe, et se disposait à faire les observations qu'il s'était promises.

Afin d'observer le baromètre et le thermomètre placés à l'extrémité du char, sans rien changer au centre de gravité, Il s'agenouilla au milieu, la jambe et le corps tendus en avant, la montre et un papier dans la main gauche, la plume et le cordon de la soupape dans la droite.

« Je m'attendais à ce qui allait arriver, dit-il. Le globe, qui était assez flasque à mon départ, s'enfla insensiblement. Bientôt l'air inflammable s'échappa à grands flots par l'appendice. Alors je tirai de temps en temps la soupape pour lui donner à la fois deux issues, et je continuai ainsi à monter en perdant de l'air. Il sortait en sifflant et devenait visible, ainsi qu'une vapeur chaude qui passe dans une atmosphère beaucoup plus froide.

» Je passai en dix minutes de la température du printemps à celle de l'hiver. Le froid était vif et sec, mais point insupportable. J'interrogeais alors paisiblement toutes mes sensations, *je m'écoutais vivre*, pour ainsi dire, et je puis assurer que dans le premier moment je n'éprouvai rien de désagréable dans ce passage subit de dilatation et de température.

» Lorsque le baromètre cessa de monter, je notai très exactement 18 pouces 10 lignes. Cette observation est de la plus grande rigueur. Le mercure ne souffrait aucune oscillation sensible. J'ai déduit de cette oscillation une hauteur de 1 524 toises environ, en attendant que je pusse intégrer ce calcul et y mettre plus de précision. Au bout de quelques minutes, le froid me saisit les doigts, je ne pouvais presque plus tenir la plume. Mais je n'en avais plus besoin, j'étais stationnaire et n'avais plus qu'un mouvement horizontal.

» Je me relevai au milieu du char et m'abandonnai au spectacle que m'offrait l'immensité de l'horizon. A mon départ de la prairie, le soleil était couché pour les habitants des vallons, bientôt il se leva pour moi seul, et vint encore une fois dorer de ses rayons le globe et le char. J'étais le seul corps éclairé dans l'horizon, et je voyais tout le reste de la nature plongé dans l'ombre.

» Bientôt le soleil disparut lui-même, et j'eus le plaisir de le voir se coucher deux fois dans le même jour. Je contemplai quelques instants le vague de l'air et les vapeurs terrestres qui s'élevaient du sein des vallées et des rivières. Les nuages semblaient sortir de la terre et s'amonceler les uns sur les autres en conservant leur forme ordinaire. Leur couleur seulement était grisâtre et monotone, effet naturel du peu de lumière divaguée dans l'atmosphère. La lune seule les éclairait.

» Elle me fit observer que je revirai de bord deux fois, et je remarquai de véritables courants qui me ramenèrent sur moi-même. J'eus plusieurs déviations très sensibles. Je sentis avec surprise l'effet du vent, et je vis pointer les banderoles de mon pavillon ; nous n'avions pu observer ce phénomène dans notre premier voyage. Je remarquai les circonstances de ce phénomène, et ce n'était point le résultat de l'ascension ou de la descente ; je marchais alors dans uue direction sensiblement horizontale. Dès ce moment je conçus, peut-être un peu trop vite, l'espérance de se diriger. Au surplus, ce ne sera que le fruit du tâtonnement, des observations et des expériences les plus réitérées.

» Au milieu du ravissement inexprimable et de cette extase contemplative, je fus rappelé à moi-même par une douleur très extraordinaire que je ressentis dans l'intérieur de l'oreille et dans les glandes maxillaires. Je l'attribuai à la dilatation de l'air contenu dans le tissu cellulaire de l'organisme , autant qu'au froid de l'air environnant. J'étais en veste et la tête nue. Je me couvris d'un bonnet de laine qui était à mes pieds ; mais la douleur ne se dissipa qu'à mesure que j'arrivais à terre.

» Il y avait environ sept à huit minutes que je ne montais plus ;

je commençais même à descendre, par la condensation de l'air inflammable intérieur. Je me rappelai la promesse que j'avais faite à Mgr le duc de Chartres de revenir à terre au bout d'une demi-heure. J'accélérai ma descente en tirant de temps en temps la soupape supérieure. Bientôt le globe, vide presque à moitié, ne me présentait plus qu'un hémisphère.

» J'aperçus une assez belle plage en friche auprès du bois de la Tour-du-Lay. Alors je précipitai ma descente. Arrivé à 20 à 30 toises de terre, je jetai subitement 2 à 3 livres de lest qui me restaient et que j'avais gardées précieusement ; je restai un instant comme stationnaire et vins descendre mollement sur la friche même que j'avais pour ainsi dire choisie. »

Telle est la relation du second voyage aérien.

La grande année 1783 se referme, le germe qu'elle a porté vient d'éclore pour les âges futurs.

DEUXIÈME PARTIE

CHAPITRE PREMIER

La route ouverte. — Voyages et voyageurs. — Multiplication rapide des voyages aérostatiques. — Lyon : ascension du ballon *le Flesselles*. — Milan : ascension d'Andreani. — Expériences sur ballons perdus faites dans les principales villes d'Europe.

Désormais une route nouvelle était ouverte dans les cieux. La science de Montgolfier, l'art de Charles, l'intrépidité de Pilatre de Rozier, faisaient battre les cœurs, et dans toute la France une sorte d'expansion fébrile se manifestait. Les excursions aériennes vont se multiplier avec une incroyable ardeur. Nous ne parlons pas des ballons captifs. M. Biot raconte que dans sa jeunesse, quand les ascensions aérostatiques étaient moins connues qu'aujourd'hui, il y avait dans la plaine de Grenelle, au moulin de Javelle, un établissement où des ballons étaient constamment entretenus pour le service des amateurs des deux sexes qui voulaient faire des promenades aériennes de quelques heures en ballons captifs. Elles furent assez longtemps à la mode dans le beau monde, et l'on n'a jamais appris qu'elles aient donné lieu à des accidents. — Il est bien entendu qu'avec ces sortes de ballons inoffensifs on n'eut jamais la prétention de s'élever à quelque kilomètres de hauteur. Nous retrouverons les ballons captifs au chapitre de l'aérostation militaire.

Pour donner une idée de la rapide extension des expériences aérostatiques, il nous suffit de faire remarquer que les aéronautes de 1783 sont seulement : Pilatre de Rozier, le marquis d'Arlandes, le professeur Charles, et Robert jeune. On peut leur adjoindre le charpentier Wilcox, qui essaya une ascension à Philadelphie et à Londres.

Or, en 1784, les voyageurs aériens, qu'il serait fort long d'énumérer ici, sont déjà au nombre de cinquante-deux, et quelques-uns d'entre eux firent en outre plusieurs voyages.

Un certain nombre de ces aérostats perpétuaient l'élégance que nous avons déjà signalée. Parmi les plus beaux, nous citerons, avec *le Flesselles*, l'aérostat de Bagnolet.

Parmi les ascensions qui, après celles qui composent notre première partie, laissèrent un mémorable souvenir aux premières pages des annales de l'aérostation, nous signalerons d'abord, dans l'ordre chronologique, celle du 17 janvier 1784, qui eut lieu dans la ville de Lyon et emporta les sept passagers suivants : Joseph de Montgolfier, Pilatre de Rozier, le comte de Laurencin, le comte de Dampierre, le prince Charles de Ligne, le comte de Laporte, d'Anglefort, et Fontaine, qui s'élança dans la nacelle au moment où elle s'envolait.

La relation la plus exacte sur cette expérience est une lettre de Mathon de la Cour, directeur de l'Académie des sciences de Lyon. « Dès que l'expérience du Champ de Mars et celle de Versailles furent connues ici, dit-il, les principaux citoyens de cette ville se proposèrent de les répéter au moyen d'une souscription. A l'arrivée de M. de Montgolfier aîné, vers la fin de septembre, M. de Flesselles, notre intendant, toujours zélé pour ce qui peut contribuer au bien de la province ou au progrès des sciences et des arts, s'empressa de réunir des souscripteurs. A cette époque personne encore n'avait tenté de s'élever dans les airs à l'aide de cette machine : aussi n'était-ce point le but de

Aérostat de Bagnolet.

l'expérience que se proposait M. de Montgolfier ; son prospectus n'annonçait qu'une machine d'un plus grand volume que celles qui avaient été faites, qui s'élèverait à plusieurs centaines de toises et pèserait huit milliers, avec un cheval ou tels autres animaux qu'on y suspendrait. La souscription était fixée à douze livres, et l'on ne demandait que trois cent soixante souscripteurs. »

D'après ces conditions, Joseph Montgolfier fit commencer aussitôt son ballon, de 126 pieds de hauteur sur 100 pieds de diamètre en largeur, composé de deux toiles d'étoupes, entre lesquelles on piqua trois feuilles de papier froissé. D'intervalle en intervalle, des rubans de fil, et ensuite des cordes, donnaient plus de consistance à cet assemblage. Ces raisons avaient fait préférer des toiles grossières à huit sous l'aune, qui rendaient nécessairement le ballon un peu plus lourd ; mais dans les vues que Montgolfier avait alors, pourvu qu'il atteignît le poids de huit milliers qu'il avait annoncé, il lui paraissait assez indifférent que ce fût par le poids du ballon lui-même ou par son lest.

Les travaux étaient fort avancés, lorsque l'intrépide Pilatre de Rozier partit de la Muette à ballon perdu. Aussitôt le comte de Laurencin, chevalier de Saint-Louis, associé de l'Académie de Lyon, demanda avec instance à Montgolfier à monter dans son ballon. Celui-ci le lui promit, et fut charmé de trouver une occasion qui l'autorisât à y monter lui-même. Trente à quarante personnes se firent inscrire pour être du nombre des voyageurs.

Le 26 décembre, Pilatre de Rozier, le comte de Dampierre et le comte de Laporte arrivèrent à Lyon avec le même projet. Le prince Charles, fils aîné du prince de Ligne, arriva aussi, et on ne put lui refuser de monter dans ce ballon, pour lequel le prince son père avait pris cent souscriptions.

Mais tandis que les papiers publics parlaient de voyages chimériques à Avignon, à Marseille ou à Paris, il est impossible de peindre le chagrin de Pilatre de Rozier, lorsqu'il vit que ce ballon immense était peu propre à porter des voyageurs, et dans l'origine n'avait pas été destiné pour cela. Il proposa à Montgolfier de refaire la calotte supérieure en toile de coton et de l'entourer d'un filet. Montgolfier adopta toutes ses idées avec la déférence et la modestie qui accompagnent ordinairement le génie, et sont peut-être nécessaires pour le faire pardonner.

Le 7 janvier, toutes les pièces qui devaient former le ballon furent portées sur l'estrade qui lui était destinée dans les champs hors de la ville, appelés les Brotteaux. Le départ avait été annoncé pour le 10. Ce jour-là, à cinq heures et demie du matin, on essaya de gonfler le ballon; ce qui fut fait en vingt minutes, et l'on parvint à faire passer la galerie au-dessous. La matinée entière fut employée en préparatifs. Pilatre de Rozier volait d'un côté et d'autre sur l'estrade, avec la légèreté d'un sylphe, une ardeur et une adresse plus qu'humaines. Entre midi et une heure, le ballon fut gonflé en vingt-sept minutes. Un développement si prompt surprit les physiciens et paraissait d'un bon augure; on tenta d'attacher à la galerie les cordes qui devaient la porter; mais le bruit que faisait le peuple ne permit pas aux travailleurs de s'entendre un seul moment.

Les manœuvres nécessaires pour plier et déplier l'immensité de ce *globe* demandaient beaucoup de précautions et de temps, et malgré tout cela, les toiles d'étoupes en souffraient beaucoup; le 13 et le 14 furent employés à en réparer les trous. Jeudi 15, on alluma le feu à deux heures quarante-cinq minutes : le ballon fut parfaitement gonflé en dix-sept minutes, et les cordes attachées à la galerie en une heure. On observa que, pour maintenir le ballon enflé, on ne consommait par minute que 5 livres pesant de fagots de bois d'aune.

A quatre heures, la galerie étant chargée de six personnes et de 32 quintaux de lest, toute la machine fut enlevée d'un pied, malgré ceux qui la retenaient. Les voyageurs voulurent partir, mais la nuit qui s'approchait les obligea de renvoyer leur départ au lendemain. Le feu étant éteint, il fallut vingt-cinq minutes pour désenfler le ballon.

Dans la nuit du jeudi au vendredi, la pluie, la gelée, le verglas, désolèrent tous ceux qui s'intéressaient à l'expérience. Le vendredi matin, lorsqu'on voulut gonfler le globe la machine étant appesantie par l'humidité, on força imprudemment le feu pour le soulever, sans prévoir que l'humidité, raréfiée et réduite

en vapeur par une chaleur si considérable, corroderait les voiles
et les disposerait à s'enflammer. Ce malheur arriva : le feu prit
à la calotte; mais, en une minute, les pompes, qu'on avait eu
la précaution de placer sous l'estrade, l'éteignirent.

Le désappointement ne fit que redoubler l'ardeur de Joseph
Montgolfier et de ses coopérateurs. Le temps paraissait disposé
à la neige; plusieurs citoyens envoyèrent à l'envi des toiles ci-
rées et des toiles grasses pour couvrir la machine. On enleva
une portion de la calotte supérieure, de 50 pieds de diamètre;
elle fut refaite à neuf dans la nuit, et reposée le samedi à trois
heures, dans l'espérance qu'on pourrait partir le lendemain.

Pendant la nuit et toute la journée du dimanche, il tomba
beaucoup de neige. Les voyageurs frémissaient d'impatience; un
M. de J... envoya à M. de Laurencin ces vers :

> Fiers assiégeants du séjour du tonnerre,
>   Calmez votre colère.
> Eh ! ne voyez-vous pas que Jupiter tremblaut
> Vous demande la paix par son pavillon blanc?

M. de Laurencin répondit gaiement que ses compagnons
et lui s'étaient chargés d'aller prendre les articles de la capitu-
lation.

Enfin lundi 19, jour de l'expérience, on fit, de grand matin,
du feu de charbon sous l'estrade, pour faire sécher la machine.
On profita de la leçon du vendredi; on pressa le feu modérément,
et on mit plus de deux heures à gonfler le ballon. Il paraissait
criblé de trous. Depuis plusieurs jours, les amis de Pilatre faisaient tous leurs efforts pour l'empêcher de monter dans ce
ballon et pour en détourner les autres voyageurs. Cette machine
n'étant faite que pour élever des fardeaux, et ayant été fatiguée
depuis par les manœuvres des expériences, par la gelée, la neige,
la pluie et le feu, il était évident qu'elle ne pouvait promettre
qu'un trajet médiocre avec un très grand danger. Le filet ayant
été endommagé par le feu du vendredi, on l'avait remplacé par

Expérience à Lyon (janvier 1784).

seize cordes qui, ne pesant pas si également sur tous les points
du globe, n'étaient pas si propres à en prévenir les déchirures ;
mais rien ne put décourager Pilatre ni ses intrépides compagnons.
On avait préparé dans la galerie six places pour les voyageurs.
Dès que le ballon fut gonflé, le prince Charles et les comtes de
Laurencin, de Dampierre et de Laporte s'y jetèrent. Ils étaient
tous armés et déterminés à ne céder leur place à qui que ce fût.
Pilatre, qui désirait se procurer du moins une très forte ascension, proposa de réduire le nombre des voyageurs à trois et de
tirer au sort. Personne ne voulut descendre. Ce débat s'animait.
Les quatre voyageurs placés dans la galerie criaient de couper
les cordes. M. l'intendant, à qui on eut recours, frappé de leur
résolution et de leur courage, pensa qu'il convenait de les satisfaire en faisant quelques sacrifices sur l'ascension et le voyage
projetés. A l'instant on coupa les cordes, et Montgolfier et Pilatre de Rozier se jetèrent dans la galerie. Un M. Fontaine, qui
avait eu beaucoup de part à la construction de la machine, s'y
jeta aussi, au moment du départ, quoiqu'il ne fût point inscrit
pour être du voyage. On lui pardonna ce transport subit en faveur de ses services et de son zèle.

En partant, la machine tourna au sud-ouest, baissa un peu
et renversa deux pieux de la contre-enceinte extérieure. Une
corde qui traînait à terre semblait retarder son ascension. Une
personne intelligente l'ayant coupée d'un coup de hache, la machine commença à s'élever. A une certaine hauteur, elle tourna
au nord-est. Le vent était faible et la marche lente ; mais on ne
saurait peindre l'effet imposant de ce spectacle : cette machine
immense s'élevant dans les airs comme en triomphe, près de
cent mille spectateurs émus et transportés qui battaient des
mains et tendaient les bras vers le ciel ; des femmes qui se
trouvaient mal, d'autres qui versaient des larmes, des hommes
qui agitaient leurs mouchoirs ou jetaient leurs chapeaux en l'air
en poussant des cris de joie.

La forme de la machine était celle d'un globe soutenu par le bas d'un cône renversé et tronqué qui portait la galerie. La calotte supérieure était blanche, le reste grisâtre, et le cône composé de bandes d'étoffes de laine de différentes couleurs. Aux deux côtés du globe on avait attaché des médaillons, dont l'un représentait l'Histoire, l'autre la Renommée. Le pavillon portait les armes de M. l'intendant, et au-dessus ces mots : *le Flesselles*. Madame l'intendante, conduite par Montgolfier, avait attaché elle-même ce pavillon et avait été déclarée marraine du ballon.

Les voyageurs observèrent qu'ils ne consommaient pas, dans les airs, le quart des combustibles qu'ils consommaient étant à terre ; ils étaient très-gais, et, en supputant la quantité de leurs combustibles, ils avaient l'espoir de voyager jusqu'à la nuit ; ils voulurent forcer le feu pour se procurer une ascension plus rapide : alors il se fit une ouverture verticale de 4 pieds 1/2 près de la nouvelle calotte, dans l'endroit où les toiles avaient été endommagées par le feu du vendredi précédent, et la machine alla descendre dans un pré après quinze minutes de marche.

La descente se fit en deux ou trois minutes. Cependant, le choc de l'arrivée fut supportable. On observa que, dès que la machine eut touché terre, toutes les toiles furent abattues et repliées en deux ou trois secondes, ce qui parut confirmer l'opinion de M. de Montgolfier, qui regardait l'électricité comme jouant un grand rôle dans les aérostats.

Les voyageurs furent dégagés sans accident, et ramenés vers la ville avec des transports et des applaudissements universels.

Le même jour, on devait donner l'opéra d'*Iphigénie en Aulide :* le public s'y porta en foule, dans l'espérance de voir les voyageurs aériens. Le spectacle était commencé, lorsque M. et madame de Flesselles entrèrent dans leur loge accompagnés de MM. de Montgolfier et Pilatre de Rozier. Les applaudissements et les cris se firent entendre dans toutes les parties de la salle ; les autres voyageurs furent reçus avec le même transport ; le parterre cria de recommencer le spectacle, et l'on baissa la toile.

Quelques moments après, la toile fut levée, et l'acteur qui remplissait le rôle d'Agamemnon s'avança avec des couronnes que madame l'intendante distribua elle-même aux illustres voyageurs. Pilatre de Rozier posa celle qu'il avait reçue sur la tête de M. de Montgolfier.

Quand l'actrice qui jouait le rôle de Clytemnestre chanta le morceau : *Que j'aime à voir ces hommages flatteurs!* le public en fit aussitôt l'application et fit recommencer le morceau, que l'actrice répéta en se tournant vers les loges où étaient les voyageurs.

Après le spectacle, ils furent reconduits avec les mêmes applaudissements : on ne cessa, pendant toute la nuit, de leur donner des sérénades.

Deux jours après, Pilatre de Rozier, ayant paru au bal, y reçut de nouveaux témoignages de la plus vive admiration, et le jeudi 22, lorsqu'il partit pour Dijon, pour se rendre à Paris, il fut accompagné comme en triomphe par une cavalcade nombreuse des jeunes gens les plus distingués de la ville.

Croira-t-on néanmoins que l'opinion générale était pour les mécontents? On chansonna les voyageurs, on chansonna l'aérostat lui-même; on fut injuste envers les hardis matelots du *Flesselles*. C'est ainsi que le *Journal de Paris*, qui raconte avec tant de complaisance les ascensions aérostatiques de cette époque, ne consacre que quelques lignes au récit de ce voyage, qu'il avait annoncé trois mois auparavant avec beaucoup de pompe. Enfin, on fit courir à Paris le quatrain suivant :

> Vous venez de Lyon, parlez-nous sans mystère :
> Le *globe* est-il parti? le fait est-il certain?
> — Je l'ai vu. — Dites-nous, allait-il bien grand train?
> — S'il allait... ô monsieur, il allait ventre à terre!

La locomotion aérienne fut signalée à Lyon par d'autres expériences. Nous ne remarquons de curieux dans les voyages ultérieurs qu'un passage assez naïf d'une lettre du comte de Lau-

rencin à Joseph Montgolfier, à propos de l'expérience du 4 juin
1784 (¹).

Le voyage du *Flesselles* à Lyon est le troisième. Le quatrième eut lieu à Milan, le 25 février 1784, sous la direction
du chevalier don Paul Andreani, qui fit construire une montgolfière à ses frais par les frères Gerli. Nous lisons dans la
relation de cette expérience par le chanoine Castelli, que le
diamètre du ballon était de 36 brasses de Milan, équivalant à
66 pieds de Paris, et que l'enveloppe était composée d'une simple
toile revêtue intérieurement de papier à lettres très-fin.

Quelques différences se font remarquer entre l'établissement
de cette montgolfière et la précédente. Le réchaud destiné à
recevoir les matières combustibles était placé à l'embouchure de
l'ouverture; il était en cuivre, du diamètre environ de 6 pieds,
et il était soutenu par quelques traverses de bois qui partaient
du dehors de l'encadrement de l'embouchure. M. Andreani crut
ne devoir placer le réchaud, contre l'usage ordinaire, que très
peu au-dessus de l'ouverture du globe; il s'était aperçu, con-
formément à la théorie, que l'activité du feu était proportionnée
à celle de l'air qui pouvait entrer pour l'alimenter.

Au lieu de faire usage d'une galerie semblable à celle que les
Montgolfier avaient employée, tant pour gouverner le feu que
pour porter les voyageurs et les matières combustibles, le chevalier don Paul Andreani s'imagina d'y substituer une ample
corbeille circulaire, laquelle fut suspendue par des cordes à l'en-

______

(¹) Voici ce passage : « Décidé à ne pas monter dans la montgolfière, à
qui, Monsieur, croyez-vous que j'aie cédé ma place? A une jeune et jolie
femme, à madame Tible, née à Lyon. Mille personnes de son sexe ont su
nous prouver que le courage n'est pas un attribut exclusif du nôtre, mais je
réponds que nulle autre ne l'a mieux prouvé qu'elle.

» ... Ces deux sensations durèrent peu et firent place à un état de bien-être
et de suave contentement qu'on ne goûterait, je pense, dans aucune autre
position. Madame Tible l'exprima en chantant l'ariette de la *Belle Arsène :*
« Je triomphe, je suis reine; » je lui répondis par celle de *Zémire et Azor :*
« Quoi ! voyager dans les nuages ! etc... »

cadrement de l'orifice du globe, à une telle distance cependant qu'on pourrait fournir avec la main les matières combustibles, sans trop ressentir l'effet de la chaleur.

Ballon orné *le Flesselles*.

Tout étant ainsi disposé, la machine fut portée à Moncuco, séjour délicieux de l'illustre maison Andreani, pour y faire en secret les premiers essais, car l'on prévoyait bien qu'autant le vulgaire est impatient de voir des expériences de cet ordre, autant il est déraisonnable et prêt à se formaliser lorsqu'il arrive quelque contre-temps ou quelque événement fâcheux dans de pareils essais.

Don Andreani ne se trompait pas, car les premières tentatives ne répondirent pas à l'attente.

La raison de ce défaut existait dans la trop grande quantité d'air que le feu recevait, et dans la qualité des combustibles.

Le 25 février 1784, vers midi, on alluma de nouveau le feu sous la machine, d'abord avec du bois de bouleau bien sec, ensuite avec une pâte de matières bitumineuses, ingénieusement combinée par un des frères Gerli ; en moins de quatre minutes la machine fut entièrement gonflée, et les personnes qui tenaient quelques-uns des gros câbles s'aperçurent aussitôt qu'elle faisait effort pour s'élever.

Impatients, les voyageurs commandent qu'on coupe les cordes, et qu'on la laisse librement développer toute sa pompe et donner une preuve plus sûre de son activité à sillonner les routes de l'air.

La machine fut à peine abandonnée qu'elle s'éleva avec lenteur en se dirigeant horizontalement du côté d'un palais voisin ; mais les voyageurs, pour empêcher qu'elle n'allât heurter contre les toits et les murs du palais, augmentèrent le feu, afin qu'elle acquît une plus grande force.

Ce fut alors que, contre l'attente des spectateurs, qui ne regardaient cette expérience que comme un essai, l'on vit monter la machine avec une grande rapidité, à une hauteur surprenante. Tous les spectateurs, réunis aux habitants des villages voisins, furent tellement surpris d'un phénomène si nouveau et si singulier pour eux, qu'ils en croyaient à peine le témoignage de leurs propres yeux : cependant leur plaisir se trouva mêlé de crainte lorsqu'ils perdirent de vue les voyageurs.

Voyant, en effet, qu'un vent qui s'élevait portait leur machine vers les collines voisines, d'un difficile accès, et s'apercevant d'un autre côté que la provision des matières combustibles manquait, ils jugèrent qu'il était convenable de descendre. C'est pourquoi ils diminuèrent le feu, et, au moyen d'un porte-voix qu'ils avaient avec eux, ils donnèrent avis à la multitude d'approcher, afin de leur être utile au besoin pour faciliter leur descente.

Cet avis réussit à point nommé, puisque la machine, en descendant, vint se reposer sur un gros arbre qui mettait déjà les voyageurs dans l'appréhension de quelque embarras ; cependant, le feu ayant été ranimé, et la machine s'étant suffisamment relevée au-dessus de cet arbre, elle fut à portée d'être dirigée par les gens qui étaient accourus, au moyen des cordes qui pendaient de ladite machine.

Les voyageurs eurent la facilité de descendre, et ceux qui régissaient les cordes se servirent très à propos de la tendance qu'avait l'aérostat à s'élever pour le conduire précisément jusqu'au lieu même d'où il était parti.

« Le feu, qui avait desséché les machines françaises, calciné et presque brûlé la partie supérieure (¹), dit la relation, n'avait absolument occasionné dans celle-ci ni lésion ni accident, et elle se trouva aussi intacte que si elle n'eût pas servi. »

EXPÉRIENCES FAITES SUR BALLONS PERDUS DANS LES PRINCIPALES VILLES D'EUROPE.

L'idée nouvelle avait passé les frontières de la France, et chez les autres nations, comme chez nous, on essaya d'abord de la manifester par l'ascension de petits ballons perdus.

Ce n'est toutefois que cinq mois après l'expérience d'Annonay que la première expérience aérostatique fut faite à Londres, le 25 novembre 1783. Nous constatons, par l'*Histoire de l'aérostation*, de Tibère Cavallo, que le comte Zembeccari, Italien, se trouvant alors dans la capitale de l'Angleterre, fit un ballon de

---

(¹) Le feu n'a jamais même desséché ni calciné la partie supérieure des machines aérostatiques ; celle qui fut élevée à Versailles n'éprouva pas la plus légère atteinte du feu. Celle qui partit de la Muette, et qui avait servi à beaucoup d'expériences dans le faubourg Saint-Antoine, avait son dôme si sain et si peu calciné, qu'on en a employé la toile dans la construction d'une autre machine ; et si celle de Lyon souffrit, l'on a vu, dans les détails, la cause de cet accident.

soie recouverte d'un vernis à l'huile, dont le diamètre était de
10 pieds et le poids de 11 livres. Il était doré, tant pour lui
donner un beau coup d'œil que pour empêcher l'air inflammable
de passer au travers. Ce ballon, après avoir été exposé plusieurs
jours aux yeux du public, fut enfin rempli aux trois quarts d'air
inflammable : on mit une adresse dans une boîte de fer-blanc
que l'on y suspendit, afin que ceux qui le trouveraient pussent
en donner des nouvelles, et il fut lancé à une heure de l'après-
midi, de la place nommée Artillery-Ground, en présence d'un
grand nombre de spectateurs.

Le 11 décembre 1783, on lança publiquement, à Turin, un
petit ballon fait avec la baudruche des batteurs d'or. C'était la
même expérience que celle que nous avons rapportée à Paris, au
mois de septembre. On vit le ballon pénétrer dans les nuages
et y rester quelques instants stationnaire ; alors il monta encore
plus haut, et à la fin disparut entièrement, dans cinq minutes
et cinquante-quatre secondes à compter du moment de son départ.

Il était naturel, d'après les expériences faites bien antérieu-
rement avec des cerfs-volants électriques, d'employer la machine
aérostatique pour découvrir l'électricité de l'atmosphère. Ce fut
l'abbé Bertholon, de Montpellier, qui paraît avoir été le premier
à se servir des ballons pour faire des expériences sur l'électricité
des nuages. Il lança plusieurs ballons auxquels il attacha des fils
de métal, longs et minces, dont l'extrémité se rendait à un
cylindre de verre, ou toute autre substance capable d'isoler : il
obtint du fil de métal assez de fluide électrique pour faire voir
l'attraction, la répulsion et même des étincelles.

Tibère Cavallo rapporte un accident qui arriva vers ce même
temps en Angleterre, et qui peut servir d'avertissement pour
ceux qui se trouveraient dans la même situation. Un ballon à
gaz hydrogène ayant été lancé d'Hopton, près Mattock, fut trouvé
par deux hommes dans les environs de Cheade, comté de Strat-
ford ; ils l'emportèrent dans la chambre d'une ferme, et ayant

voulu, en appliquant deux soufflets à l'ouverture de cette machine qui leur paraissait étrange, ressemblant à une vessie moitié soufflée, achever de la remplir, le gaz qui en sortait prit feu à l'approche d'une chandelle. L'explosion fut si forte qu'elle fit plus de bruit qu'un coup de canon et renversa les quatre hommes qui su trouvaient là. Ils ne tardèrent pas à se relever, mais la secousse avait été si violente qu'ils ne s'aperçurent du feu qu'en voyant leur tête enflammée ; ils eurent les cheveux, la barbe et les sourcils tout à fait brûlés et le visage écorché. Les vitres des fenêtres volèrent en éclats et la maison elle-même fut très endommagée.

A Grenoble, en Dauphiné, de Barin lança un ballon, le 13 janvier 1784, à trois heures quarante minutes. Il monta la première minute, il prit d'abord une direction inclinée vers le nord ; mais ayant rencontré un autre courant d'air qui le porta dans la direction du sud-est, il tomba environ un quart d'heure après, à trois quarts de mille de l'endroit où il avait été lancé.

Une société, sous la direction de l'abbé de Mably, ayant fait construire un ballon de 37 pieds de haut et de 20 de diamètre, le lança le même jour, 13 janvier 1784, de la cour du château de Pisançon, près Romans en Dauphiné. Le vent du nord, qui régnait très fort, le porta d'abord du côté du midi ; mais dès qu'il eut atteint 200 toises de hauteur, il changea tout d'un coup de direction et fut ramené vers le nord : en moins de cinq minutes on fit le calcul qu'il dut s'élever à plus de 1 000 toises.

Le 16 du même mois, le comte d'Albon lança, de ses jardins de Franconville, un ballon à air inflammable, fait de taffetas enduit d'une dissolution de colle et de gomme arabique. Il était oblong, mesurant 25 pieds de haut sur 17 de diamètre. L'on y avait suspendu dans une cage d'osier deux cochons d'Inde et un lapin. Les cordes coupées, la machine monta avec une rapidité surprenante à une énorme hauteur. Cinq jours après, on la trouva à la distance d'environ 6 lieues, et il est remarquable que, malgré le froid de cette saison, et particulièrement d'une région si élevée, ces animaux étaient non seulement vivants, mais dans un bon état.

Le 3 février 1784, le marquis de Bullion lança un ballon de papier d'environ 15 pieds de diamètre; une éponge plate, large d'un pied, placée dans une capsule de fer-blanc et imbibée d'une pinte d'esprit-de-vin, fut le seul appareil dont on se servit pour occasionner la raréfaction de l'air. Ce ballon fut lancé à Paris, à deux heures quarante-cinq minutes, et vers quatre heures il fut trouvé dans une vigne près Basville, éloigné de plus de neuf lieues de Paris.

Le 15 du même mois, à 3 heures, Cellard de Chastelais fit élever un aérostat de papier; la raréfaction de l'air fut occasionnée par la combustion d'un papier roulé et d'une éponge au centre, le tout imbibé d'huile, d'esprit-de-vin et de graisse. L'on attacha à cette machine une cage qui portait un chat. En trente-cinq minutes elle monta si haut qu'elle ne parut que comme une étoile des plus petites; à cinq heures, on la trouva sur quelques arbres, à la distance de 45 ou 48 milles de Mâcon, lieu d'où elle s'était élevée, de sorte qu'elle fit environ 23 milles par heure. Le chat était mort, mais personne n'en put deviner la cause.

Le premier ballon qui traversa la Manche fut lancé de Sandwich, dans le Kent, le vendredi 22 février 1784. C'était un ballon à gaz hydrogène, de 5 pieds de diamètre; on le lança à midi et demi, en présence d'un grand nombre de spectateurs. Il s'éleva rapidement, porté par un vent d'ouest par nord qui lui fit prendre la direction d'est par sud. Deux heures et demie après, il fut trouvé dans une prairie proche de Warneton, distant de Lille d'environ 3 lieues. Le ballon portait une lettre par laquelle on priait d'envoyer à William Boys, esq., à Sandwich, un récit de l'endroit et du moment où il aurait été trouvé. On s'empressa de faire parvenir ces renseignements. Le narrateur ajoute qu'on le fit de la façon la plus honnête.

Le 19 février, un ballon analogue, de 5 pieds de diamètre, fut lancé du collége de la reine à Oxford. Il avait une forme sphé-

rique et était fait d'étoffe dite de Perse, recouverte de vernis.
C'est le premier ballon qui fut lancé dans cette ville.

De Saussure fait mention, dans une lettre datée de Genève,
du 26 mars 1784, d'expériences faites dans cette ville sur l'é-
lectricité de l'atmosphère au moyen de ballons captifs, à air chaud,
qui donnèrent des étincelles et de l'électricité positive.

On parle aussi vers ce temps d'un certain M. Argand, Gé-
nevois, qui eut l'honneur de faire des expériences aérostatiques
avec un ballon à air inflammable, de 33 pouces de diamètre, à
Windsor, et cela en présence du roi, de la reine et de la famille
royale d'Angleterre.

C'est vers cette époque (1784) que les ballons devinrent très
fort à la mode : on en voyait souvent la nuit, le jour, chauffés
au moyen de la lampe à alcool, s'élever dans les airs, au grand
plaisir des personnes de tous rangs et de tous âges, qui s'amu-
saient beaucoup de ces expériences. Comme il arrive toujours
quand l'attention publique est captivée par quelque chose de nouveau, on n'entendit plus parler que de ballons; les objets de
parure, les chapeaux, les couleurs, les carrosses, tout fut *au
ballon*, sans que l'on s'inquiétât de ce qu'il pouvait y avoir de
ridicule dans cette dénomination.

Une lettre de Watt au docteur Lind, de Windsor, datée de
Birmingham, du 25 décembre 1784, raconte une expérience
remarquable faite l'été précédent avec un ballon à hydrogène.
On avait fait un ballon de papier fin, recouvert de vernis à l'huile,
d'environ 5 pieds de diamètre, rempli d'un tiers d'air atmosphérique et deux tiers d'hydrogène tiré du fer. On avait attaché
au col de ce ballon une fusée ou un serpenteau ayant une mèche
de 2 pieds, très inflammable, à laquelle on mit le feu quand le
ballon fut rempli. La nuit était calme et obscure, beaucoup de
personnes s'étaient rassemblées pour être témoins de cette expérience, qui réussit au grand contentement de tous, car, au bout
de six minutes, la mèche communiqua le feu au serpenteau, dont
l'explosion produisit un bruit semblable à celui du tonnerre et

presque aussi éclatant. Les gens qui le virent de loin, et qui n'avaient pas été présents au moment où le ballon avait été lancé, prirent ce bruit pour un météore nouveau.

« Notre intention, dit Watt, était de déterminer si le grondement du tonnerre était dû à des échos ou à des explosions successives. Le bruit occasionné par la détonation de l'air inflammable dans cette expérience se fit entendre dans un moment bien peu favorable pour pouvoir porter un jugement sûr; l'on est obligé de s'en rapporter à ceux qui se trouvèrent proche de la machine et qui affirment que ce bruit fut semblable à celui du tonnerre. »

CHAPITRE II

Expériences et études (Blanchard à Paris, Guyton de Morveau à Dijon).

I

Le nom le plus populaire dans les fastes de l'aérostation, pendant la Révolution et le Consulat, est certainement le nom de Blanchard. Nous l'avons déjà entrevu au chapitre des tentatives antérieures à l'invention de Montgolfier. Nous le reverrons bientôt traversant pour la première fois la mer, des côtes d'Angleterre aux côtes de France. Ici nous saluons sa fameuse ascension du Champ de Mars le 2 mars 1784, et celles qui la suivirent.

Nous avons vu qu'il avait construit un bateau volant, machine atmosphérique armée de rames et d'agrès, avec laquelle il se soutenait quelques instants dans l'air jusqu'à 25 pieds de hauteur. On avait vu cette curieuse machine exposée en 1782 dans les jardins du grand hôtel de la rue Taranne, où se trouvait, il y a quelques années, un établissement de bains.

Ces essais de Blanchard sont de la fin de 1782 : cette année-là même, l'un des Montgolfier, Étienne, dans sa correspondance particulière, avait fait part à Desmarets, de l'Académie des sciences, de l'invention des aérostats, que les deux frères, Étienne et Joseph, appelaient alors machine *diostatique,* parce qu'elle se soutenait dans l'air. En dépit des explications nettes et claires de l'inventeur, et peut-être à cause de leur parfaite simplicité, l'académicien ne comprenait point, et répondit : « Comme je n'entends pas votre machine ascendante, je n'ai pu faire usage de tout ce que vous m'en dites à différentes fois. » Probablement il rangeait cette invention dans la catégorie des illusions si communes à cette époque.

Peu après, la découverte éclata par l'expérience du 5 juin 1783, et, à peine connue, elle entra dans le domaine public. L'idée si simple en sa grandeur était d'une application trop facile pour ne pas trouver partout des imitateurs, et Blanchard fut un des premiers. Mais le mécanicien cherchait dans ces diverses ascensions à utiliser ses anciens procédés mécaniques. C'est ainsi que, le 2 mars 1784, il se disposait à partir du Champ de Mars dans l'aérostat qu'il appelait encore son vaisseau volant, et qu'il chargeait de quatre ailes.

Blanchard et son compagnon dom Pesch, religieux bénédictin, ne purent s'élever dans ce ballon tel qu'il est représenté dans la gravure faite par avance. Un élève de l'École militaire, nommé Dupont de Chambon, s'obstina à partir avec les voyageurs; repoussé par eux, il s'élança de force, l'épée à la main, dans la gondole, blessa Blanchard, déchira les agrès, brisa les rames ou ailes, et l'aéronaute fut réduit à s'élever seul, quelques heures plus tard, par les moyens connus, après avoir raccommodé tant bien que mal son aérostat.

L'amour de l'extraordinaire a fait dire que le militaire dont nous venons parler était Napoléon Ier, alors élève lui-même de l'École militaire. La biographie du grand capitaine serait satisfaite de remonter là; mais la vérité est qu'il n'en est rien, et Napoléon Ier s'est expliqué sur ce détail dans les Mémoires dictés à Sainte-Hélène. (¹)

(¹) Cet incident de la première ascension de Blanchard rappelle celui qui mit en grand péril les jours de M. Godard. Cet aéronaute avait consenti à prendre un Anglais pour compagnon de voyage. Quand ils furent parvenus

Blanchard aurait pu apprendre des inventeurs l'inutilité des avirons dont il s'efforça de faire usage dans plusieurs ascensions subséquentes.

Les frères Montgolfier avaient songé, entre beaucoup d'autres moyens de direction, à l'emploi des rames, et l'avaient rejeté.

Vaisseau volant de Blanchard.

Joseph écrivait à Étienne, vers la fin de l'année 1783 : « En grâce, mon bon ami, réfléchis, calcule bien ; si tu emploies des

à une très-grande hauteur, l'Anglais tira un couteau et se mit à couper les cordes. L'insulaire voulait se procurer l'émotion d'une chute de quelques kilomètres de hauteur. C'est en vain que M. Godard chercha à maîtriser le fou qu'il avait eu l'imprudence d'admettre avec lui, et qui continua à couper, sans s'émouvoir, les cordes de la nacelle. M. Godard se hâta de tirer la soupape, pour redescendre par une voie moins rapide, mais plus sûre. Il put ainsi opérer sa descente avant que la dernière corde fût coupée.

rames, il te les faudra faire grandes ou petites : si elles sont grandes, elles seront lourdes; si elles sont petites, il faudra les faire mouvoir avec d'autant plus de rapidité. Faisons compte sur un globe de 100 pieds de diamètre... » Et, calcul fait, il arrive à conclure que la puissance de trente hommes employés à faire des efforts qu'ils ne soutiendraient pas cinquante minutes sans se reposer, ne suffirait pas à faire deux petites lieues à l'heure. « Je ne vois moyen efficace de direction, poursuit Joseph, que dans la connaissance des différents courants d'air dont il faudrait faire une étude; il est rare qu'ils ne varient suivant les hauteurs. » Les deux frères revinrent souvent sur cette idée.

La première ascension de Blanchard au Champ de Mars, le 2 mars 1784, en présence de tout Paris, nous montre les rames et le mécanisme de son bateau volant adaptés à son ballon. Le dessin que nous venons de reproduire nous paraît fort devoir être classé au rang des nombreuses caricatures de cette époque, si l'on en juge surtout par le personnage coiffé du bonnet à grelots de la folie, lequel sonne une fanfare aux oreilles de l'aéronaute.

Nous lisons à la légende de l'une des estampes de 1784 :

> Si par son vol il peut escalader la lune,
> Il fera comme un autre, *en volant*, sa fortune.

Ce n'est pas avec cet appareil que Blanchard exécuta son voyage, attendu que non seulement cet appareil n'a pas été entièrement construit, mais que les rames et appendices ajoutés au ballon pour l'expérience du 2 mars furent brisés par le fougueux militaire.

Blanchard prétend cependant s'être quelque temps dirigé. Voici ce qu'il écrivait le 12 mars à Faujas de Saint-Fond :

« Ce qu'il y a de certain, c'est qu'élevé à une certaine hauteur sur Passy et apercevant la Villette, où je ne désespérais pas encore d'arriver, malgré le malheur qui venait de me contrarier, j'attachai une corde de mon gouvernail à ma jambe, ne pouvant me servir de ma main gauche que j'avais enveloppée de

mon mouchoir, à cause du coup d'épée que je venais d'y recevoir ;
et, de la main droite attirant avec l'appendice le dessus de mon
ballon qui faisait drapeau, j'y formai une espèce de voile avec
laquelle je pinçai, le mieux qu'il me fut possible, un courant
d'air qui me paraissait opposé à mon dessein, et, au moyen de

Machine du vaisseau volant de Blanchard.

quelques secousses de gouvernail, je parvins à louvoyer contre
ce courant et à retraverser la rivière ; mais dans ce passage, la
chaleur du soleil ayant échauffé et raréfié l'air inflammable,
j'oubliai bientôt mon gouvernail et tout espoir de direction pour
m'occuper du terrible danger qui me menaçait ; mon ballon ne
fit plus voile en se gonflant, il m'échappa de la main, et les plis
qu'il avait en partant se tendaient avec une telle violence qu'il

craquait de toute part. Mon vaisseau, dans lequel je marchai pour sonder mon ballon et les cordages, en faisait autant, tant il avait été maltraité à son départ : je vous laisse juger, Monsieur, de l'état où je devais me trouver. Pour mettre le comble à cette cruelle alternative, une sourde commotion se fit sentir sous mes pieds; je m'aperçus, à la vivacité de la secousse, que j'étais enlevé rapidement; d'ailleurs, la légère draperie qui entourait mon vaisseau me l'assura, car c'est le seul point qui m'ait averti de mon ascension et de ma descente; en montant, je remarquai que la draperie se couchait vivement sur les parois du vaisseau, et en descendant, elle voltigeait par-dessus ma tête, et même m'embarrassait. Je me rassurai sur ce bruit, jugeant que c'était un coup de canon; enfin enlevé à une hauteur considérable aux environs du Champ de Mars où j'étais repoussé, la terre me parut comme une carte géographique grisâtre; tout était de niveau, je ne distinguais plus rien, pas même les montagnes; je cherchai celle du Calvaire, mais elle avait disparu à mes yeux; dans ce moment, une seconde explosion se fit sentir et produisit le même effet que la première, mais je n'en eus aucune frayeur. Quoique je parusse stationnaire, je ne montais pas moins perpendiculairement, parce que j'étais une seconde fois dans le calme : ma draperie que j'examinai me l'annonçait; d'ailleurs, certains petits nuages que j'avais traversés fuyaient sous mes pieds, et ceux que j'apercevais dans le lointain me parurent une mer tranquille au-dessus de laquelle j'étais fort éloigné. Dans ce calme, j'éprouvai bien des contrariétés; tout à coup mon ballon devenait flasque, et de suite il se gonflait et était prêt à crever; c'est alors que je laissai échapper l'air inflammable par l'appendice; et quoiqu'il eût 6 pouces de diamètre, cette issue suffisait à peine pour le passage de l'air inflammable qui se raréfiait; lorsque mon appendice se désenflait, je le reprenais et le serrais jusqu'à ce qu'il fît bourrelet sur mes doigts; alors je lâchais, craignant la rupture de mon globe.

» Échappé de ces vents impétueux et contraires, pendant lesquels j'avais éprouvé un grand froid, j'imaginai en être quitte à cause du calme où j'étais pendant lequel mon ballon se gonflait; je montais perpendiculairement; le froid devenait excessif : j'eus faim, je mangeai un morceau de pâté; je voulus boire, mais je ne trouvai au fond de mon vaisseau que des débris de verres et de bouteilles que m'avait laissés le jeune militaire dans son combat lors de mon départ; je trouvai son chapeau sous mon siège, je m'en couvris. Dans un état de tranquillité, ne pouvant rien voir ni entendre, puisque autour de moi un silence affreux régnait de toute part, le sommeil fut près de s'emparer de moi; mais me levant en sursaut, ce danger m'effraya. Je voulus prendre du tabac, mais je n'avais pas ma boîte; je changeai plusieurs fois de siège, j'allai de la poupe à la proue : bientôt deux vents furieux m'arrachèrent du calme et comprimèrent mon globe avec tant de force qu'il diminua à vue d'œil ; je jetai ce que je trouvai de sable dans mon vaisseau, ce qui me fit remonter un peu et éviter ces deux courants opposés qui m'agitaient violemment; mais j'en trouvai un autre qui me porta très vite dans la dernière direction d'où j'étais parti. Comme je ne pouvais plus résister au grand froid, je ne fus pas fâché d'apercevoir que je descendais un peu, et pour descendre plus promptement, je tirai ma soupape, mais elle résista; cependant je vins à bout de l'ouvrir, et je descendis rapidement sur la rivière, qui me parut comme un fil blanchâtre, ensuite comme un petit ruban, et enfin comme une pièce de drap. Je jetai dans l'eau un pain de quatre livres qu'un ouvrier avait mis dans mon vaisseau; et comme je suivais le courant de la rivière, la crainte que j'eus de descendre sur l'eau fit que j'agitai mon gouvernail assez vivement : je crois que c'est à ces mouvements que je dois d'avoir pris la rivière transversalement.

» Lorsque je me vis sur la plaine de Billancourt, je reconnus le pont de Sèvres et la route de Versailles; j'étais alors à peu près sur cette plaine à la hauteur des tours de Notre-Dame, j'entendais très distinctement les applaudissements et les cris de joie que faisaient les voyageurs ; chacun sortait de sa voiture et m'adressait la parole, je pouvais à peine répondre, j'étais occupé à me débarrasser de certains débris de ma mécanique, afin de descendre doucement ; d'ailleurs, je m'apercevais que, malgré que je criasse fortement : *Rassurez-vous, j'ai quitté la rivière*, on m'entendait à peine. Enfin, je me promenai dans cette plaine environ 200 pieds de longueur en rasant la terre ; des personnes accoururent, et à ma demande fixèrent mon vaisseau ; bientôt je fus environné de seigneurs, et d'un nombre infini de courriers qui arrivèrent de toute part. »

Le voyage avait duré cinq quarts d'heure. La circonstance la plus curieuse, et qui servit désormais aux aéronautes, c'est que le ballon fut près d'éclater par la trop forte tension du gaz. Répétons encore qu'un aérostat ne doit jamais être entièrement gonflé au moment du départ. Nous en avons vu la raison. Peu s'en fallut que Blanchard ne fût victime de son ignorance en physique et qu'il ne se trouvât à la merci d'un ballon crevé à quelques mille pieds dans l'espace.

Les physiciens qui l'avaient observé déclaraient qu'il ne s'était pas dirigé et que les variations de sa marche devaient être uniquement attribuées aux courants d'air qu'il avait rencontrés. Et comme il avait écrit sur les banderoles de son ballon et sur les cartes d'entrée cette devise fastueuse : *Sic itur ad astra*, on lança contre lui cette épigramme :

> Au champ de Mars il s'envola,
> Au champ voisin il resta là.
> Beaucoup d'argent il ramassa.
> Messieurs, *sic itur ad astra.*

Quant au bénédictin dom Pesch, il paraît que c'était contre la défense de ses supérieurs qu'il avait voulu s'embarquer avec Blanchard. Un exempt de police envoyé sur le lieu de la scène l'avait arrêté et ramené à son couvent, d'où il avait réussi à s'échapper une seconde fois pour revenir tenter au Champ de Mars

Descente de Blanchard (mars 1784).

une épreuve qui, comme on l'a vu, ne fut pas poussée bien
loin.

II

EXPÉRIENCES DE DIJON.

Ce qu'il importe de mettre en évidence dans chacun des principaux voyages aériens, c'est le caractère particulier qui peut les
distinguer de la généralité des expériences. Chaque voyage important se caractérise en effet par l'idée particulière de ceux qui
l'entreprennent et par le but qu'ils se proposent. Les premières
ascensions de Montgolfier tendent à établir expérimentalement
l'élévation d'un objet moins lourd que l'air. Celles de Pilatre de
Rozier ont pour but de montrer que l'homme peut appliquer ce
principe à de véritables voyages aériens. Celles de Robertson,
de Gay-Lussac, etc., seront accomplies dans le but scientifique
d'étudier directement les phénomènes météorologiques. Celles
de Conté, de Coutelle, appliqueront l'aérostation aux services
militaires, etc. Un nombre considérable d'autres auront pour
objet d'organiser une navigation aérienne analogue à celle de
l'élément liquide, — une direction par des rames ou des voiles,
— en un mot, la possibilité de voyager vers un port déterminé.
C'est à ce titre que se recommandent les *expériences aérostatiques de Dijon;* ce sont les plus sérieuses qui aient été tentées
sur ce grave sujet de la *direction des ballons,* à peu près abandonné aujourd'hui.

A l'équateur du ballon étaient disposés quatre rames, deux
voiles et un gouvernail; ces appareils communiquaient à la nacelle par des cordes. La gondole portait aussi des rames. Le
copieux rapport de Guyton de Morveau à l'Académie de Dijon
nous apprend que le jeu de ces divers appareils ne fut pas complètement inutile. Nous offrirons ici quelques extraits de ces intéressantes excursions.

Voici d'abord celle du 25 avril :

« Le vent très fort et tourbillonnant qui s'était levé quelques instants avant notre départ et qui nous avait déjà repoussés contre terre plusieurs fois de toute la hauteur des cordes qu'on filait, nous ayant fait craindre qu'il ne brisât tous nos agrès, qu'il ne nous jetât du moins sur la ville, étant précisément au pied du plus haut de ses clochers, nous prîmes la résolution de jeter successivement assez de lest pour vaincre la résistance qu'il nous opposait, ce qui l'épuisa en entier, et même partie de nos provisions que nous estimons devoir être de 75 à 80 livres; mais à peine eûmes-nous dépassé la hauteur des toits de l'église, notre ascension fut si rapide que nous ne vîmes plus son clocher qu'en plongeant et fort au-dessous de nous.

» La forme de notre ballon nous annonçant alors une très forte dilatation occasionnée à la fois par la chaleur du soleil et la diminution de densité de l'air environnant, nous avons fait jouer nos deux soupapes; mais elles n'ont pas suffi à écouler le fluide, et le ballon s'est ouvert de la longueur de 7 à 8 pouces dans la partie inférieure, tout près de l'appendice, ce qui nous a plutôt rassurés qu'effrayés.

» Nous nous sommes trouvés dans un calme presque plat au point de nous regarder comme stationnaires; cependant nous aperçûmes bientôt que nous étions déjà loin de la ville.

» A cinq heures cinq minutes, nous passâmes sur un village que nous ne connûmes pas, où nous laissâmes tomber un billet attaché à une pelote remplie de son, portant banderole, lequel annonçait que nous nous trouvions très bien, que le baromètre était à 20 pouces 9 lignes, le thermomètre à 1 degré 1/2 au-dessous de zéro. »

Le froid vif leur saisit les oreilles; c'est la seule incommodité qu'ils aient éprouvée, et dont ils furent dédommagés par ce sentiment que Charles a si bien peint précédemment et qui leur parut plutôt affaibli qu'exagéré, lorsqu'ils virent une mer de nuages couler sous eux et les isoler de la terre.

Le soleil commençant à baisser après avoir donné le spectacle

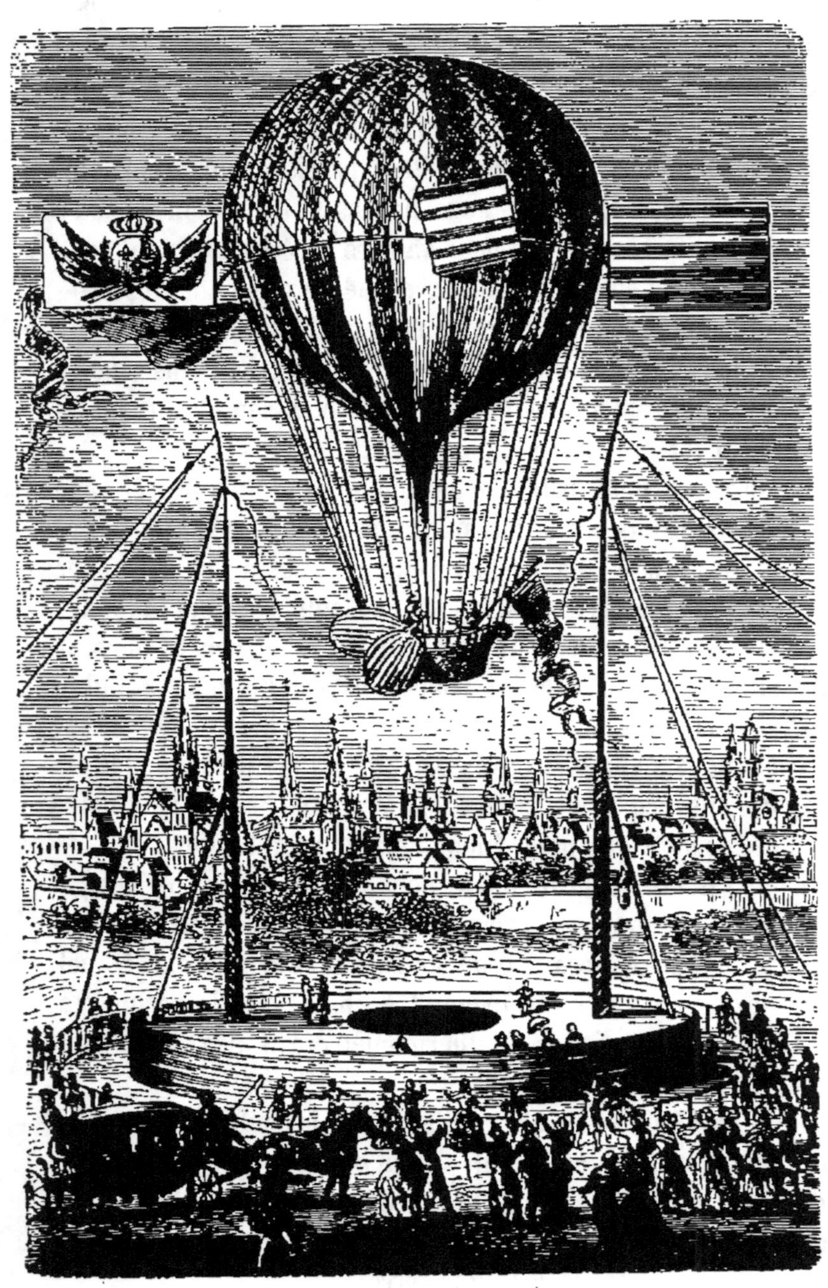

Expérience à Dijon (1784).

d'un superbe parhélie, ils s'aperçurent que la partie inférieure du ballon s'aplatissait, qu'il était temps de choisir le lieu de descente. Jugeant par la boussole qu'ils n'étaient pas loin de la ville d'Auxonne, ils prirent la résolution de faire usage de toutes leurs manœuvres pour se diriger vers ce point ; elles avaient été fort endommagées par le coup éprouvé du départ. Le gouvernail était déboîté, une des rames avait été cassée à l'axe de son manche et s'était détachée au premier moment. La rame de l'équateur, du même côté, s'était engagée dans une des quatre cordes filées lors du départ. Il ne restait donc que les deux autres rames qui, se trouvant du même côté, ont été absolument inutiles pendant la plus grande partie de la marche. Ils rapportent avoir fait jouer ces rames avec beaucoup de facilité, sans aucun inconvénient, pendant huit à neuf minutes, et s'en être servis pour virer au sud-est.

« Nous espérions donc pouvoir descendre près de cette masse que nous jugions Auxonne, disent-ils, mais nous perdions beaucoup par l'ouverture de notre ballon : nous entrions alors dans un grand espace couvert de bois ; nous nous sentions descendre ; nous gardâmes le peu de lest qui nous restait, et qui n'était guère que les planches mobiles qui nous servaient de banc, pour ralentir la chute, s'il en était besoin ; nous n'en jetâmes qu'une seule ; nous descendîmes très doucement sur un talus. A peine notre gondole touchait-elle l'extrémité des branches qu'elle se releva avec force ; nous saisîmes ces branches pour nous arrêter, pour n'être pas jetés sur quelques arbres qui se trouvaient de distance en distance. »

Ils arrivèrent à Magny-lez-Auxonne. Les habitants effrayés virent en eux des ennemis inconnus. Dans le nombre, deux hommes et trois femmes se mirent à genoux devant le ballon.

On avait déjà remarqué que l'air enfermé dans ces enveloppes acquérait une chaleur considérable. Après ce premier voyage, ils observèrent que le thermomètre y était monté à 39°, tandis qu'il se tenait à 43° exposé au soleil. L'air dilaté par la seule chaleur du soleil eut une telle force que le ballon cassa deux cordes et emporta au bout de la troisième un jeune homme qui saisit courageusement une des cordes pour le retenir et la tourna autour de son poignet ; il fut entraîné dans l'instant par-dessus un mur de clôture de 9 pieds et retomba de l'autre côté. Le ballon continua sa route, passa sur la première allée du cours de la porte Bourbon, au grand étonnement du peuple qui accourait pour le voir, et alla retomber à plus de deux cent cinquante pas.

Voici un extrait du procès-verbal de l'expérience du 12 juin, dont l'objet principal était l'essai des moyens de direction :

« Nous montâmes dans l'aérostat, M. de Virly et moi, dit Guyton de Morveau, à sept heures ; nous nous fîmes apporter les quatre cordes attachées au cercle équatorial, qui servaient à retenir le ballon ; nous les attachâmes aux quatre coins de la gondole et nous partîmes en nous élevant presque perpendiculairement. L'abaissement du mercure dans le baromètre était à peine sensible, que la dilatation déjà était considérable. Nous vîmes le ballon très arrondi, et une légère vapeur autour de l'appendice nous annonçait que le gaz commençait à s'échapper par la soupape d'assurance placée à son extrémité ; nous l'aidâmes à sortir en tirant la ficelle ; le fluide en sortit avec rapidité en faisant entendre un sifflement que nous prîmes d'abord pour le bruit d'nne chute d'eau.

» Ayant suffisamment fait jouer les soupapes pour nous tranquilliser sur l'effet de la dilatation, nous résolûmes d'essayer les manœuvres à la vue de toute la ville et de la tourner de l'est au nord ; nous reconnûmes avec plaisir qu'elles produisaient leur effet : le *gouvernail déplaçait l'arrière et portait le cap du côté que nous désirions*, en changeant à chaque fois la direction d'environ 3 degrés à 4 degrés sur la boussole... Les rames, jouant d'un seul côté, appuyaient le gouvernail ; toutes ensemble elles faisaient aller en avant. Nous suivîmes à peu près la courbe, coupant en travers le chemin de Dijon à Langres, un peu au-dessus de la fourche du chemin d'Is-sur-Tille. Le mercure était descendu à 24 pouces 8 lignes, ce qui annonçait que nous nous élevions insensiblement ; l'hygromètre de M. de Saussure marquait 66 degrés. — Nous essayâmes de suivre quelque temps la route de Langres, mais le vent nous fit dériver malgré nos efforts. A neuf heures, le baromètre descendit à 23 pouces, ce qui donne une élévation d'environ 942 toises. C'est la plus grande hauteur où nous soyons parvenus. M. de Verly profita de cette ascension pour présenter de l'amadou à une lentille de 18 lignes de diamètre et 6 de foyer ; il s'alluma immédiatement. »

Les aéronautes décidèrent de se porter en ligne droite sur Dijon. Ils firent force de rames, après avoir viré le gouvernail, et marchèrent dans cette direction sur une longueur d'environ 200 toises. Puis ils racontent que la chaleur et la fatigue les obligèrent à suspendre leur manœuvre. Le courant au sein duquel ils flottaient les ramena sur Mirabeau, et comme ils étaient portés sur un bois entre Trochère et Étevaux, ils jetèrent ce qui leur restait de lest et descendirent doucement sur une pièce de blé.

Les aéronautes reçurent des ecclésiastiques et des notables de l'endroit un accueil chaleureux dont nous n'exposerons pas les détails, et finalement ils se donnèrent le plaisir d'être remorqués en ballon, à bras d'hommes, jusqu'à Dijon.

CHAPITRE III

Les voyages en montgolfières. — Pilatre de Rozier et Proust (montgolfière
la Marie-Antoinette). — Le duc de Chartres. — Le comte d'Artois.
— Voyage de l'abbé Carnus à Rodez.

La plus longue course aérostatique qui ait été faite par des
ballons à feu et la plus haute élévation qu'ils aient atteinte
(4 000 mètres) est celle de Pilatre de Rozier et Proust avec la
montgolfière *la Marie-Antoinette*, à Versailles, le 23 juin 1784.
Pilatre de Rozier lui-même nous a laissé un récit pittoresque de
cette excursion de Versailles à Compiègne :

« La montgolfière s'éleva d'abord très lentement en diagonale, offrant un imposant spectacle. Comme un vaisseau qui
s'est précipité du chantier dans les eaux, cette étonnante machine se balançait superbement dans l'air qui semblait l'arracher
de la main des hommes. Ces mouvements irréguliers intimidè-
rent un instant une partie des spectateurs qui, craignant qu'une
chute prochaine ne mît leur vie en danger, s'éloignèrent à grands
pas. Après avoir allumé mon fourneau, je saluai les spectateurs,
qui me répondirent de la manière la plus flatteuse ; j'eus le temps
d'observer sur quelques visages un mélange d'intérêt, d'inquiétude et de joie.

» En continuant ainsi notre marche ascensionnelle, je m'aperçus qu'un courant d'air supérieur opposé au nôtre faisait pencher la montgolfière; voulant éviter le feu, j'engageai M. Proust à marcher huit à dix minutes horizontalement; puis, augmentant la chaleur, nous nous élevâmes; le volume des objets diminuait sensiblement et nous mettait en état d'apprécier assez exactement notre éloignement; alors la montgolfière fut distinguée de la capitale et des environs. L'élévation à laquelle nous étions déjà parvenus faisait croire au plus grand nombre que nous planions sur leur tête.

» Arrivés dans les nuages, la terre disparut entièrement à nos yeux; un brouillard épais semblait nous envelopper, puis un espace plus clair nous rendait la lumière; de nouveaux nuages, ou plutôt des amas de neige, s'amoncelaient rapidement sous nos pieds, nous étions environnés de toutes parts; une partie tombait perpendiculairement sur les bords extérieurs de notre galerie qui en retenait une assez grande quantité; une autre se fondait en pluie sur Versailles et sur Paris; le baromètre était descendu de 9 degrés, et le thermomètre de 16 degrés. Curieux de connaître la plus grande élévation à laquelle notre machine pouvait atteindre, nous résolûmes de porter au plus haut degré la violence des flammes, en soulevant notre brasier, et soutenant nos fagots sur la pointe de nos fourches.

» Parvenus aux plus hautes de ces montagnes glacées, et ne pouvant plus rien entreprendre, nous errâmes quelque temps sur ce théâtre plus que sauvage; théâtre que des hommes voyaient pour la première fois. Isolés et séparés de la nature entière, nous n'apercevions sous nos pas que ces énormes masses de neige qui, réfléchissant la lumière du soleil, éclairaient infiniment l'espace que nous occupions; nous restâmes huit minutes sur ces monts escarpés, à 11 732 pieds de terre, dans une température de 5 degrés au-dessus de la glace, ne pouvant plus juger de la vitesse de notre marche, puisque nous avions perdu tout objet de comparaison.

» Cette situation, agréable sans doute pour un peintre habile, promettait peu de connaissances à acquérir au physicien, ce qui nous détermina, dix-huit minutes après notre départ, à redescendre au-dessous des nuages pour retrouver la terre. A peine étions-nous sortis de cette espèce d'abime, que la scène la plus riante succéda à la plus ennuyeuse. Les campagnes nous parurent dans leur plus grande magnificence. Tout était si éclatant que nous crûmes que le soleil avait dissipé l'orage ; et, comme si on eût tiré le rideau qui cachait la nature, nous découvrîmes aussitôt mille objets divers répandus sur un espace dont notre œil pouvait à peine mesurer l'étendue. L'horizon seulement était chargé de quelques nuages qui paraissaient toucher la terre. Les uns étaient diaphanes, d'autres réfléchissaient la lumière sous mille formes différentes ; tous en général étaient privés de cette teinte brune qui porte à la mélancolie. Nous passâmes dans une minute de l'hiver au printemps ; nous vîmes ce terrain incommensurable couvert de villes et de villages, qui, en se confondant, ne ressemblaient plus qu'à de beaux châteaux isolés et entourés de jardins. Les rivières qui se multipliaient et serpentaient de toutes parts n'étaient plus que de très petits ruisseaux destinés à l'ornement de ces palais ; les plus vastes forêts devenaient des charmilles ou de simples vergers ; en un mot, les prés et les champs n'avaient que l'ensemble des verdures et des gazons qui embellissent nos parterres. Ces merveilleux tableaux, qu'aucun peintre ne peut rendre, nous rappelaient les métamorphoses miraculeuses de fées ; avec cette différence, que nous voyions en grand ce que l'imagination la plus féconde n'avait pu créer qu'en petit, et que nous jouissions de la réalité de ce qu'aurait enfanté le mensonge ; c'est dans cette charmante position que l'âme s'élève, que les pensées s'exaltent et se succèdent avec la plus grande rapidité. Voyageant à cette hauteur, notre foyer n'exigeait plus de grands soins, et nous pouvions facilement nous promener dans la galerie. Mon ardent coopérateur changea plusieurs fois de poste : nous étions aussi tranquilles sur notre balcon que sur la terrasse d'une maison, jouissant de tous les tableaux qui se renouvelaient continuellement, sans nous faire éprouver de ces étourdissements qui effrayent une infinité de personnes.

» L'action que j'avais portée dans mes travaux ayant cassé ma fourche, j'allai au magasin m'armer de nouveau. Nous nous rencontrâmes avec M. Proust, mais la montgolfière, étant très bien lestée, ne s'inclina que d'une manière presque insensible, d'où nous conclûmes qu'il fallait attribuer à la mauvaise construction ou à la frayeur des voyageurs les accidents annoncés avec tant de pompe dans quelques journaux. Les vents, quoique très considérables, emportaient notre bâtiment sans nous faire éprouver le plus léger roulis, nous n'apercevions notre marche que par la vitesse avec laquelle les villages fuyaient sous nos pieds ; en sorte qu'il semblait, à la tranquillité avec laquelle nous voguions, que nous étions entraînés par le mouvement diurne. Plusieurs fois nous cherchâmes à nous approcher de la terre, jusqu'à distinguer les acclamations qu'on nous adressait et auxquelles il nous eût été facile de répondre à l'aide d'un porte-voix ; en un mot, tout nous amusait. La simplicité de nos manœuvres nous permettait de parcourir des lignes horizontales et obliques, monter, descendre, remonter et redescendre encore et aussi souvent que nous le jugions nécessaire. »

Parvenus à Luzarches, les aéronautes charmés se déterminèrent à mettre pied à terre : déjà le peuple témoignait la satisfaction la plus vive ; la foule augmentait ; une partie tendait les bras pour ralentir leur descente solennelle, tandis que les animaux de toute espèce s'enfuyaient épouvantés, comme s'ils eussent pris la montgolfière pour un animal vorace. Mais, appréciant bientôt par la vitesse de leur marche qu'ils seraient portés sur les maisons, les voyageurs ranimèrent leur foyer ; sautant alors avec la plus grande légèreté par-dessus les édifices, ils échappèrent à ces premiers hôtes, qui restèrent interdits. Poursuivant ensuite leur route, ils découvrirent cette forêt immense qui conduit à Compiègne. Connaissant peu la topographie de ce canton, ne voyant dans l'éloignement aucune place favorable à leur descente, et craignant d'ailleurs que leurs provisions ne cessassent avant d'avoir traversé les bois, Pilatre de Rozier crut qu'il serait plus sage de mettre pied à terre dans le dernier carrefour distant de 13 lieues de Versailles, que de s'exposer à terminer cette expérience par l'embrasement de la forêt.

II

LE DUC DE CHARTRES (PHILIPPE D'ORLÉANS). LE COMTE D'ARTOIS (CHARLES X).

Ce n'étaient pas seulement les physiciens et les mécaniciens qui se livraient avec enthousiasme à la prise de possession du nouvel empire ; nous avons vu la noblesse tendre la main à l'humble travailleur et solliciter la faveur d'une ascension aérienne. Le roi avait adressé des lettres de noblesse aux frères Montgolfier ; l'invention merveilleuse était devenue une véritable affaire d'État. Les princes du sang, les grands de la cour, se faisaient un honneur de compter au nombre de leurs amis un aéronaute célèbre.

Le futur Charles X et le père de Louis-Philippe s'essayèrent l'un et l'autre dans les premières tentatives de la navigation aérienne. Le char de l'État chancelait, et c'était à peine changer d'équilibre que se confier au précaire char aérien. Les chimistes Alban et Vallet construisirent dans leur fabrique d'acide sulfurique à Javelle leur magnifique aérostat *le Comte-d'Artois*, et le comte d'Artois lui-même s'éleva plusieurs fois dans cette machine en compagnie de nombreuses personnes de tout rang.

Déjà, à Saint-Cloud, le duc de Chartres, depuis Philippe-Égalité, avait exécuté, le 15 juillet 1784, avec les frères Robert, une ascension qui avait mis à de terribles épreuves le courage des aéronautes. Le ballon à gaz hydrogène et de forme oblongue, qui mesurait 18 mètres de hauteur sur 12 mètres de diamètre, avait été construit suivant un système imaginé par Meunier. Pour suppléer à l'emploi de la soupape, on avait disposé dans l'intérieur du grand ballon un autre globe beaucoup plus petit et rempli d'air ordinaire, d'après cette supposition que, parvenu dans une région élevée, l'hydrogène, se raréfiant par l'effet de la

Expérience des frères Robert.

diminution de pression extérieure, devait comprimer le petit globe intérieur, et faire sortir une quantité d'air correspondant au degré de sa dilatation.

A huit heures, les frères Robert, Collin-Hullin et le duc de Chartres s'élevèrent en présence d'une foule compacte accourue des environs pour assister à cette expérience. Les premiers rangs s'agenouillèrent pour permettre aux seconds la vue du départ de l'aérostat, qui disparut bientôt dans les nues, aux acclamations de la multitude prosternée. La machine, obéissant alors aux vents impétueux et contraires qui régnaient à cette hauteur, tourbillonna et tourna plusieurs fois dans l'espace. Le gouvernail garni de taffetas qui avait été adapté à la machine et les deux rames donnaient tant de prise au vent, que les voyageurs, qui, déjà enfermés comme dans une ceinture par les nuages, ne semblaient plus devoir retourner sur terre, en firent le sacrifice. Mais les oscillations continuaient ; ils crurent alléger la machine en la débarrassant du petit globe d'air atmosphérique. Ce globe, n'étant plus retenu par les cordes, tomba si malencontreusement qu'il ferma l'ouverture du ballon par où devait sortir l'excédent de gaz dilaté par la chaleur du soleil, qu'un coup de vent leur avait fait retrouver en les lançant au delà des nuages. Il y avait à craindre que les parois du ballon gonflé n'éclatassent, malgré les efforts des aéronautes pour repousser le petit globe dans l'intérieur. Alors le duc de Chartres saisit un des drapeaux et avec la lance creva le ballon en deux endroits. Une déchirure de près de 3 mètres se produisit, et ils descendirent avec une rapidité effrayante, qui se ralentit un peu en rencontrant une couche d'air plus dense. Ils allaient tomber dans un étang lorsque, jetant 60 livres de leur lest, ils remontèrent un peu pour s'arrêter dans le parc de Meudon, à quelques pas de l'étang de la Farenne, où était tombé le petit globe par l'ouverture de l'aérostat.

Cette expédition ayant duré à peine quelques minutes, le duc de Chartres, malgré l'énergie qu'il avait montrée en crevant le ballon, comme le fit plus tard, le 19 novembre 1785, Blanchard se trouvant à Gand dans une situation analogue, fut raillé par ses amis, qui l'accusèrent de lâcheté, et Monjoie, son historien, faisant allusion au combat d'Ouessant, dit que le duc de Chartres avait rendu les trois éléments témoins de la lâcheté qui lui était naturelle.

On lit dans une autre épigramme :

Mais quel soudain revers, hélas !
Ne vois-je pas mon prince en bas ?
Comme il est fait, comme il se pâme !
On dirait qu'il va rendre l'âme !
L'âme !... Oh ! qu'il n'est pas dans ce cas !
Peut-on rendre ce qu'on n'a pas ?

Nous aimons mieux, parmi les sarcasmes et quolibets que l'on fit pleuvoir sur lui dans les vaudevilles et dans les chansons de l'époque, cette plaisanterie de Mme de Vergennes, qui, devançant même l'ascension, disait que M. le duc de Chartres avait voulu se mettre au-dessus de ses affaires.

III

SUITE DES VOYAGES. — L'ABBÉ DE CARNUS A RODEZ.

L'un de nos correspondants, M. Gray, professeur au séminaire de Rodez, nous fit part, il y a quelques années, de la lettre suivante de l'abbé de Carnus, sur le voyage aérien qu'il entreprit le 6 août 1784. Il y a dans cette relation des passages curieux que nous sommes heureux d'offrir à nos lecteurs et qui présentent sous un nouveau jour les impressions d'un voyage aérien.

« Le développement de la montgolfière fut si rapide, que l'on eût pu croire qu'elle sortait toute gonflée d'une large ouverture souterraine. L'air était calme, le ciel sans nuage, le soleil très ardent. Nos combustibles et nos instruments sont mis dans la galerie ; mon compagnon, M. Louchet, est à son poste ; je prends le mien : à huit heures vingt-cinq minutes, je fais lâcher les cordes ; nous saluons les spectateurs, et tandis que deux boîtes annoncent que nous allons partir, nous sommes déjà bien au-dessus des édifices les plus élevés.

» Aux acclamations qui avaient précédé notre départ succède un silence général. Les spectateurs, partagés entre la crainte et l'admiration, l'œil fixe, le corps immobile, contemplent avidement la superbe machine qui s'élève presque verticalement avec assez de rapidité et de la manière la plus pompeuse. Des femmes, des hommes s'évanouissent; d'autres lèvent les mains au ciel; d'autres fondent en larmes; tous pâlissent à la vue de notre ardent foyer. *Nous avons quitté la terre*, dis-je à mon compagnon. — *Je vous en fais mon compliment*, me répondit-il; *augmentons le feu*. Une botte de paille, imbibée d'esprit-de-vin, accéléra la vitesse de notre ascension. Je promenai mes regards sous la ville, qui fuyait rapidement sous nos pieds. Les objets terrestres avaient déjà perdu leur forme et leur volume. La chaleur brûlante que j'éprouvais à mon poste, avant qu'on lâchât les cordes, avait fait place à la température la plus douce et la plus amie du corps humain; l'air que nous respirions me semblait avoir des qualités bienfaisantes tout à fait nouvelles pour moi. Je dis alors : *Que je suis bien, mon cher ami ! Comment vous trouvez-vous ?—Le mieux du monde. Que ne pouvons-nous dépêcher un courrier vers la terre !* Aussitôt je jetai une grande feuille de papier sur laquelle j'avais écrit ces mots : *Tout va très bien. A bord de* LA VILLE-DE-RODEZ. Ce laconique message fut accueilli avec transport.

» Notre élévation était, à huit heures trente-deux minutes, au moins de 1 000 toises au-dessus du niveau de la mer. Une flamme très vive et très claire, de 18 à 20 pieds de hauteur, nous fit monter encore de plus de 400 toises. C'est alors que, dans une circonférence de plus de trois grandes lieues de diamètre, la montgolfière parut s'avancer vers tous les points de l'horizon, planer majestueusement sur toutes les têtes, et prête à descendre aux pieds de chaque spectateur. *Rendons notre machine invisible*, me dit en ce moment mon intrépide confrère. Je crus devoir modérer son ardeur; trop de feu pouvait occasionner une déchirure considérable dans l'enveloppe de notre globe.

» Du théâtre mobile qui nous portait, j'avais vu le lieu de la

scène la plus imposante s'agrandir par une rapide progression :
les bornes de l'horizon étaient prodigieusement reculées. La capitale du Rouergue ne nous paraissait qu'un groupe de pierres,
du milieu desquelles en sortait une de 2 ou 3 pieds de hauteur :
cette pierre était le superbe clocher de la cathédrale, chef-
d'œuvre d'architecture gothique, dont la beauté égale l'élévation. Des coteaux fertiles, d'agréables vallons, de hautes montagnes d'où jaillissent des sources innombrables, des précipices
affreux, des déserts arides, d'antiques châteaux perchés sur des
rocs effrayants : tel est, Monsieur, le spectacle infiniment varié
que présentent le Rouergue et les provinces limitrophes au voyageur qui se traîne sur la surface de la terre. Mais que la scène
est différente pour le navigateur aérien ! Nos yeux n'apercevaient
qu'une vaste et immense contrée, parfaitement arrondie, un peu
enfoncée dans son milieu, embellie de la plus pure lumière, irrégulièrement parsemée de verdure ; mais sans habitants, sans
villes, sans rivières, sans vallées, sans montagnes. Les êtres
animés n'existaient plus pour nous ; les forêts s'étaient changées
en plaines de gazon ; le Cantal, les Cévennes, avaient disparu ;
des brouillards enveloppaient les Alpes ; nous cherchâmes en
vain la Méditerranée ; les Pyrénées se montrèrent à nous comme
une longue suite de tas de neige réunis par leur base. Notre
globe, qu'on ne voyait de Rodez que comme une très petite
boule, notre globe seul avait conservé pour nous son énorme
volume.

» Cependant, Monsieur, nos combustibles diminuaient, et le
calme était toujours à peu près le même. Dans dix-huit minutes
à peine, nous avions parcouru une distance de 2 000 toises.
Faites vos observations, me dit en ce moment mon confrère,
j'alimenterai le foyer. J'observe le baromètre, les thermomètres
et la boussole, et ayant rempli un flacon de l'air que nous respirions à cette hauteur, je prie M. Louchet de ralentir le feu ;
nous descendons d'environ 300 toises, et je remplis un autre

flacon. Il régnait la plus parfaite harmonie dans nos manœuvres ; placés à 15 pieds l'un de l'autre, nous nous voyions, nous nous entendions sans peine ; notre voyage fut une conversation continuelle. L'ardeur de mon compagnon augmentait la mienne.

» Enfin, nous sentîmes l'haleine rafraîchissante d'un léger zéphyr qui nous portait mollement vers le sud-est. *Éole exauce donc nos vœux!* me dit M. Louchet. — *Oui, mais un peu tard.* Dans six minutes nous parcourûmes plus de 3000 toises. Alors, n'ayant plus que les combustibles nécessaires pour choisir le lieu de notre débarquement, nous délibérâmes si nous ne terminerions pas là notre navigation aérienne. Nous n'avions ni eau, ni forêt à craindre ; assurés d'ailleurs d'éviter le danger du feu, en détachant le réchaud à quelque distance de terre, nous prîmes le parti d'aller en avant et de descendre au hasard. A huit heures cinquante-huit minutes, tout notre approvisionnement se trouva consommé, à la réserve de deux bottes de paille du poids de 4 livres chacune, destinées à rendre notre descente plus douce. La montgolfière baissait sensiblement depuis quelques secondes ; les objets terrestres reprenaient leurs formes et leurs dimensions. Les animaux fuyaient à la vue de notre globe, qui semblait devoir les écraser de sa chute. Les cavaliers étaient obligés de mettre pied à terre et de conduire leurs chevaux. Effrayés par un phénomène si extraordinaire pour leurs yeux, les habitants de la campagne abandonnèrent leurs travaux. Nous n'étions plus qu'à 100 toises de terre. Nos deux bottes de paille jetées dans le réchaud poduisirent l'effet que nous en attendions : mais en ralentissant notre descente, elles prolongèrent notre marche. Nous rencontrâmes bientôt un écueil qu'il nous fut impossible d'éviter. Au moment où nous détachions le réchaud et où la montgolfière allait terminer heureusement sa course, le vent, dont la force diminuait peu à peu, la porta doucement sur la cime d'un petit chêne isolé. Je descends avec la plus grande facilité ; M. Louchet ne peut le faire au même moment que moi, ce qui donne lieu à un événement que nous n'avions pas osé espérer. Allégée du poids de mon corps, la montgolfière se dégagea d'elle-même, à la grande surprise de tout Rodez qui, en voyant tomber le réchaud, avait cru la voir tout en feu. L'aigle perché sur un arbre s'élève moins rapidement dans les airs que notre globe ne se releva de dessus le chêne qui l'avait empêché de se poser sur le gazon. Aussitôt que j'eus pris terre, je cherchai des yeux mon compagnon ; mais que je fus agréablement surpris de l'entendre crier au-dessus de moi : *Tout va bien, soyez tranquille.* Je me rappelai la protestation qu'il m'avait faite plusieurs fois de n'abandonner la machine qu'au moment où elle ne pourrait plus le porter ; et ce n'est point, je vous l'avoue, Monsieur, sans une espèce de jalousie que je le vis remonter à une hauteur de 1 400 à 1 500 pieds. La montgolfière, après avoir parcouru un espace d'environ 600 toises, sans éprouver d'inclinaison sensible, descendit lentement, à neuf heures quatre minutes, au delà du village d'Iniéres, à une distance de plus de 7 000 toises du lieu de notre départ. Quand elle eut touché terre, elle se releva de 2 ou 3 pieds, et redescendit bientôt. M. Louchet s'élança hors de la galerie ; et, saisissant en même temps une des cordes, il eut beaucoup de peine à retenir la machine, qui faisait de nouveaux efforts pour s'échapper. Il se trouva seul pendant quelques minutes. Enfin parurent plusieurs paysans qui n'osaient approcher. Il leur cria, en un jargon qui n'était ni français ni patois, de venir à son secours ; mais il était à leurs yeux un vrai magicien, qu'un monstre énorme, soumis et docile à sa voix, portait à travers les airs. Il leur fallut du temps pour se résoudre à manier les cordes pendantes au globe : ils semblaient craindre que, s'ils y touchaient, le monstre ne les dévorât. Huit ou neuf minutes après la descente de M. Louchet, j'arrivai presque hors d'haleine, et je le félicitai en souriant d'avoir si bien choisi le lieu de débarquement. La machine était dans le même état qu'avant notre départ. Nous voulûmes d'a bord la laisser se vider d'elle-même ; mais comme, trente-six minutes après, elle n'était encore affaissée que d'un tiers ; comme d'ailleurs le vent la fatiguait et que nous étions exposés à un soleil très chaud, nous la désenflâmes à force de bras, et, après l'avoir pliée, nous la mîmes sur une charrette courte et étroite, traînée par deux bœufs. »

CHAPITRE IV

Quelques aspects héroï-comiques de la question. — Le public dupé. —
— Les abbés Miolan et Jeanninet au Luxembourg. — Les caricatures. —
Les exaltés. — Projets ultérieurs. — *La Minerve* de Robertson et son
voyage autour du monde.

Les Anglais, nation trop fière,
S'arrogent le droit des mers.
Les Français, nation légère,
S'emparent de celui de l'air.
            (*Quatrain du temps.*)

Ce n'est pas en France qu'une découverte comme celle des
ballons pouvait passer sans être travestie et sans offrir quelque
côté comique pour l'amusement général des badauds. Arrêtons-
nous un instant devant cet aspect de la question, qui n'est pas
le moins intéressant.

En feuilletant la riche collection d'estampes que possède la
Bibliothèque nationale de Paris, nous avons trouvé sur un grand
nombre de gravures publiées à l'occasion des voyages aériens,
beaucoup de sottises qui ne méritent pas qu'on en garde le souvenir, mais parfois il s'y mêle un peu de naïveté ou d'esprit.

Le premier voyage aérostatique fut chanté sur plusieurs airs,
particulièrement sur celui du *Curé de Dôle;* une chanson, gra-
vée au bas d'une estampe, commençait ainsi :

Écoute, ma mie,
Dans les Tuileries

> On a vu Charle et Robert
> S'allant promener en l'air.
> Ça faisait envie.

Une caricature représente, sous le titre du *Volomaniste*, un jeune homme qui glisse sur des patins. Deux petits ballons attachés à sa cravate facilitent sa course. Il porte à la main un médaillon où l'on peut lire ces mots : « J'ai fait parler de moi. » Sur son dos est suspendu un livre qu'un rat dévore et qui a pour titre : « Volcans éteints. » D'après ce détail, on suppose que la satire était dirigée contre Faujas de Saint-Fond, jeune géologue ami et protégé de Buffon, et auteur de *Recherches sur les volcans éteints du Vivarais et du Velay*. Faujas, admirateur ardent des frères Montgolfier, avait provoqué, pour renouveler leur expérience, une souscription nationale; on se faisait inscrire au café du Caveau, aujourd'hui de la Rotonde, au Palais-Royal. C'est probablement à quoi fait allusion la caricature en montrant au fond, sous des nuages, un caveau où sont un verre et une bouteille, et qui porte pour inscription : « Temple du goût. »

Sur une autre estampe, inspirée par le manque de réussite de certains amateurs inexpérimentés qui, après avoir organisé une souscription publique, ne parvenaient pas à gonfler leur malencontreux appareil, on indique un *moyen infaillible d'enlever les ballons*. Ce moyen infaillible consiste en poulies et en cordes !...

Dans le même temps que la caricature versait son ironie plus ou moins spirituelle sur les efforts des partisans de la nouvelle idée, on voyait des pamphlets contre les véritables travailleurs infester l'étalage des libraires. Nous en avons lu qui déclarent la découverte des ballons *immorale*, et cela pour plusieurs raisons : 1º parce que le bon Dieu n'ayant pas donné d'ailes à l'homme, il est impie de prétendre mieux faire que lui et d'empiéter sur ses droits (la même raison anathématise le commerce maritime international); 2º parce que l'honneur et la vertu sont en danger permanent s'il est permis à des aérostats de descendre à toute heure de la nuit dans les jardins et vers les fenêtres; 3° parce que, si le chemin de l'air est ouvert à tout le monde, il n'y a plus de propriétés fermées ni de frontières aux nations, etc., etc. Nous ne voulons pas rassembler ici les pierres que les critiques de parti pris lancèrent de tout temps contre les aéronautes, sans s'apercevoir que ces pierres leur retombaient sur le nez.

Nous citerons notamment comme type de ce genre de pamphlets une « Lettre à M. le président de***, *sur le globe aérostatique*, etc. » (Londres, 1783), à laquelle on peut adjoindre, comme pendant, un *Essai critique sur le gaz hydrogène*, par Charles Nodier et Amédée Pichot (Paris, 1823). Cet essai est riche des plus curieux arguments.

Il est juste d'avouer que parfois le public fut singulièrement dupé par de prétendus aéronautes, qui n'avaient d'autre but que de faire une riche collecte. Le résultat de ces mauvaises plaisanteries fut qu'en d'autres circonstances des hommes honorables payèrent pour des fripons. Et, de nos jours encore, lorsqu'une ascension sérieuse, mais retardée par des circonstances indépendantes de la volonté des aéronautes, ne réussit pas, le bon public se montre généralement fort mal disposé envers l'homme le plus humble et le plus excellent.

Parmi les spectacles manqués dont la burlesque renommée fut le plus éclatante, il faut signaler la fameuse *ascension* des abbés Miolan et Janninet au Luxembourg, le 11 juillet 1784. Construite à grands frais à l'Observatoire, cette immense machine devait s'envoler au delà des nuages, et une souscription générale avait rassemblé au Luxembourg une foule considérable ayant chèrement payé sa place. Il y eut exactement ce jour-là la même déconfiture que celle que M. Delamarne essuya de notre temps dans ce même jardin du Luxembourg; — à quatre-vingts ans d'intervalle, la même scène se reproduisit. On commença de gonfler le ballon vers midi, car la matinée avait été consacrée à le transporter de l'Observatoire au parterre du Luxembourg.

Un soleil ardent chauffait les milliers de têtes en expectation,
— et l'on sait quelle chaleur tombe sur ce parterre au mois de
juillet! Le thermomètre marquait 28 degrés, et, en multipliant
ce nombre par celui des spectateurs, les mauvais plaisants trouvaient un chiffre naturellement colossal. De dix heures du matin
à quatre heures du soir, on subit passivement cette rosée tropi-
cale. L'espérance soutient si tendrement les cœurs! et l'ascension devait être si imposante! on ne perdrait rien pour attendre.

Mais, à cinq heures du soir, la lourde machine était encore
étendue, inerte, à fleur de sol.

Nous n'essayerons pas de retracer le spectacle qui se déve-
loppa insensiblement à mesure que l'impatience augmentait. Le
ricanement de la dérision se fit entendre à toutes les oreilles.
Un murmure colossal s'éleva, dégénérant bientôt en rumeur.
Exaltée, frénétique, la populace se précipita soudain, comme un
flot grossissant, sur l'enceinte, qu'elle brisa; puis, s'élançant
sur la galerie, les instruments, les appareils, elle les foula aux
pieds et les mit en pièces. Elle se précipita sur le ballon, et,
dans le désordre causé par une telle alerte, le feu se mit soudain à l'enveloppe. Ce fut alors une panique générale. Loin de
fuir l'incendie, chacun voulut saisir un peu de l'aérostat pour
en garder une relique, — nous avons eu nous-même un frag-
ment de quelques centimètres en notre possession. Les deux
abbés s'esquivèrent comme ils purent, à la faveur du tumulte
et à l'abri de quelques amis puissants qu'il leur restait.

C'est alors qu'on vit pleuvoir de toutes parts les quolibets et
les caricatures. L'abbé Miolan fut désormais représenté en chat
orné d'un rabat. Janninet fut métamorphosé en âne. Sur une
estampe, on voit une *Réception à l'Académie de Montmartre :*
le chat Miolan et l'âne Janninet arrivent en triomphe sur leur
fameux ballon, et sont reçus à la colline des Moulins-à-Vent par
une assemblée solennelle de dindons et d'oies en différentes
postures. Sur une autre estampe, on voit une montagne accou-
cher d'une souris.

Un grand dessin, à l'aspect plus sérieux, représente une vue
de *l'Élévation du ballon*, faite par un détachement de gardes
suisses : hauteur exacte, 27 pieds 11 pouces 5 lignes, mesurés
à l'aide d'une *perche*. Mille épigrammes ornent la marge de ces
estampes. Exemple, celle-ci : « Chacun son métier, les vaches
seront bien gardées. »

Parmi les chansons qui coururent alors les rues de Paris,
nous rappellerons celle sur l'air : *Où allez-vous, monsieur
l'abbé?* intitulée : « L'abbé *Miaulant* et M. Jean *Minet;* ils font
ce qu'ils peuvent » :

> C'est au Luxembourg aujourd'hui
> Que tout Paris s'est réuni
> Pour voir l'expérience.
> Eh bien ?

Et la seconde, sur l'air : *Les capucins sont des gueux :*

> Je me souviendrai toujours
> Du globe du Luxembourg.
> Que de monde il y avait,
> Monsieur Jeanninet !

Quelquefois on faisait l'*éloge* du roi dans ces chansons, témoin
le dernier couplet de celle-ci :

> Que notre siècle est florissant !
> Vive la physique !
> Cela n'est pas bien étonnant :
> C'est l'effet du mouvement
> De la mécanique
> D'un roi bienfaisant.

On trouva dans les lettres qui composent ces mots : *l'abbé
Miolan*, l'anagramme : *Ballon abîmé*. On juge si ce mot fit
fureur.

Ce qui donna le plus riche aliment à la caricature, c'est l'exaltation de certains projets qui se présentaient d'eux-mêmes à la
parodie. Tel fut celui de « *la Minerve,* vaisseau aérien destiné

aux découvertes et proposé à toutes les académies de l'Europe, par Robertson, physicien. » (Vienne, 1804, de l'imprimerie de S.-V. Degen. Réimprimé à Paris en 1820.) Ce magnifique projet est dédié à *Volta*.

Voici l'exposé de ce ballon voyageur :

« La machine aérostatique appelée *la Minerve,* que propose le professeur *Robertson,* aura 150 pieds de diamètre, et sera capable d'élever 72 954 kilogrammes, équivalant à 149 037 livres de France. Les précautions et les soins qu'on prendra pour l'exécution de cette immense machine en assureront la solidité et son imperméabilité ; elle pourra comporter tontes les choses nécessaires à la sûreté, à la commodité et à l'entretien de 60 personnes instruites, choisies par les Académies, et qui s'embarqueront pour plusieurs mois, afin de s'élever à toutes les hauteurs, de parcourir tous les climats, et dans toutes les saisons, faire des observations sur la physique, la météorologie et l'astronomie, etc. Cet aérostat, en pénétrant dans des déserts, visitant sans fatigue des montagnes inaccessibles aux moyens ordinaires de voyage, et franchissant les lieux où l'homme n'a jamais pu pénétrer, servirait à des découvertes géographiques ; et lorsque, sous la ligne, la chaleur du soleil rendrait le voisinage de la terre insupportable, nos voyageurs aériens s'élèveraient dans une région où l'air est frais et d'une température presque toujours égale : ou bien, lorsque leurs observations, leurs besoins ou leurs plaisirs l'exigeraient, ils pourraient voyager à une faible distance de la terre et planer à 15 toises, de manière à tout voir, à dessiner, dresser des plans, se faire entendre et pouvoir même arrêter la marche de l'aérostat en jetant l'ancre. Il serait peut-être possible, en profitant des vents alizés, de faire le tour du globe. L'expérience apprendra peut-être un jour aux hommes étonnés qu'une navigation aérienne présente moins d'inconvénients, moins d'écueils que celle de l'Océan.

» L'immensité des mers semble seule présenter des dangers insurmontables ; mais quel espace immense ne peut-on pas fran-

chir, en six mois, avec une machine aérostatique, pourvue de
tout ce qui est nécessaire à la vie et à la sûreté des aéronautes. »

Voici maintenant une sérieuse description de la machine :
— Le coq (n° 3) est le symbole de la vigilance ; il est aussi

La Minerve, navire aérien pour les voyages.

le point le plus élevé de l'aérostat : un observateur, intérieurement placé à l'œil de ce coq, surveille tout ce qui peut arriver
dans l'hémisphère supérieur du diamètre du ballon ; il annonce
aussi l'heure à tout l'équipage. Sans doute les ailes indiquées de

chaque côté (1 et 2) sont uniquement dessinées pour l'effet et flatter l'imagination.

— Le ballon, de 150 pieds de diamètre, en soie écrue, fabriquée exprès à Lyon, est verni intérieurement et extérieurement avec le caoutchouc. Ce globe enlève un navire qui réunit toutes les choses nécessaires aux commodités, aux observations et même aux plaisirs des voyageurs.

— I. Un petit navire, pourvu de sa voilure, agrès, et capable de tenir la mer, afin que si le ballon, porté sur l'Océan, venait, par vétusté, à cesser de servir, les voyageurs eussent le moyen de se séparer de l'aérostat et revenir par mer.

— *b.* Un grand magasin ou cave pour conserver l'eau, le vin et toutes les substances alimentaires nécessaires à l'expédition il sert en même temps de contre-poids au ballon.

— CC. Des échelles de soie, pour communiquer facilemen avec tous les points du globe.

— E. Water-closets.

— G. Un logement pour quelques *dames curieuses* (cage suspendue à côté du tonneau). Ce pavillon est éloigné du grand corps de logis, de crainte de donner des distractions aux voyageurs.

— H. Logement du garde-gouvernail.

— L. Un observatoire où sont les boussoles, les instruments astronomiques et les quarts de cercle pour prendre la latitude.

— Une salle destinée aux récréations, à la promenade et aux exercices gymnastiques.

— M. La cuisine sans cheminée, et très éloignée du ballon : c'est le seul endroit où il soit permis de faire du feu. A la suite, un atelier pour la menuiserie, la serrurerie, la mécanique et la buanderie, etc.

— P. Chambre du médecin.

— V. Un théâtre, salon pour la musique, orgue, etc.

— Une salle d'étude, des cabinets de physique et d'histoire naturelle, etc.

— X. Les tentes des gardes, etc., etc.

Vient ensuite le calcul du poids que 1 767 150 pieds cubiques de gaz hydrogène contenu dans le ballon auraient à élever.

Ce ballon est à coup sûr le plus merveilleux qu'on ait jamais imaginé : toute une ville, forts, remparts, canons, boulevards, galeries. On comprend que de curieuses parodies en aient été faites.

Nous lisons sur l'une des estampes : « Projet d'une nouvelle messagerie. Les entrepreneurs, jaloux d'acquérir à leur voiture une préférence marquée sur toutes celles en usage, se proposent de lui faire prendre la route de l'air, seul et infaillible moyen d'éviter les cahots et les ornières. Le dernier terme de la course sera la Chine ou le Kamtschatka. Son premier départ est irrévocablement fixé au 10 de mai de l'an prochain 2340. Le bureau est à Paris, place des Victoires. Salle de bal, concerts, sérénades au-dessus des villes qui auront souscrit. Messe à cinq heures du matin et spectacle à six heures du soir. La punition des réfractaires sera pour la première fois d'être jetés par-dessus le bord. »

Le but de *la Minerve*, à part les plaisanteries, ne manquait pas d'une certaine grandeur. Osera-t-on croire que d'autres projets dépassaient encore cette audace? L'un des plus curieux, et qui mérite de couronner ce chapitre, est sans contredit celui d'un commentateur de la machine de Petin, en 1851, qui, connaissant fort bien les lois de l'astronomie, imaginait un moyen très simple de voyager en Russie, en Amérique, etc. : celui de se tenir immobile. Ce n'était pas un paradoxe. En effet, la terre tournant d'occident en orient et parcourant (dans ce mouvement de rotation) 9 000 lieues en vingt-quatre heures, le voyageur qui désire aller en Chine n'a plus besoin de suivre les errements ordinaires, qui consistent à faire marcher un véhicule dans la direction du pays qu'on veut atteindre. Il s'agit simplement de s'élever assez haut pour dépasser la sphère d'attraction de la terre, mettre son navire en panne et attendre que la contrée où l'on veut descendre passe au-dessus de soi !

Fermons ici les merveilles de l'utopie.

CHAPITRE V

Premier voyage aérien fait en Angleterre. — Traversée de la mer
en ballon par Blanchard.

I

L'historien anglais de l'aérostation, Tibère Cavallo, s'étend
avec quelques détails sur le premier voyage aérien fait dans son
pays par l'Italien Vincent Lunardy, qui ne paraît pas avoir toutes
ses sympathies. Nous rapporterons seulement ce qui concerne
cette expérience aérostatique.

L'aérostat était fabriqué de soie enduite d'un vernis à l'huile
et peint alternativement, par bandes, de bleu et de rouge. Il
avait 33 pieds de diamètre; un filet en recouvrait environ les
deux tiers, duquel partaient les cordes qui allaient se rendre à
un cerceau situé au-dessous, où était attachée une galerie. Ce
ballon n'avait point de soupape; son col en forme de poire était
la seule ouverture qui servit à introduire l'air inflammable et à
en faciliter l'issue.

Le 14 septembre 1784, il fut porté dans une place nommée
Artillery Ground, choisie pour l'expérience. L'on commença
dans la nuit de le remplir avec de l'air inflammable, retiré du

zinc à l'aide de l'acide vitriolique affaibli. Ce mélange se fit dans deux tonneaux très grands. On continua cette opération toute la nuit et le jour suivant, jusqu'à une heure et demie après midi : le ballon se trouva plein aux deux tiers environ ; mais comme le moment fixé pour l'expérience était déjà passé, et que le public murmurait, on le retira de dessus les tonneaux et, après avoir essayé sa force d'ascension, l'on y attacha la galerie à laquelle étaient fixées deux rames ou ailes, et Lunardy monta avec Biggin et Mme Sage, qui devaient l'accompagner dans ce voyage ; mais ils trouvèrent que le ballon n'avait pas de force suffisante pour les emmener tous les trois, et Lunardy s'éleva seul à deux heures environ, ayant avec lui un pigeon, un chat et un chien. L'ascension ne fut qu'un jeu.

Le ballon, s'étant élevé à environ 20 pieds, suivit une ligne horizontale et descendit peu après ; mais la galerie avait à peine touché la terre, que Lunardy jeta du sable qui lui servait de lest, et monta d'une manière triomphante au milieu des acclamations d'une foule considérable de spectateurs, dont la plus grande partie doutaient de la réussite de cette expérience et regardaient les récits venus de l'étranger comme fabuleux. Ils croyaient qu'on ne devait entendre le mot « voyage aérien » que dans le sens figuré ; ce qui était le sentiment général avant la découverte de Montgolfier. A trois heures et demie, Lunardy descendit bien proche de terre, sur les communes appelées South Mimms, où il laissa le chat, qui était presque mort de froid ; il se releva et continua son voyage. Il rapporte, dans le récit qu'il en a donné, qu'il descendit au moyen de la rame qui lui restait, l'autre étant tombée ; mais comme il rapporte qu'il jeta du lest quand il remonta, il est plus naturel de croire que la descente de la machine ne fut occasionnée que par la perte de l'hydrogène, puisque s'il eût descendu par l'action de la rame, cette action cessant il aurait dû remonter sans perdre de lest. Lunardy voyagea jusqu'à Ware, dans le comté d'Hertford, et enfin, à quatre heures dix minutes, il descendit dans une vaste prairie

de la paroisse de Standon, où il fut aidé par quelques paysans.
Cet aéronaute nous assure qu'il descendit encore cette dernière
fois au moyen de sa rame. « Je repris, dit-il, ma rame pour
descendre, et dans quinze à vingt minutes, j'en vins à bout avec
beaucoup de fatigue, mes forces étant presque épuisées. Mon
principal soin était d'éviter une secousse violente en touchant la
terre, et la fortune me favorisa. » La crainte d'un choc violent
semble encore montrer qu'il descendit plutôt en raison de la pesanteur du ballon, du bateau, etc., que par l'action de sa rame,
et ceci est d'autant plus probable, qu'il dit que longtemps auparavant il avait jeté le peu de sable qui lui restait, les couteaux,
les fourchettes, et une bouteille vide, enfin tout ce dont il avait
pu se défaire.

Il paraît qu'il n'avait d'autre instrument de physique qu'un
thermomètre, qui descendit à 29 degrés, d'après son rapport.
Les gouttes d'eau qui se rassemblaient autour du ballon étaient
gelées.

Le second voyage aérien fait en Angleterre fut exécuté par
Blanchard et Sheldon. Ce dernier, professeur d'anatomie à
l'Académie royale, est le premier Anglais qui se soit élevé avec
une machine aérostatique. Cette expérience se fit au petit Chelsea,
le 16 octobre 1784, à environ 2 milles de Londres.

Le même ballon qui avait servi à Blanchard à faire trois
voyages en France lui servit dans cette expérience ; le seul changement qu'il y fit fut d'ôter le cerceau qui servait d'équateur et
le parasol, dont l'expérience avait démontré l'inutilité. Il avait
adapté à une extrémité du bateau une espèce de ventilateur qu'on
pouvait mouvoir en rond au moyen d'un manche. Ce ventilateur,
avec les ailes et le gouvernail qu'il avait dans son premier voyage,
devait lui servir à différentes manœuvres ou à se diriger à volonté, ce qu'il avait souvent promis de faire aussitôt qu'il serait
un peu élevé.

Les deux voyageurs montèrent, ayant avec eux plusieurs instruments de physique et de musique, des rafraîchissements, du

Madame Sage, le capitaine Lunardy et le chevalier Biggin dans la nacelle.

lest, et diverses autres choses. Le ballon s'éleva à midi neuf minutes pour retomber aussitôt, le bateau trop chargé l'ayant fait donner contre un mur. Les voyageurs, s'étant débarrassés des objets qui ne leur étaient pas absolument nécessaires, purent se maintenir quelques instants dans l'espace, quand enfin la machine descendit dans une prairie de Sumburg, village de Middlesex, à environ 14 milles de Londres ; il pouvait être alors midi cinquante minutes. Sheldon sortit du bateau : Blanchard, ayant pris une quantité de lest à peu près équivalente au poids de Sheldon, put, au bout de trente minutes qu'avait duré cette opération, remonter seul et continuer son voyage.

Blanchard dit qu'à cette seconde ascension, il fut entraîné par un courant nord-est ; et, peu après, remontant un autre courant, il fut porté à l'est sud-est de Sunburg ; mais, s'apercevant que le ballon était trop distendu, il ouvrit la soupape située à l'extrémité supérieure et descendit dans le courant du nord-est : il était alors une heure vingt-six minutes. Quatre minutes après, il entra dans un brouillard très épais, et y resta cinq minutes ; ce brouillard fit éprouver au ballon un degré de contraction considérable. A une heure trente-huit minutes, la chaleur du soleil devint excessive ; alors il reprit son premier état de distension.

L'aéronaute s'éleva, monta si haut, qu'il éprouva une grande difficulté à respirer. Il rapporte une autre circonstance assez intéressante. Il avait un pigeon dans son bateau ; une vessie remplie d'air vint à crever, l'animal fut effrayé et s'envola ; il eut bien de la peine à se soutenir dans l'air d'une région si élevée ; ce pauvre animal vola longtemps aux environs de l'aérostat, et, ne trouvant point d'autre endroit, vint enfin se reposer sur un des bords du bateau.

A une heure cinquante-huit minutes, le froid devenant excessif, Blanchard descendit beaucoup plus bas, de sorte qu'il put distinguer des hommes sur la terre et entendre le bruit qu'ils faisaient. Peu après il s'éleva davantage ; l'air fut très calme pendant peu de temps, et, après un grand nombre de vicissitudes de cette espèce, ayant aperçu la mer, il descendit à quatre heures et demie dans une plaine de Rumsey, dans Hampshire, à environ 75 milles de Londres.

Dès le moment du départ l'on se plaignit beaucoup, et avec raison, de ce que Blanchard ne montrait aucune des manœuvres qu'il avait promis d'exécuter; il donna pour excuse que le manche d'une des ailes avait été jeté par mégarde avec beaucoup d'autres objets à l'instant de son élévation. En agitant une espèce de ventilateur et le gouvernail, il pouvait faire tourner le bateau et le ballon autour de l'axe vertical qui leur était commun; mais l'aile dont Blanchard dit s'être servi avec quelque succès semble n'avoir pas dérangé la machine de la direction du vent, puisque, si l'on vient à tirer une ligne droite sur une carte géographique entre Chelsea et Rumsey, elle touchera tous les endroits par où passa l'aéronaute et dont il parle dans le récit de son voyage.

II

TRAVERSÉE DE LA MER EN BALLON (DOUVRES A CALAIS) PAR BLANCHARD.

L'enthousiasme était à son comble; les entreprises les plus périlleuses étaient affirmées d'avance, le mot impossible était effacé du langage. Enhardi par le succès de ses voyages, Blanchard eut un jour l'audace d'annoncer dans les journaux qu'il passerait d'Angleterre en France, suspendu au globe aérostatique; traversée miraculeuse autorisée par un stérile appareil de direction, et qui ne devait réussir qu'au caprice du vent à la merci duquel se livrerait l'intrépide aéronaute.

Le docteur Jeffries s'offrit pour accompagner Blanchard. Le

vendredi 7 janvier, lisons-nous dans Tibère Cavallo, le ciel était
serein, à la suite d'une forte gelée pendant la nuit ; le vent, qui
était très faible, avait une direction nord nord-ouest. On commença à emplir le ballon vers dix heures et, pendant cette opération, on lança deux petits ballons pour connaître la direction

Blanchard.

du vent. L'appareil était situé à 14 pieds du rocher escarpé qui
domine le précipice décrit par Shakspeare dans le *Roi Lear*. A
midi trois quarts, on suspendit le bateau au filet ; on y plaça les
choses nécessaires et quelques sacs de sable pour servir de lest.
A une heure, Blanchard ordonna qu'on livrât le ballon à lui-
même ; mais le poids se trouvant trop considérable, les deux
voyageurs furent obligés de jeter presque tout leur lest et fini-

rent par s'élever lentement; il ne leur restait plus alors que trois sacs de sable de 10 livres chacun. A une heure un quart, le baromètre avait baissé de 29°.7 à 27°.4. Il faisait beau et même assez chaud. Le docteur Jeffries, dans une lettre adressée au président de la Société royale de Londres, décrit avec enthousiasme le spectacle qui s'offrit à leurs yeux : les campagnes situées derrière Douvres, semées de villes et de villages, dont on comptait au moins trente-sept, formaient une perspective charmante. De l'autre côté, les rochers escarpés, contre lesquels la mer venait se briser en passant sur les bancs de sable de Godwin, leur offraient un aspect formidable.

Ils passèrent par-dessus plusieurs navires ; mais le ballon était trop distendu, il descendait : ils jetèrent un sac et demi de lest et s'élevèrent de nouveau ; ils avaient déjà franchi un tiers de la distance et n'apercevaient plus le château de Douvres. Comme le ballon descendait toujours, ils sacrifièrent le reste de leur lest, et comme cela ne suffisait pas, ils ajoutèrent quelques livres et se relevèrent : ils pouvaient être à moitié du trajet entre les côtes de France et d'Angleterre. A deux heures un quart, le mercure, montant dans le baromètre, leur fit voir qu'ils descendaient encore : le reste des livres y passa. A deux heures vingt-cinq minutes, étant aux trois quarts du chemin, ils aperçurent les côtes de France leur offrant un aspect enchanteur. Mais, par suite ou de la perte de l'air inflammable ou de la condensation du gaz, le ballon descendait toujours, et, nouveaux Tantales, ils étaient très incertains de toucher jamais cette terre si désirée ; ils lancèrent alors leurs provisions de bouche, les ailes du bateau et plusieurs autres objets. « Nous jetâmes, dit le docteur Jeffries, la seule bouteille que nous avions, qui en descendant fit entendre un bruit éclatant et produisit une vapeur semblable à la fumée ; quand elle atteignit l'eau, nous entendîmes et éprouvâmes le choc, qui fut très sensible sur notre char et notre ballon. »

On dit, dans ce moment suprême, que le docteur Jeffries

John Jeffries.

offrit à son compagnon de se jeter à la mer : « Nous sommes perdus tous les deux, lui dit-il; si vous croyez que ce moyen puisse vous sauver, je suis prêt à faire le sacrifice de ma vie. »

Néanmoins une dernière ressource leur restait encore : ils pouvaient se débarrasser de leur nacelle et s'attacher aux cordes du ballon. Ils se disposaient à essayer de cette dernière et terrible ressource, et se tenaient tous deux suspendus aux cordages du filet, prêts à couper les liens qui la retenaient, lorsqu'ils crurent sentir un léger mouvement d'ascension : le ballon remontait; ils étaient à 4 milles des côtes de France, et leur marche était assez rapide. Toute crainte fut bientôt bannie; la côte de France paraissait à leur vue et plus grande et plus belle; ils apercevaient une vingtaine de villes et villages. Leur position, et l'idée d'être les premiers qui eussent traversé la Manche d'une façon si peu accoutumée, les rendirent peu à peu sensibles au besoin où ils étaient de leurs vêtements, qu'ils avaient sacrifiés en partie. A trois heures précises, ils passèrent sur les terres élevées qui se trouvent environ à la moitié de la distance entre le cap Blanc et Calais. Dans ce moment, le ballon s'éleva rapidement et décrivit un grand arc, et ils montèrent plus haut qu'ils n'avaient été dans toute leur traversée; le vent augmenta et changea un peu de direction. Nos deux voyageurs jetèrent leur scaphandres devenus inutiles, et, étant descendus à la hauteur des arbres de la forêt de Guines, le docteur Jeffries se saisit d'une branche et leur marche fut arrêtée. L'on ouvrit la soupape, le gaz s'échappa avec bruit, et quelques minutes après ils prirent terre entre une ouverture formée par les arbres, après avoir accompli une entreprise dont le souvenir passera peut-être à la postérité la plus reculée.

Une demi-heure après, quelques personnes à cheval, qui avaient suivi le ballon, firent à ces heureux aéronautes le plus grand accueil. Le lendemain, on célébra à Calais une fête splendide. On présenta à Blanchard des lettres de citoyens de la ville dans une boîte d'or, et le corps municipal demanda au ministère l'autorisation d'acheter le ballon et de le déposer dans la principale église comme un monument de cette expérience; il fut résolu que l'on érigerait un monument en marbre dans l'endroit où ces intrépides voyageurs étaient descendus.

Plusieurs jours après, Blanchard reçut l'ordre de paraître devant le roi; Sa Majesté lui avait accordé une pension annuelle de 1 200 livres, et en plus une somme de 1 200 livres. La reine, qui était au jeu, mit pour lui sur une carte et lui fit compter une forte somme qu'elle gagna. On peut ajouter qu'il ne manqua rien au triomphe de Blanchard, pas même la jalousie des envieux, qui profitèrent de l'occasion pour le surnommer don Quichotte de la Manche.

CHAPITRE VI

Zambeccari. — Les drames du ciel. — Les comédies.
Un aréonaute de 1791.

·I

Ces voyages aériens sont déjà d'un immense intérêt et cap-
tivent notre avide curiosité par l'incessante tentation de l'inconnu.
Mais il n'est pas, dans toutes les annales de l'aérostation, de
péripéties plus émouvantes que celles dont fut victime le comte
Zambeccari, surtout dans son voyage du 7 octobre 1804, qui se
termina dans les flots de la mer Adriatique.

L'histoire de Zambeccari est tout un drame en action. Après
avoir été pris par les Turcs et jeté dans le fond du bagne de
Constantinople, il se livra avec passion à des essais de navigation aérienne. Il imagina de se servir d'une lampe à esprit-de-vin,
dont il dirigeait à volonté la flamme, dans l'espérance de diriger
à volonté l'aérostat. Un jour, son aérostat se heurta contre un
arbre près de Bologne, et l'esprit-de-vin enflamma ses vêtements; l'aéronaute couvert de flammes servit à augmenter la
force ascensionnelle du ballon, et les spectateurs effrayés, au
nombre desquels se trouvaient sa jeune femme et ses enfants, le
virent emporté dans les nuages et disparaître. Cette fois il réussit
à éteindre le feu qui l'environnait.

En 1804, il organisa une série d'expériences pour lesquelles il reçut d'avance huit mille écus de Milan, et qui manquèrent par la faute des intempéries de la saison, de la mauvaise volonté de ses aides et de la méchanceté des critiques.

Enfin, le 7 octobre, après une pluie de quarante-huit heures qui avait encore ajourné l'ascension annoncée, il prit la résolution héroïque de partir quand même, envers et contre toutes les forces de résistance qui semblaient dominer son existence.

Hélas ! la nuit survint que le ballon, dont le gonflement avait été commencé à une heure, s'élevait à peine de terre. Huit jeunes gens qu'il avait instruits, et qui lui avaient promis leur assistance, s'étaient laissé séduire et avaient manqué de parole. Il continua, avec deux compagnons, Andréoli et Grassetti, le gonflement de l'aérostat. Exténué de fatigue, le deuil dans l'âme, à jeun encore depuis vingt-quatre heures, il parvint, à minuit seulement, à pouvoir s'élever, sans autre espoir d'ailleurs que la persuasion que son globe, qui avait beaucoup souffert, ne pourrait le porter bien loin.

Les deux compagnons que nous venons de nommer partirent avec lui. Ils s'élevèrent d'abord lentement et planèrent sur la ville de Bologne ; et soudain ils furent emportes avec une rapidité inconcevable. Mais écoutons Zambeccari lui-même racontant cet étrange voyage : « La lampe qui était destinée à augmenter la force ascendante nous devint inutile. Nous ne pouvions observer l'état du baromètre qu'à la faible lueur d'une lanterne, et très imparfaitement. Le froid insupportable qui régnait dans la région élevée où nous nous trouvions, l'épuisement où m'avait mis le défaut de nourriture depuis plus de vingt-quatre heures, le chagrin qui accablait mon âme, tout cela réuni m'occasionna une défaillance totale, et je tombai sur le bas de la galerie dans une espèce de sommeil semblable à la mort. Il en arriva autant à mon compagnon Grassetti. Andréoli fut le seul qui resta éveillé et bien portant, sans doute parce qu'il avait l'estomac bien garni, et qu'il avait bu du rhum en abondance. A la vérité, il souffrait

aussi beaucoup du froid qui était excessif, et fit pendant longtemps de vains efforts pour me réveiller. Enfin il réussit à me
remettre sur les pieds, mais nos idées étaient confuses ; je lui demandai, comme si je fusse sorti d'un rêve : « Qu'y a-t-il de nou-
» veau ? où allons-nous ? quelle heure est-il ? d'où vient le vent ? »

» Il était deux heures. La boussole était à bas, par conséquent elle nous devenait inutile ; la bougie qui était. dans notre
lanterne ne pouvait pas brûler dans un air aussi raréfié, sa lumière s'affaiblissait de plus en plus, et finit par s'éteindre. Nous
descendîmes lentement à travers une couche épaisse de nuages
blanchâtres ; et lorsque nous fûmes au-dessous, Andréoli entendit un bruit sourd et presque imperceptible, qu'il reconnut
bientôt pour être le mugissement des vagues dans le lointain. Il
m'annonça aussitôt avec effroi cette nouvelle. J'écoutai et ne tardai pas à me convaincre qu'il avait dit la vérité. Il était indispensable d'avoir de la lumière pour examiner, par l'état du baromètre, à quelle hauteur nous nous trouvions, et pour prendre
nos mesures en conséquence. A force de secouer Grassetti, nous
parvînmes à le réveiller un peu. Andréoli brisa cinq mèches
phosphoriques sans qu'aucune prît feu. Cependant nous réus-
sîmes, avec infiniment de peine et à l'aide du briquet, à rallu-
mer la lanterne. Il était trois heures du matin. Le bruit des
vagues qui se brisaient l'une contre l'autre se faisait entendre
de plus en plus, et je reconnus bientôt la surface de la mer violemment agitée. Je me saisis bien vite d'un gros sac de lest ;
mais au moment où j'allais le jeter, la galerie s'enfonçait déjà,
et nous nous trouvâmes tous dans l'eau. Dans le premier moment d'effroi, nous jetâmes loin de nous tout ce qui pouvait alléger la machine : notre lest, tous les instruments, une partie de
nos vêtements, notre argent, et jusqu'aux rames, dont une s'était
brisée non loin de Bologne. Comme, malgré tout cela, la machine ne s'élevait pas, nous jetâmes aussi notre lampe à la mer ;
après avoir arraché, coupé tout ce qui nous parut ne pas
être d'une indispensable nécesité ; le globe, ainsi allégé, remonta

tout d'un coup, mais avec une telle rapidité, et à une si prodigieuse élévation, que nous avions de la peine à nous entendre, même en criant ; je me trouvai mal, et il me prit un vomissement considérable. Grassetti saigna du nez : nous avions tous deux la respiration courte et la poitrine oppressée. Comme nous étions trempés jusqu'aux os, au moment où la machine nous avait transportés dans ces hautes régions, le froid nous saisit rapidement, et nous fûmes couverts en un instant d'une couche de glace. Je n'ai pu me rendre compte de la raison pour laquelle la lune, qui était dans son dernier quartier, se trouva en ligne parallèle avec nous, et nous parut rouge comme du sang.

» Après avoir parcouru pendant une demi-heure ces régions immenses, et avoir été portés à une hauteur incommensurable, la machine recommença à descendre lentement, et nous retombâmes encore une fois dans la mer ; il était environ quatre heures du matin. Je ne puis déterminer précisément à quelle distance de la terre ferme se fit notre chute ; la nuit était trop obscure, la mer trop houleuse, et nous-mêmes dans une situation d'esprit qui nous rendait incapables de faire des observations. Ce devait être dans le milieu de la mer Adriatique, c'est-à-dire à peu près dans la direction de Rimini. Quoique notre chute se fût faite doucement, la galerie s'était enfoncée ; nous avions la moitié du corps dans l'eau, et souvent nous étions entièrement couverts par les vagues. Le ballon s'étant relâché de plus de moitié, par suite de toutes ces variations et de ces événements, il donnait prise au vent, qui pouvait s'y engouffrer comme dans une voile, en sorte que nous fûmes ainsi traînés et ballottés pendant plusieurs heures, au gré des flots agités. Au point du jour, nous nous orientâmes, et nous nous trouvâmes vis-à-vis de Pesaro, à 4 milles environ de la côte. Nous nous flattions d'y aborder heureusement, lorsqu'un vent de terre nous repoussa avec violence vers la pleine mer. Il était grand jour, et nous ne voyions autour de nous que l'eau, le ciel et une mort inévitable. A la vérité, notre bonne étoile nous envoya bien quelques bâtiments ; mais du plus loin qu'ils apercevaient cette machine flottante et qui brillait sur l'eau, ils étaient saisis d'épouvante et faisaient force de voile pour s'éloigner de nous. Nous n'avions donc plus d'autre espoir que d'aborder sur les côtes de Dalmatie, qui étaient bien loin vis-à-vis de nous. Hélas ! cette espérance était très faible, et nous aurions été indubitablement engloutis par les vagues, si le ciel, qui voulait notre délivrance, n'eût dirigé vers nous un navigateur qui, plus instruit sans doute que ceux qui nous avaient fui, reconnut notre machine pour un ballon, et nous envoya bien vite sa chaloupe. Ses matelots nous jetèrent un gros câble, que nous attachâmes à la galerie, et au moyen duquel on nous hissa exténués et mourants. Le ballon, ainsi allégé, ne tarda pas à s'élever encore dans les airs, malgré tous les efforts des mariniers qui voulaient l'attirer à enx. La chaloupe était fortement secouée ; le danger devenait très imminent, et les matelots se hâtèrent de couper la corde. Aussitôt le globe remonta avec une rapidité incroyable et se perdit dans les nuages, où il disparut tout à fait à notre vue. Il était huit heures du matin quand nous arrivâmes à bord du vaisseau. Grassetti était comme mort, à peine donnait-il encore quelques signes de vie. Il avait les mains mutilées ; le froid, la faim et ces angoisses horribles m'avaient totalement épuisé. Le brave marin qui commandait ce navire fit tout ce qui dépendit de lui pour nous restaurer. Il nous conduisit heureusement au port de Ferrada, d'où l'on nous transporta à Pola, où nous fûmes accueillis de la manière la plus affectueuse et où un habile chirurgien fit l'amputation de mes doigts. »

II

UN AÉRONAUTE DE 1791.

Les faits et gestes de l'aérostation offrent de temps à autre des documents d'un intérêt particulier en ce qu'ils révèlent certaines dispositions d'esprit suscitées par les préoccupations du temps. Parmi les types de ce genre, nons citerons entre autres le « procès-verbal *très intéressant* (c'est écrit) du *voyage aérien* qui a eu lieu aux Champs-Élysées, le 18 *juillet* 1791, jour de la proclamation de la Constitution. » Dans ce singulier récit, nous voyons l'aéronaute enthousiaste se mettre en chemise à 12 000 pieds d'élévation et lire à haute voix la Déclaration des droits de l'homme !

« A la gloire de la nation française, au nom et sous les auspices de la municipalité de Paris, le deuxième jour du troisième mois de l'an troisième de la Liberté, et de l'ère vulgaire le 18 septembre 1791, jour de la proclamation de la Constitution, à cinq heures trois quarts de l'après-midi !...

» Après avoir éprouvé tous les tourments *d'un homme pressé*, et jaloux de répondre à l'attente d'un heureux succès, mon ballon de 30 pieds de diamètre aux trois quarts plein, représentant, sous quatre médaillons couronnés par des génies : la Liberté, l'Amour de la Patrie, la France, et la Loi.

» Ma gondole, sous la figure d'un coq, de 11 pieds de long sur 3 de large et 3 de haut, emportant avec moi environ 220 livres de lest, une ancre, une boussole, une foule d'exemplaires de la Constitution, un morceau de pain, une bouteille de vin, deux cuisses de volaille, mon *énergie* d'environ 60 livres, le vent ouest...

» Je me suis élevé à l'extrémité des Champs-Élysées, au milieu de la tempête, à l'*admiration* de tout Paris assemblé. Debout, découvert, tenant la Constitution à la main, j'ai passé en ligne droite sur les Champs-Élysées, les Tuileries, le Louvre, la rue et le faubourg Saint-Antoine ! Un peuple immense, depuis Chaillot et les lieux que je parcourais, m'accompagnait de ses applaudissements ! J'étais à 1 500 pieds à peu près de haut ; la région était froide ; les nuages se précipitaient avec force les uns les autres ; le vent augmentait de distance en distance. Tout à coup j'entends le canon, les cris de joie succèdent : il se répand autour de moi une sorte de magnétisme; mes sens sont enivrés; mon ballon, entouré de nuages, s'élève avec majesté; ma gondole ressemble à une gloire, le tableau de la nature ajoute à mon ravissement; je regarde, et je vois Paris, Boulogne, Versailles, les forêts de Saint-Germain, l'Isle-Adam; dans les lointains, Saint-Léger et Chantilly; au-dessous, Vincennes, Bondy; en avant, Armainviller; des deux côtés, les forêts de Crécy, de Sénart et de Fontainebleau, les rivières de Seine et Marne, une foule de villages et d'étangs; tout semblait soumis à mon empire!!! Élevé à 4000 pieds à peu près, le vent était là nord-ouest, la région chaude, et le soleil encore caché ne le fut plus pour moi.

» Dégagé des secousses de la tempête, la douceur du calme pénétra mon âme d'admiration; comme les hommes sont petits! me disais-je. Que ne sont-ils isolés comme moi dans ce grand vide! C'est ici qu'on se fait une idée de la majesté du Créateur; tout se rapporte à lui.

» *J'allais devenir rêveur;* je jetai plusieurs exemplaires de la Constitution, je les vis voltiger; mon ballon craque... je regarde... il était tendu comme un tambour; la dilatation était grande et mes appendices fort éloignés de moi. Embarrassé, j'aperçois les dangers d'une explosion; je me mets en chemise, je monte dans le filet; je délie avec peine le premier appendice; je me sers de mes dents pour venir à bout du second, j'y parviens, mais après avoir été longtemps suspendu, et avec la plus grande peine. J'étais alors à 10000 pieds environ; l'ascension était excessive, l'air inflammable sortait avec éclat; la région était tempérée; un bruit sourd continuait; je distinguais encore quelques bravos...

» Devenu plus tranquille à mesure que l'air inflammable cessait de pétarder, l'ascension moins rapide, je jetai les yeux sur Paris; les nuages, bien au-dessous de moi, couraient avec la plus grande force; quelques-uns étaient noirs, mais pas assez épais pour que je ne visse pas la terre : le lieu d'où j'étais parti était d'une couleur blanchâtre ; j'entendis quelques coups de canon. Parfaitement à mon aise, je mangeai un morceau de pain, je pris ma bouteille, *je bus à la santé* et à la liberté de tous les peuples de l'univers. Arrivé à 12 000 pieds à peu près, il était six heures, j'acquittai là, au nom de tous les Français, le devoir d'un patriote courageux et intrépide : *je lus à haute voix* la Déclaration des droits de l'homme ; l'Éternel reçut mon serment, et je descendis en jetant çà et là des exemplaires de la Constitution !!!

» Une bourrasque me jette sur les bois d'Armainviller ; je les *appréhende*, ainsi que les étangs qu'ils renferment ; je jette beaucoup de lest et remonte en droite ligne. Arrivé à 6 000 pieds environ, j'éprouve de la *dilatation ;* il était six heures un quart : je revois Paris avec plaisir, j'entends de nouveau le canon ; je vois un feu brillant au-dessous de moi ; je monte, je revois le soleil ; j'ouvre un appendice, je descends, je quitte le soleil, et je reste à planer sur un château près Crécy ; des personnes qui se promenaient dans les jardins m'ont prié de descendre ; je leur ai répondu qu'il n'était pas temps ; j'avais promis à la municipalité de faire au moins 10 lieues !...

» Descendu extrêmement bas sur diverses fermes et très près des maisons, plusieurs femmes eurent peur et se sauvèrent ; plus loin, d'autres, moins effrayées, crièrent, me demandèrent qui j'étais, d'où je venais, où j'allais : je leur répondis, en leur jetant des exemplaires de la Constitution, que j'en étais le messager, que je venais de Paris. Hommes, femmes, enfants, tous coururent après moi. J'entends : « Vous devez avoir froid, des- » cendez, vous boirez avec nous, cela vous réchauffera. » Les jeunes filles prennent la queue du coq pour des rubans ; elles crient : « Envoyez-nous donc des rubans à la maison. » J'eusse voulu en avoir ma pleine gondole. Je disparus comme un éclair. « Bonsoir ! bonsoir ! »

» Je m'élève et suis porté par un courant d'air sur la petite ville de Rozay ; un peuple nombreux me dit de descendre, cela n'était pas commode; je jetai le reste des exemplaires de la Constitution. Le vent me pousse encore sur les bois; je suis agité, je crains la nuit, je m'élève, je descends; je passe sur le village de Breuil; les filles dansaient, les bergers revenaient des champs; mon aérostat fait peur aux animaux. Bœufs, vaches, moutons, chiens, canards, tout fait un vacarme épouvantable; les enfants crient : « Papa ! maman ! » tout le village se soulève... et j'avais tout à craindre.

» Disparu rapidement, je me trouve entre des bois et des collines; je veux parler, ce que je dis est répété jusqu'à trois fois ; je crus d'abord qu'on se moquait de moi ; je reconnus ensuite que c'était un écho. »

Etc., etc. La dernière péripétie de ce voyage, c'est que le fameux aéronaute tomba à 15 lieues de Paris, à Gastin, en Brie, déchiré, moulu, sans chapeau, « fait comme un diable », et qu'il fut sur le point de passer la nuit à la pluie, attendu que nul n'osait lui ouvrir sa porte.

CHAPITRE VII

Le 1ᵉʳ brumaire an 6 (22 octobre 1797), à cinq heures vingt-huit minutes du soir, dit l'astronome Lalande, le citoyen Garnerin s'éleva à ballon perdu au parc de Monceaux; un morne silence régnait dans l'assemblée : l'intérêt, l'inquiétude étaient peints sur les visages. Lorsqu'il eut dépassé la hauteur de 350 toises, il coupa la corde qui joignait son parachute et son char avec l'aérostat. Ce dernier fit explosion, et le parachute dans lequel le citoyen Garnerin était placé descendit très rapidement : il fit un mouvement d'oscillation si effrayant qu'un cri d'épouvante échappa aux spectateurs, et des femmes sensibles se trouvèrent mal. Cependant le citoyen Garnerin descendit dans la plaine de Monceaux, il monta à cheval sur-le-champ et revint au parc Monceaux au milieu d'une foule immense qui marquait son admiration pour le talent et le courage de ce jeune aéronaute. En effet, le citoyen Garnerin est le premier qui ait osé entreprendre cette expédition hasardeuse. Il en avait conçu le projet dans la prison de Bude, en Hongrie, où il fut longtemps prisonnier d'Etat à la suite du sanglant combat de Marchieux, en 1793. Lalande ajoute qu'il alla annoncer ce succès à l'Institut national, qui était assemblé, et qu'on l'entendit avec un extrême intérêt.

Robertson fit à Vienne, en 1804, une expérience de descente en parachute, dont il recueillit la gloire sans s'être lui-même exposé au péril. Il fit les préparatifs de l'ascension publique en aérostat. Son élève Michaud se plaça dans la gondole et se laissa emporter.

Il céda, dit-il, dans cette occasion, aux instances d'un jeune homme, qui, s'étant constitué son élève, le supplia de le laisser débuter devant une assemblée encore nombreuse, et qui, plusieurs fois dans la suite, occupa sa place dans sa diligence aérienne. Robertson avait imaginé un léger perfectionnement au parachute : la gondole, très petite, était entourée d'un drap de soie qui devait, au moment où l'aéronaute se précipiterait, se déployer aussi, opposer sa surface à l'air et former ainsi comme un second parachute.

Le physicien conduisit tous les préparatifs avec bonheur. M. Michaud n'eut qu'à se placer dans la gondole et à se laisser emporter. Des applaudissements et des acclamations s'élevèrent de toutes parts. On ne perdit pas de vue le voyageur. Il avait déjà fui à 900 pieds de la terre, lorsque le signal de se détacher du groupe aérostatique lui fut donné par un coup de canon. Il coupa les deux cordes qui le retenaient à son conducteur et lui permit de continuer seul, au milieu de ces hautes contrées, un essor vagabond. Pour lui, la loi de la gravitation le rappelait en bas. La chute fut d'abord rapide; mais les deux parachutes s'ouvrirent bientôt simultanément, et offrirent un ensemble majestueux. En quelques secondes, l'aéronaute eut parcouru l'intervalle qui le séparait de l'assemblée, et se trouva comme posé sur le sol à peu de distance du lieu d'où il était parti, dans le *Prater*, et au milieu des plus vifs témoignages de satisfaction.

Ce spectacle avait paru extraordinaire; il attira à Robertson des compliments de tous côtés, et de riches présents de la cour.

BALLON DU COURONNEMENT DE NAPOLÉON Ier.

Jacques Garnerin fut chargé, lors du couronnement de l'empereur Napoléon Ier, de l'enlèvement d'un énorme ballon, au milieu d'un des feux d'artifice splendides qui furent tirés à Paris dans la soirée du 16 décembre 1804.

Il s'agissait d'un *ballon perdu*, comme on disait alors, c'est-à-dire d'une machine aérostatique s'élevant seule et se dirigeant au gré des vents.

Ce ballon devait s'élever le soir au milieu du feu d'artifice et emporter dans les airs une couronne impériale illuminée en verres de couleur.

La fête donnée par la ville de Paris à Leurs Majestés impériales et royales était un peu partout : aux Champs-Élysées, à la barrière du Trône, sur la place de l'Hôtel-de-Ville ; sur la rivière, dans toute la partie comprise entre l'île Saint - Louis et le pont Notre-Dame. Un immense feu d'artifice était préparé. Il représentait le *Passage du mont Saint-Bernard*. Garnerin s'était installé avec son ballon sur la place du Parvis-Notre-Dame, devant le portail de l'église. A onze heures du soir, au moment où le bouquet du feu d'artifice faisait éclater dans l'air ses cent mille étoiles, Garnerin abandonnait aux vents sa colossale machine. On voyait s'élever lentement, avec majesté, une couronne éclairée par trois mille verres de couleur ; c'était un magnifique spectacle ; mais qui se doutait alors du chemin qu'allait faire ce ballon, de la route qu'il prendrait, et de la sensation que produirait cette expérience ?

Cependant le ballon cheminait par les airs. Le lendemain matin, à la pointe du jour, les habitants de Rome virent poindre à l'horizon un globe radieux qui s'avançait et semblait venir des-

Fête du Couronnement (1804). — Ballon avec aigle.

cendre sur la ville. L'émotion fut grande; il plana bientôt au-dessus de la coupole de Saint-Pierre et du Vatican, veufs l'un et l'autre du successeur de saint Pierre; puis il s'abaissa, toucha le sol pour se relever, baissa encore, marqua par des débris son passage dans la campagne de Rome, et vint enfin s'abîmer dans les eaux du lac Bracciano.

Alors on put savoir ce qu'annonçait ce message céleste. On le tira de l'eau et l'inscription suivante, tracée en lettres d'or sur sa vaste circonférence, fut imprimée, publiée, lue par toute l'Italie : « Paris, 25 frimaire an 13, couronnement de l'empereur Napoléon Ier par Sa Sainteté Pie VII. »

Si le vent souffla ce jour-là dans la direction de l'Italie, le hasard seul en fut la cause, et l'expérience n'eut au fond rien de remarquable que la longueur du trajet parcouru par le ballon et la célérité avec laquelle il s'était accompli.

Il y avait néanmoins quelque chose d'étrange dans ce ballon porté de Paris à Rome, et visitant en un jour les deux capitales du monde, alors que le pape était à Paris, alors que l'empereur s'occupait déjà de poser sur sa tête la couronne d'Italie.

Une circonstance fort indifférente en elle-même, d'ailleurs, vint cependant donner, aux yeux de Napoléon Ier, une haute importance, une tournnre politique, le croirait-on? au passage de ce ballon perdu.

Le ballon, en rasant la terre, avait rencontré dans les environs de Rome le *tombeau de Néron*. Il s'y était accroché, et pendant quelques minutes on put croire qu'il avait terminé sa course; mais bientôt, poussé par le vent, il avait continué sa route, laissant toutefois à l'un des angles du monument une partie de sa couronne. Les journaux italiens, qui n'étaient pas soumis à une censure aussi rigoureuse que les feuilles françaises, racontèrent innocemment la chose; certains y ajoutèrent néanmoins des réflexions malicieuses, désobligeantes pour l'empereur. Enfin, cela vint aux oreilles du maître; on alla jusqu'à en parler un jour devant lui, à un de ses levers. Napoléon Ier

témoigna hautement son mécontentement et demanda avec humeur qu'il ne fût plus question du ballon de Garnerin.

Celui-ci cessa d'être employé par le gouvernement. Madame Blanchard le remplaça dans la confiance dont il avait joui jusqu'alors et fut chargée de toutes les ascensions qui eurent lieu dans les fêtes publiques.

Le ballon du couronnemeut fut suspendu à la voûte du Vatican de Rome, où il resta jusqu'en 1814, accompagné d'une inscription rappelant son voyage et sa descente miraculeuse, moins la circonstance du tombeau.

La préoccupation des voyages aériens avait été délaissée sous l'empire pour des hochets sanglants. Nous ne trouvons guère d'ascensions publiques dans les grandes circonstances : le 24 juin 1810, jour du mariage de l'empereur, la garde impériale offre une fête à Napoléon Ier. Madame Blanchard s'élève en ballon sous les yeux de l'empereur assis au balcon de l'École militaire.

Le 3 mai 1814, Louis XVIII entre solennellement à Paris. C'est du pont Neuf que sont prises toutes les vues. Un magnifique ballon traverse le ciel.

Le 29 août 1814, la ville de Paris offre une fête au roi restauré en réjouissance du rétablissement du trône. Des animaux de toutes les espèces, en baudruche, parcourent le ciel.

Garnerin occupe le public, et sa renommée succède à celle de Blanchard, dont les ascensions ont visité toutes les capitales de l'Europe. Le 25 octobre 1815, nous lisons sur une affiche monstre de mademoiselle Garnerin une adresse au public, « tant de fois abusé par les promesses mensongères de ces aérostiers, entrepreneurs de voyages aériens, manipulateurs inhabiles, etc. L'aérostation est complètement tombée dans le domaine de la spéculation. »

Depuis ce temps, l'enlèvement d'un ballon est devenu le couronnement presque obligé de la plupart des fêtes publiques.

CHAPITRE VIII

Bien que nous n'ayons pas trouvé le moyen d'imprimer aux ballons la direction qui nous plaît, nous pouvons cependant, en jetant une partie de leur lest, les forcer à s'élever, et en faisant couler une partie de leur gaz, les forcer à s'abaisser. Or, comme il arrive fréquemment qu'il y a des vents différents aux différentes hauteurs de l'atmosphère, on peut dès lors tenter d'élever ou d'abaisser la machine jusqu'à ce que l'on arrive dans un courant d'air qui la conduise dans la direction désirée. A la vérité, on ne saurait avoir la certitude de trouver toujours un tel courant, mais c'est quelque chose que d'en avoir au moins la chance. Aussi la navigation aérienne, même dans son état actuel, où elle est dans la stricte dépendance du vent, est-elle déjà susceptible de rendre aux hommes quelques services pour leurs communications lointaines.

L'un des plus beaux voyages de ce genre est celui que Green a exécuté, en 1836, pour se rendre de Londres en Allemagne. Ce voyage fut d'environ 200 lieues.

Green partit de Londres le 7 novembre 1836. Il avait avec

lui deux compagnons de voyage, Mollond et Monk-Mason. Ignorant pour quelles régions du globe il partait, puisque celui qui conduit les vents en avait seul le secret, il s'était muni de passeports pour tous les États de l'Europe et d'une quantité de vivres suffisante pour pouvoir demeurer quelque temps sur la mer, s'il était jeté de ce côté. A une heure et demie, le ballon s'éleva majestueusement, et, entraîné par un courant modéré, il se dirigea au sud-est, au-dessus des riches plaines du comté de Kent. A quatre heures, les voyageurs commencèrent à distinguer la mer. Toute resplendissante des feux du soleil couchant, elle bordait l'horizon dans la direction vers laquelle l'aérostat, poussé par un vent assez vif, marchait rapidement. Il y eut cependant un moment d'inquiétude : on reconnut à la boussole que le vent, au lieu de demeurer au nord-ouest, remontait sensiblement vers le nord, ce qui allait jeter le ballon au-dessus de la mer d'Allemagne, et justement à la tombée de la nuit. L'aéronaute prit aussitôt son parti. Le ballon, débarrassé d'une partie de son lest, s'éleva, au commandement du pilote, dans les régions supérieures de l'atmosphère. Un nouveau courant, le ramenant en arrière et dans une direction meilleure, le conduisit en quelques minutes au-dessus de Douvres, et là il s'engagea au-dessus de la mer pour traverser le détroit.

« Il était quatre heures quarante-huit minutes, dit le voyageur, quand nous vîmes la première ligne des vagues se briser sur la plage au-dessous de nous, et nous pûmes dire que nous avions véritablement quitté les côtes de notre pays pour commencer notre voyage au-dessus des régions jusqu'ici si redoutables sur la mer. Il aurait été impossible de ne pas se sentir ému à la grandeur du spectacle qui s'offrait alors à nos yeux. Derrière nous, la ligne des côtes d'Angleterre avec ses falaises blanches à demi perdues dans l'obscurité, brillant de l'éclat des lumières qui augmentaient à chaque instant, parmi lesquelles le feu de Douvres se fit remarquer pendant longtemps et nous servit de jalon pour calculer la direction de notre marche. Au-dessous, de chaque côté, l'Océan nous offrait un espace non interrompu de vagues entrelacées, s'étendant aussi loin que les ténèbres de la nuit, qui couvraient déjà l'horizon, permettaient à notre vue de descendre. Vis-à-vis nous, une barrière de nuages épais, semblable à une muraille, surmontée dans toutes ses coupures d'une manière bizarre de parapets, de tours, de bastions, s'élevait de la mer et paraissait placée là pour nous en barrer le passage. Peu de minutes après, nous étions déjà dans les fleuves humides, enveloppés dans une obscurité qui augmentait en raison des vapeurs qui nous entouraient et de la nuit qui avait commencé. Nous n'entendions plus aucun son. Le bruit des vagues battant sur la côte d'Angleterre avait cessé, et notre position nous éloignait depuis longtemps de tous les bruits de la terre. »

En une heure le détroit fut franchi. La barrière de nuages était dissipée. Le feu de Calais brillait sous les voyageurs, et le bruit éloigné du tambour de la ville montait jusqu'à eux. — « L'obscurité, continue le narrateur, étant alors à son comble, ce n'était que par les lumières, tantôt isolées et tantôt réunies, qui se montraient de tous côtés au-dessous de nous, que nous pouvions espérer d'obtenir connaissance de la nature du pays que nous traversions, et nous former une idée des villes et des villages que chaque moment présentait à nos regards. La scène qui suivit alors surpassa toute description. La surface entière de la terre, sur plusieurs lieues à la ronde, aussi loin que l'œil pouvait porter, n'offrait que les lumières éparses d'une population qui veillait, et déployait à nos pieds une plaine qui semblait rivaliser avec les feux plus éloignés de la voûte céleste. A chaque instant, pendant la première partie de la nuit, avant que les hommes fussent livrés au repos, de grandes masses de lumières nous indiquant l'existence d'une population nombreuse, se découvraient à l'horizon et nous donnaient l'idée d'un incendie lointain. A mesure que nous approchions, cette masse confuse d'éclairage paraissait augmenter, et se répandait sur un plus vaste espace, jusqu'à ce que, parvenus directement au-dessus, elle semblait se diviser en différentes parties, et, se prolongeant en rues ou se partageant de diverses manières en carrés, nous dessinait le plan exact d'une ville, diminuée seulement d'après l'élévation plus ou moins grande où il arrivait que nous fussions alors. Il serait difficile de donner une idée quelconque de l'effet qu'une pareille scène, dans une pareille circonstance, devait nécessairement inspirer. Se trouver transporté dans les ténèbres de la nuit, au milieu des vastes solitudes de l'air, inconnu et inaperçu, en secret et en silence, traversant des royaumes, explorant des territoires, regardant des villes qui se succédaient avec une rapidité qui ne permettait pas de les examiner en détail, en voilà assez pour rendre sublimes des scènes qui auraient eu en elles-mêmes moins d'intérêt. Si l'on ajoute à cela l'incertitude qui commença à régner dans notre voyage, incertitude qui, augmentant à mesure que nous avancions dans la nuit, couvrait tout des voiles du mystère et nous mettait dans un embarras pire que l'ignorance même, ne sachant où nous étions, quels étaient les objets que nous tâchions de découvrir, on pourra se faire quelque idée de notre singulière position. »

Le ballon, entraîné par le vent, qui lui faisait faire plus de dix lieues à l'heure, traversa ainsi une partie notable du continent européen. Vers minuit, il se trouva au-dessus de Liége. Située au centre d'un canton très peuplé, remplie d'usines de toutes espèces et particulièrement de forges et de hauts fourneaux, cette ville était tout éblouissante de lumières. On distinguait aux feux du gaz, dont cette ville est si splendidement illuminée, les rues, les places publiques, les grands édifices. On entendait même le vague murmure de la population livrée dans le fond de l'abîme à ses travaux, à ses occupations, à ses plaisirs. Mais l'heure de minuit est celle à laquelle presque toutes les lumières s'éteignent sur la terre. Bientôt les voyageurs n'aperçurent plus rien ; tout était rentré dans la nuit et dans le silence. De nouvelles et profondes impressions attendaient les voyageurs. « Jusqu'au point du jour, dit M. Mason, tout ce qui se passa se sen-

tit de l'intensité de la nuit. L'aspect de la nature étant entièrement
caché à nos yeux, nos observations durent se borner à un recueil de sensations mêlées de conjectures vagues et enveloppées
des mystères que l'obscurité et l'incertitude ne pouvaient man-
quer de jeter sur notre expédition. La lune ne se montra pas.
Le ciel, toujours plus sombre quand on le regarde des régions
supérieures qu'il ne paraît aux habitants d'en bas, nous semblait noircir encore davantage, tant les ténèbres étaient épaisses.
D'un autre côté, par un singulier contraste, les étoiles, redou-
blant d'éclat, brillaient au ciel comme des étincelles semées sur
la voûte d'ébène qui nous environnait. Dans le fait, rien ne pouvait excéder l'intensité de la nuit qui régnait pendant cette première partie de notre voyage. Un abîme noir et profond nous
entourait de tous côtés, et, comme nous tâchions de pénétrer
dans ce gouffre mystérieux, nous avions de la peine à nous défendre de l'idée que *nous formions un passage à travers une
masse immense de marbre noir* dont nous étions enveloppés,
et qui, solide à quelques pouces de nous, paraissait s'amollir à
notre approche, afin de nous laisser parvenir plus avant dans
ses flancs froids et obscurs. Les feux de Bengale que de temps
en temps nous lancions de la nacelle, au lieu de diminuer les
ténèbres, ne faisaient que les augmenter, et, à mesure qu'ils
descendaient, on eût dit qu'ils se frayaient un chemin par la chaleur qu'ils répandaient autour d'eux. »

On sait que les aérostats, même dans leur plus grande vitesse, n'éprouvent pas le plus léger balancement. Rien n'avertit, surtout la nuit ou dans les nuages, que l'on est en mouvement; l'immobilité est parfaite. Que l'on joigne donc à cet effet
l'effet de l'obscurité, celui du silence, celui d'un froid de 10 degrés, celui de l'ignorance de l'endroit où l'on est, le doute d'être ramené par le froid trop près de terre, d'avoir devant soi quelques
hautes chaînes de montagnes contre lesquelles on peut heurter,
enfin le sentiment de cette suspension au-dessus de la terre, on
comprendra la vague et monotone préoccupation d'un tel voyage.

Il y avait plus de trois heures que nos voyageurs étaient dans cet état; la hauteur de l'aérostat, calculée à l'aide du baromètre, se trouvait de plus de 12 000 pieds : il n'y avait donc à craindre aucune rencontre fâcheuse, quand tout à coup une explosion soudaine se fait entendre, la soie s'agite, la nacelle éprouve une violente secousse et semble prête à s'engloutir dans l'abîme. Une seconde explosion, une troisième se succèdent, accompagnées chaque fois de cet ébranlement épouvantable de la nacelle. Que l'on se figure l'effroi des voyageurs, ne sachant à quoi attribuer ces mouvements étranges! Comment se préserver, se voyant déjà en chemin vers la terre? Et puis tout cesse, tout redevient tranquille, tout rentre dans le calme accoutumé, et il ne reste rien de cette crise. Il ne fut pas difficile aux voyageurs de conjecturer que, le ballon s'étant élevé trop haut, la force d'expansion du gaz avait naturellement tendu à s'élargir, et que le filet, rempli d'humidité et roidi par la gelée, n'avait pu céder à cette impulsion que par saccades. Ils en furent quittes pour la peur. Enfin, les premières lueurs du matin, si lentes à se développer et si confuses en novembre, commencèrent à dissiper la force des ténèbres. « De temps en temps, continue M. Mason, de grandes masses écumeuses de nuages, occupant les basses régions de l'amosphère et couvrant toute la terre d'un voile blanchâtre, interceptaient notre vue et nous laissaient quelque temps dans l'indécision si ce n'était pas une suite de ces mêmes plaines couvertes de neiges que nous avions déjà remarquées. De ces masses de vapeurs, plus d'une fois, pendant la nuit, il paraissait sortir un bruit qui ressemblait tellement à une immense chute d'eau ou à des vagues se brisant sur une grande étendue de côtes, qu'il nous fallait toute la force du raisonnement, jointe à une connaissance certaine de la direction de notre route, pour détruire l'idée que nos approchions de la mer, et que, poussés par le vent, nous étions transportés vers les rives de la mer du Nord ou près d'atteindre les plages plus éloignées de la mer Baltique. A mesure que le jour approcha, ces symptômes disparurent. Au lieu de la surface unie de la mer, nous découvrîmes graduellement l'aspect irrégulier d'un pays cultivé, au milieu duquel coulait un fleuve majestueux, qui, après avoir partagé le paysage, se perdait dans des directions opposées au milieu des vapeurs qui bordaient encore notre vue à l'horizon. » Ce fleuve majestueux, c'était le Rhin. Mais nos voyageurs ne connaissaient pas assez bien l'Europe pour reconnaître, rien qu'à l'aspect, au-dessus de quelle partie de ce vaste territoire ils se trouvaient transportés. Ne sachant avec quelle vitesse le vent avait pu les conduire, ils n'avaient aucun moyen de sortir de leur incertitude. La grande étendue de plaines couvertes de neige au-dessus desquelles ils avaient passé, la ressemblance de ces plaines avec l'idée qu'ils se faisaient de la Pologne, leur fit craindre un instant d'avoir été emportés si loin en Europe. Ils se déterminèrent donc, la localité leur paraissant favorable pour effectuer une descente, à la tenter. Après s'être abaissés en donnant issue au gaz, ils jetèrent l'ancre.

Il était alors sept heures et demie du matin. Alors seulement les habitants, qui jusqu'alors s'étaient tenus à l'écart, examinant du fond d'un taillis les manœuvres de ces étranges voyageurs, commencèrent à venir en foule de tous côtés. Quelques mots d'allemand dissipèrent leurs craintes, et, revenant de leur première méfiance, ils s'empressèrent bientôt de prêter main-forte aux voyageurs.

Ceux-ci virent alors que le lieu dans lequel ils venaient de descendre appartenait au duché de Nassau. La ville de Wiberg, où Blanchard, lors de son ascension à Francfort, en 1785, était déjà descendu, n'était, par un singulier hasard, qu'à deux lieues de là. Une réception d'honneur y fut faite aux trois aéronautes, qui déposèrent par reconnaissance, dans les archives du palais ducal, à côté de celui de Blanchard, qui y était déjà, le pavillon qui avait orné leur nacelle dans cette course aventureuse(¹).

(¹) Voy. le *Magasin pittoresque*, t. VIII, p. 178.

CHAPITRE IX

L'aérostat LE GÉANT.

Nous franchissons d'un trait toutes les années qui n'offrent pas d'intérêt à l'histoire de l'aérostation.

On ne saurait oublier, dans cette histoire, la trop mémorable ascension, en octobre 1863, de l'aérostat colossal (¹) dont le filet emportait une véritable maison à deux étages, du départ majestueux des passagers aux acclamations d'un demi-million d'hommes, de leur voyage aérien au-dessus de l'est de la France, de la Belgique, de la Hollande, et de leur chute désastreuse en Hanovre, le lendemain de leur départ. La construction d'un ballon aussi gigantesque et aussi perfide, dont le volume offrait aux divers courants aériens une surface énorme, proie impuissante des colères de l'atmosphère, était une entreprise téméraire, remettant la vie des voyageurs à la discrétion d'un terrible et invincible fantôme.. Il est difficile à comprendre qu'une grande partie du public, se méprenant étrangement sur le but du spectacle organisé au Champ de Mars, se soit imaginé qu'il s'agissait là d'un ballon dirigeable. De tous les aérostats construits depuis Montgolfier, *le Géant* était sans contredit le plus rebelle et le plus étranger à toute tentative de direction. Le but de la

(¹) Il cubait 6 000 mètres.

conception et de l'exécution de ce monstre formidable, qui bientôt allait traverser les airs avec une rapidité qui laisse loin derrière elle le vol des aigles et des condors ; la raison d'être de ce phénomène sans précédent, c'était simplement de réunir les fonds nécessaires à l'établissement d'une « Association libre pour la navigation aérienne, au moyen d'appareils *plus lourds que l'air* », et à la construction d'appareils organisés sur ce principe.

Les limites de cet opuscule ne nous permettent pas de présenter ici les phases que vient de subir cette idée non absurde de l'automotion aérienne à l'aide d'appareils plus lourds que l'air. Ceux qui pensent avec Arago que le mot *impossible* n'existe pas en dehors des mathématiques pures, et ceux qui regardent en avant au lieu de s'endormir dans le passé, applaudissent à cette grande et généreuse idée. Nous nous bornerons ici, et nous nous ferons un devoir de rapporter quelques-unes des paroles prononcées sur ce sujet par M. Babinet à l'Association polytechnique.

« La théorie de la direction des ballons est absurde, dit-il. Comment faire ?

» Comment faire résister et manœuvrer contre les courants des ballons comme *le Flesselles*, par exemple, qui mesurait 120 pieds de diamètre ? Il faudrait une force de 400 chevaux pour mettre en lutte à peu près égale avec le vent une voile de vaisseau. Supposez, ce qui est impossible, qu'un ballon pût emporter avec lui une force de 400 chevaux, et ce grand effort ne servirait absolument à rien, car vous appréciez tout de suite que, sous cette pression, votre ballon s'écraserait dans sa fragile enveloppe.

» Supposez tous les chevaux d'un régiment attachés par une corde à la nacelle d'un ballon, vous obtiendriez pour tout résultat de voir voler en éclats votre ballon.

» C'est tout à fait ailleurs que l'homme doit chercher les moyens de s'élever, ce qui veut dire en même temps de se diriger dans l'air.

» J'ai vu et acheté autrefois chez Giroux, marchand de jouets, alors rue du Coq, un joujou, qui était alors fort à la mode et s'appelait *stropheor*. Ce joujou se composait d'une petite hélice libre se détachant de son support sous le jeu d'une ficelle enroulée et rapidement tirée. L'hélice était assez lourde, pesant bien un quart de livre, et ses ailes étaient en fer-blanc plein très épais. Cette hélice ne volait pas impunément : son essor était si violent dans les appartements que souvent elle allait briser la glace de la cheminée ; mais cet inconvénient n'arrêtait pas les amateurs, parce que généralement, au moment où la glace volait en éclats, il fallait courir à l'enfant, dont l'œil était crevé du même coup. — La force d'ascension est telle que j'en ai vu un passer par-dessus la cathédrale d'Anvers, qui est un des monuments les plus élevés du globe. L'air de dessous est aspiré et fait le vide en passant sous les élytres, tandis que l'air de dessus les remplit et fait donc le plein, et par ce double effet l'appareil monte.

» Mais le problème n'est pas encore résolu par ces joujoux, dont le moteur est extérieur.

» MM. Ponton d'Amécourt et de la Landelle nous apportent mieux que cela, bien que les ailes de leurs différents modèles soient tout à fait rudimentaires, et réellement peu dignes de gens qui veulent montrer quelque chose à ceux qui ont la vue courte. Ce n'est encore que l'enfance du procédé, mais il est bon, dès lors qu'on peut seulement établir que ce sont des appareils qui montent en l'air tout seuls : nous avons là, Messieurs, — ville gagnée ! — car ce résultat, si petit qu'il soit, est fondamental.

» L'hélice n'est pas une chose nouvelle. On a fait des hélices avant de les nommer. Les moulins à vent ne sont que des hélices : le vent appuie sur les ailes disposées en conséquence, et les fait tourner. Dans les turbines, où vous voyez des chutes d'eau de 300 mètres utilisées par un mécanisme qui n'est pas plus gros qu'un chapeau, le phénomène est le même, seulement le vent est remplacé par l'eau.

» L'hélice aérienne présente de grandes difficultés ; mais si on parvient par elle à enlever le moindre poids, nous sommes certain d'enlever d'autant mieux un poids plus lourd, — car — une grande machine est toujours plus efficace qu'une petite.

» Mademoiselle Garnerin paria une fois de se diriger, avec le parachute, du point de sa chute à un endroit déterminé et assez éloigné. Par les inclinaisons combinées qu'elle put donner à son parachute, on la vit en effet très distinctement manœuvrer et tendre vers la place désignée, et son pari fut presque gagné, à quelques mètres près.

» J'ai souvent examiné dans les montagnes des oiseaux qui planent, et j'ai bien remarqué que leur procédé est absolument celui-là. Une fois qu'ils ont atteint le maximum d'ascension voulu, ils planent et se laissent tomber, les ailes ouvertes en parachute, sur le point qu'ils ont choisi. Le maréchal Niel me raconta qu'il avait bien des fois observé cette manœuvre des grands oiseaux dans les montagnes de l'Algérie.

» En résumé, il est positif que vous avez le moyen de vous transporter par le fait seul que vous avez possession du moyen de vous élever. La seule hauteur vous donne la direction. Dès que vous avez obtenu l'élévation, vous avez employé et placé là un capital de force que vous n'avez plus qu'à dépenser comme vous l'entendez.

» La cause est plus qn'entendue, et ce n'est plus que l'affaire de la technologie ; —j'en mettrais ma tête à couper. »

Ces paroles donnent une idée de l'importance qu'il est permis d'attacher à l'idée de l'automotion aérienne, malgré la défaite successive de tous ceux qui l'ont tentée jusqu'à présent. Nous arrivons à l'ascension et au voyage mémorable du *Géant*.

Ce *Géant* nous donne dans ses *Mémoires* un tableau pittoresque et animé des péripéties qu'il eut à traverser depuis la couture de ses méridiens jusqu'à son gonflement.

La première ascension eut lieu le dimanche 4 octobre 1867, six heures du soir, car dans ces représentation publiques, on n'est jamais prêt pour faire son voyage de jour, à moins de se contenter d'une ascension d'une heure.

Écoutons un instant le narrateur de cette ascension, M. Tournachon-Nadar :

« Le ballon monte.

» Nous regardions, penchés sur le bordage, ces milliers de visages, tous braqués des mille points du plateau en mille angles aigus, dont nous étions l'unique sommet.

» Nous montions...

» La cime des arbres, qui bordent d'un double rang le Champ de Mars dans sa longueur, était déjà au-dessous de nous... Nous atteignions le niveau de la coupole de l'École militaire.

» L'exécrable tapage montait toujours avec nous...

» Nous glissions à quelque 600 mètres de hauteur sur Paris, dans la direction de l'est.

» Chacun s'était installé de son mieux sur les six tabourets de canne et sur la caisse longue à deux fins, et contemplait ce merveilleux panorama dont on ne se lasse jamais de là-haut et qui jette surtout les débutants dans l'extase. Il n'est pas', en effet, de volupté plus intense, douce et âcre à la fois, que celle d'une ascension aérostatique. Rien ne peut rendre cette plénitude du sentiment de soi-même, cette conviction de sa propre liberté, ce dégagement absolu et immédiat de toutes les choses de ce monde. Comme tout est loin : préoccupations, soucis, amertumes, dégoûts ! comme le mépris tombe bien de là-haut ! Et pas de vertige ! jamais de vertige en ballon.

» Dans le ballon vous êtes, s'il en fut, le point unique, isolé dans l'espace. — Pas de point de comparaison, — partant, de vertige point.

» Un aéronaute qui compte derrière lui quelques centaines d'ascensions me disait qu'il n'avait jamais vu un seul cas de vertige parmi tous ses voyageurs divers.

» — Et pas de mal de mer ?

» Comment éprouverait-on rien qui y ressemble, emporté que l'on est comme le brin de duvet, la bulle de savon, par le courant dont l'aérostat fait pour ainsi dire partie intrinsèque? Par les vents les plus violents, le ballon que vous avez vu avant le départ fouettant l'air avec fracas de son taffetas encore assez flasque, luttant contre les cordages qui le retiennent à terre, tantôt soulevant les hommes de manœuvre cramponnés à la nacelle et aux cordes d'équateur, tantôt repoussé contre le sol avec une telle violence qu'il semble vouloir s'y écraser, — ce ballon, une fois libre, part et file dans l'air sous l'ouragan, sans contre-heurt, sans secousse, sans oscillation, sans vibration. C'est l'athlète qu'on voulait lier : il était indomptable, dans l'indignation de sa force contre tout joug. Le voici libre, il est tranquille.

» La terre se déroule sous nos yeux en une nappe immense de couleurs variées, où la dominante est le vert dans tous ses tons et dans tous ses mariages.

» Les champs en damiers irréguliers ont l'air de ces couvertures, faites de pièces diverses rapportées par l'aiguille de la ménagère. Une immense boîte à joujoux est répandue sous vos yeux. Joujoux, ces petites maisons expédiées par la fabrication de Carlsruhe; joujoux, cette église, cette citadelle. — Joujou bien plus encore, ce petit chemin de fer microscopique qui nous envoie de si bas son tout petit coup de sifflet, comme pour forcer sur lui notre attention, et qui file tout mignon et si lentement — il fait pourtant ses 15 lieues à l'heure! — sur son rail imperceptible, panaché de sa petite aigrette de fumée...

» Quelle netteté dans tout ce microcosme, et surtout quelle impression merveilleuse, ravissante de propreté! — Qu'est-ce que ce flocon blanchâtre que j'aperçois là-bas? la fumée d'un cigare? — Non, c'est un nuage.

» Déjà le soleil avait gagné derrière nous l'horizon empourpré. Autour et au-dessus du *Géant* le ciel était clair encore, mais au-dessous la brume s'était épaissie, — et, à terre, quelques lumières commençaient à scintiller çà et là.

» Nous étions assez haut pour ne plus percevoir qu'à peine les clameurs des villages que nous laissions derrière nous, et commencer à jouir du calme pénétrant et de ce silence particulier aux ascensions aérostatiques.

» Mais ne perdons pas de temps, car il s'agit de dîner ou plutôt de souper — bien vite, vu l'approche imminente de la nuit.

» Chacun mange du meilleur appétit. Le jambon, la volaille, le dessert, paraissent et disparaissent. Les vins de Bordeaux et de Champagne remplissent les verres.

» — Des brouillards gris de perle nous envahissent soudain. Nous regardons autour, au-dessus de nous... Tout a disparu, et, noyé dans la brume, le ballon n'est lui-même plus visible à nos yeux. Nous ne voyons plus rien — que les câbles qui nous suspendent et qui, dès la hauteur de nos têtes, disparaissent et se perdent estompés dans le vague...

» Notre maison d'osier vogue, seule, au milieu de l'abîme...

» Au-dessous de nous, autour de nous et de niveau, des épaisseurs effrayantes de nuages énormes, noirs, bleutés d'argent pâle à leurs crêtes déchiquetées et sur leurs dos puissants. —Ils semblent opaques et solides comme les nuages olympiens, et l'envie vient d'y poser le pied... Ils ondulent en houle vivante avec d'inquiétantes lenteurs, s'envahissent mollement, se font place, ou disparaissent sous d'autres qui les surmontent en rampant.

» On dirait ces rêves où les poulpes gigantesques inconnus à l'homme, qui n'a jamais pénétré les insondables profondeurs qu'ils habitent, se traînent et s'enlacent dans des enchaînements sans fin.

» Mais l'immensité diaphane de notre globe jette son dernier éclair, — et nous nous enfonçons dans ce chaos de formes effroyables... Les monstres semblent vouloir monter vers nous, nous envahir, nous engloutir dans leurs sombres enlacements... De l'un d'eux, à ma droite,—pareil à un bras vivant, contourné et énervé dans un alanguissement plein de menace, se dresse et se tord une crête dentelée comme une flèche d'ogive, hésitant, semblant tâter sa route, ainsi que fait le serpent qui n'a pas d'yeux.

» La vision a disparu... Aux clartés d'un instant ont succédé les ténèbres premières. — Nous nous replongeons dans les noires densités...

» Chargé, en tout l'ensemble de sa manœuvre, du poids de l'eau qu'il a entraînée dans le jet de son essor, le ballon redescend vers le précipice obscur avec une telle rapidité que des sacs de lest que vident avec précipitation, coup sur coup, par-dessus le bord, les deux Godard et Yon, la terre et les cailloux, dépassés dans leur chute, retombent sur nos têtes...

» Mais j'entends près de moi des voix, des exclamations ; — mes compagnons parlent, s'agitent en tumulte. — Des feux que l'on aperçoit bien loin au-dessous de nous se rapprochent avec une terrible rapidité.

» Nous arrivons à terre, et il est certain que c'est beaucoup plus vite que nous n'en sommes partis.

» Tout à coup nous éprouvons une effroyable secousse, accompagnée de formidables craquements...

» La nacelle a touché. » (¹)

Le Géant tombait. Dans quelle partie du globe ? sur quelle zone inhabitée ?...

A *Meaux !*

La soupape était restée ouverte depuis le départ.

Tant de combinaisons, tant de préparatifs, tant de peines, tant de forces, — et jusqu'à un plaidoyer contre l'Atlantique, — pour tomber à Meaux !

Le Géant prépara aussitôt après une seconde ascension pour le 18 octobre. C'est cette ascension qui fit quelque bruit dans le moment, en raison de la chute dramatique du ballon en Hanovre.

(¹) *Mémoires du Géant*, XVIII.

Parti à six heures du soir, poussé dans la direction de la Belgique, l'aérostat traversa la frontière à Erquelines, la Belgique et une partie de la Hollande, et arriva le lendemain matin (étant parti à six heures du soir), sur le Hanovre.

La chute de ce colosse est le point le plus curieux de la traversée.

Les voyageurs aériens planaient alors au-dessus d'un panorama infini : des plaines, des bois, des villes, des étangs, des rivières...

La vue embrasse le plus admirable spectacle. Les prairies resplendissent d'un vert particulier, vert tendre et comme pâli par la rosée. La fumée s'échappe des toits de briques : c'est le repas du matin... Pâturages, bestiaux, maisons roses, tout ce microcosme d'une disposition, d'une netteté, d'une propreté charmantes, sourit ou plutôt semble éclater de gaieté sous les premiers rayons du soleil levant.

L'imprévoyance des passagers a préparé une catastrophe bien autre que la descente de Meaux. Le ballon, poussé par un vent violent, est tombé au niveau du sol sans qu'on songeât à l'alléger en jetant du lest dont la nacelle était remplie. *Le ballon tombe...,* et la chute est si rapide, que les cheveux sont soulevés et que le vent siffle aux oreilles.

Écoutons un instant le narrateur :

« Notre course furieuse continue... Ce n'est pas une descente, c'est une chute... La terre se rapproche de nous avec une effrayante rapidité... Une trentaine de mètres nous en séparent encore. — Deux ou trois secondes, et nous touchons !

» Et au-dessous de nous je vois les arbres se courber sous le vent...

» Pourquoi, lorsqu'à ma connaissance personnelle nous avons encore une vingtaine de sacs de lest à fond de cale, pourquoi notre conducteur ne saisit-il pas cet instant qu'il doit guetter, où quelques kilos pesants lancés par lui hors de la nacelle vont comme suspendre tout à coup cette chute précipitée, et permettre, en toute liberté d'esprit, de reconnaître si le terrain est favorable, si le vent n'est pas très violent? Qui le presse donc tant de descendre? Pourquoi?

» Mais il n'y a ni une parole à dire, ni surtout une seconde à perdre.

» J'attire brusquement à moi ma femme dans un angle de la plate-forme, je pose ses mains sur deux des câbles du cercle que je tiens ensuite moi-même autour d'elle en la couvrant... et j'attends !...

» Le vent souffle d'une telle force près de terre que l'accélération verticale de notre chute, malgré la vitesse acquise, en est sinon ralentie, du moins dérangée. Notre énorme masse précipitée dérive en fendant l'air... Notre chute diagonale est bientôt devenue plus qu'oblique, — horizontale...

» Le cri sacramentel en toute descente se fait entendre, véhément, sans réplique :

» — Tenez-vous bien !... tenez-vous bien !!!

» — Ah !!!

» Telle a été l'effroyable violence du choc, que toutes es mains, descellées, ont lâché prise, et plusieurs en sont renversés... L'aérostat a rebondi d'un gigantesque élan... Du coup, l'appendice, retenu et tendu, a été tranché comme par la faux, et il est tombé sur l'étoile du cercle-drapeau, dont le porteur est tué.

» Le pont de la nacelle, qui vient de repartir sans son maître par les airs, présente le spectacle de la plus inextricable confusion. Mais tous ont au plus vite repris leur place, devinant bieu que la partie vient seulement de s'engager...

» — Attention !... Tenez-vous bien !!!

» Des villages, des vergers filent sous nous... comme des éblouissements...

» Tenez-vous bien !!!

» Seconde secousse non moins formidable... *Le Géant,* qui

n'en a que l'écho, en frémit dans tout l'ensemble de ses manœuvres. L'amarre de notre première ancre, comme un simple
fil, vient de se briser : nous ne nous en sommes même pas doutés.

» Le vent furieux qui nous emporte redouble...

» Un choc !... puis un autre, puis un autre, coup sur coup.

» — *La seconde ancre est perdue !* s'écrie Jules. Nous sommes
tous morts !!!

» Cri plus qu'inutile ! L'évidence est là. Car vient de commencer cette course furibonde, échevelée, qui a nom le *traînage*...

» Comme pour ajouter encore à la vitesse de cette course
forcenée, la partie inférieure du ballon déjà vide et flasque, —
un tiers à peu près, — que l'appendice brisé ne retient plus,
s'est appliquée contre la partie pleine et fait voile.

» Les chocs se multiplient, se pressent à ne plus les compter.
Comme dans les ricochets sans fin de la balle élastique, que ré-
veille et renouvelle la main d'un joueur infatigable, la nacelle
rebondit à des hauteurs alternées depuis 5 et 10 mètres jusqu'à
30, 40, 50 peut-être... Par une fatale imprévoyance, elle s'est
trouvée, dès le principe, irrégulièrement chargée, tout le lest
vivant de notre équipage, sans pratique et sans conseil, s'étant
porté machinalement d'un seul côté, et elle retombe toujours,
inflexiblement et sans aucune déviation rotatoire, sur la paroi
qui nous supporte tous. Tous les coups donc, directement et
jusqu'à la fin, nous les essuierons.

» Quelle rapidité vertigineuse ! quelle succession de chocs
pressés, haletants, crépitants comme grêle ! quelle contention de
muscles, d'attention et de volonté !... Car la moindre défaillance,
l'inadvertance d'une seconde, — la tête tournée seulement ! —
et, lancé dans l'espace, vous êtes brisé !

» Et chaque heurt brise nos muscles, rompt nos poignets, dés-
articule nos épaules ; — chaque contre-coup nous meurtrit les
uns contre les autres, victimes et bourreaux réciproques...

» La rapidité de notre projection ne permet à nos yeux que
d'en saisir quelques épisodes. De bien loin en bien loin, un arbre

Catastrophe du *Géant* (19 octobre 1863).

isolé, perdu, accourt sur nous, rapide comme l'éclair... Nous venons de le briser comme un fétu, et nous n'en avons même pas tressailli...

» Deux chevaux épouvantés, les naseaux en terre, la crinière au vent, s'efforcent ventre à terre de fuir devant nous. Mais nous brûlons les distances. — Ils sont déjà bien loin derrière...

» Un parc de moutons éperdus passe au-dessous de nous, entre deux de nos bonds, — comme un rêve.

» Mais voici le danger, — le vrai danger !

» A ce moment où, harassés, les crampes nous engourdissent et paralysent nos articulations, — nous apercevons devant nous, menaçante en haut de son remblai, perpendiculaire à notre course, une locomotive en marche traînant son tender et deux wagons.

» Quelques tours de roue de plus et tout est bien fini ! — car une fatalité géométrique veut que nous nous précipitions avec elle, par une coïncidence infernale de temps et de lieu, juste sur le même sommet d'angle !

» Que va-t-il arriver ?

» Précipités dans notre vol d'ouragan, nous allons soulever du coup et renverser la lente machine et ce qu'elle traîne, — ceci ne fait pas l'ombre d'un doute ! — mais nous serons broyés !...

» Quelques mètres à peine nous séparent de l'ennemi... De nos poitrines s'échappe un cri, — un seul ! — mais quel cri !...

» Il a été entendu !

» Le sifflet de la locomotive nous répond... — Elle a ralenti sa marche ; elle s'arrête comme semblant hésiter...

» Elle recule enfin, tout juste à temps pour nous livrer passage..., — et le mécanicien nous salue, la casquette au bout de son bras tendu...

» Gare aux fils !!!

» Les voici en effet sur nous, ceux-là que nous n'avions pas aperçus, les quatre fils du télégraphe électrique, — quatre guillotines !...

» Nous avons baissé nos têtes... — Heureusement nous nous trouvons raser bas à ce moment précis. — C'est sur le cercle et ses gabillots inférieurs qu'a lieu la rencontre : un ou deux de nos câbles seulement ont porté sur ces rasoirs...

» Et nous entraînons ces câbles pendants derrière nous, comme la queue d'une comète échevelée, — avec les tringles télégraphiques sans fin et les poteaux déracinés qui les soutenaient tout à l'heure... »

Il serait superflu de continuer indéfiniment ce récit de voyage insolite. On se souvient encore de son issue. Après avoir été traînés et remorqués à la merci d'un ouragan inférieur qu'ils auraient pu éviter, les navigateurs aériens se virent jetés à la lisière d'un bois, au delà d'une rivière, près de Rethem, en Hanovre. Quelques jambes et quelques bras furent la proie de cette chute du monstre, et les voyageurs se trouvèrent relativement très heureux de ne point avoir leur place préparée au chapitre nécrologique.

CHAPITRE X

Ci-gît un jeune téméraire,
Qui, dans son généreux transport,
De l'Olympe étonné franchissant la carrière,
Y trouva le premier et la gloire et la mort.

Nous terminerons cette seconde partie en déposant une couronne de lauriers sur le front glacé de ceux qui tombèrent aux premiers rangs de la conquête, martyrs de leur dévouement à la cause nouvelle et quelquefois victimes de l'imprévoyance et de l'inexpérience.

Le premier d'entre tous, celui qui brille au premier plan de l'histoire aérostatique et qui s'éclipsa comme un météore éphémère, Pilatre de Rozier, mérite d'être rappelé au souvenir de nos lecteurs, — qui déjà l'ont salué sur l'arène. L'épitaphe précédente se rapporte à lui; nous regrettons seulement l'épithète de « jeune téméraire », qui est indigne de son grand caractère. Après le passage de Blanchard d'Angleterre en France, le héros intrépide qui le premier avait osé affronter le vide des airs résolut d'entreprendre la traversée contraire; voyage plus difficile, car il n'est pas servi par les mêmes courants.

On essaya vainement de faire comprendre à Pilatre les périls auxquels cette entreprise allait l'exposer. Il assurait avoir trouvé une nouvelle disposition des aérostats, qui réunissait toutes les conditions de sécurité nécessaires et permettait de se soutenir dans l'air un temps considérable. Il sollicita et obtint du gouvernement une somme de quarante mille livres pour construire sa machine. On apprit alors quelle était la combinaison qu'il avait imaginée; il réunissait en un système unique les deux moyens dont on avait fait usage jusqu'alors : au-dessous d'un aérostat à gaz hydrogène, il suspendait une montgolfière. Il est assez difficile de bien apprécier les motifs qui le portèrent à adopter cette disposition, car il faisait sur ce point un certain mystère de ses idées. Il est probable que, par l'addition d'une montgolfière, il voulait s'affranchir de la nécessité de jeter du lest pour s'élever et de perdre du gaz pour descendre. Le feu activé ou ralenti devait fournir une force ascensionnelle supplémentaire.

Ce système mixte, qui devait, selon le jeune aéronaute, faciliter l'ascension et la descente, a été justement blâmé. *C'était mettre le feu à côté de la poudre*, disait Charles à Pilatre; mais celui-ci n'écoutait rien que son intrépidité et l'incroyable exaltation scientifique dont il avait déjà donné tant de preuves; il était aussi pressé par la cour, qui lui avait fourni la somme nécessaire pour construire son aérostat, et par son désir de rivaliser avec Blanchard, qui, favorisé par les vents, eut le premier l'honneur de traverser la Manche le 7 janvier 1785.

Les 13 et 14 juin 1785, l'*aéro-montgolfière* reste gonflée, guettant l'heure propice. Le 15, à quatre heure du matin, un petit ballon d'essai vient encore tomber à son point de départ.

A sept heures enfin, Pilatre de Rozier apparaît dans la galerie, accompagné de Romain, l'un des constructeurs de l'aérostat, lequel avait demandé comme récompense de ses services de partager les dangers de l'entreprise.

Le marquis de Maisonfort jette un rouleau de deux cents

louis dans la nacelle et prétend monter. Pilatre l'écarte doucement, mais avec fermeté :

— L'expérience est trop peu sûre, dit-il, pour qu'il veuille
exposer la vie *d'un autre*...

« Enfin , dit un récit du temps , *l'aéro-montgolfière* s'élèv

Pilatre de Rozier.

lentement, imposante ; deux coups de canon retentissent, les
aéronautes saluent, une foule considérable leur répond par des
cris de joie. Ils s'avancent ; bientôt ils se trouvent sur la mer.
Chacun, les yeux fixés sur le fragile aérostat, l'observe avec
crainte. Ils étaient environ à cinq quarts de lieue en avant, au-
dessus du détroit, à 700 pieds à peu près de hauteur, lorsqu'un

vent d'ouest les ramène sur terre ; déjà depuis vingt-sept minutes ils étaient dans les airs.

» A ce moment on crut s'apercevoir de quelques mouvements d'alarme de la part des voyageurs. — On croit voir qu'ils abaissent précipitamment leur réchaud... Tout à coup une flamme violette paraît au haut de l'aérostat ; l'enveloppe du globe se replie sur la montgolfière, et les malheureux voyageurs, précipités des nues, tombent sur la terre, presque en face la tour de Croy, à cinq quarts de lieue de Boulogne et à trois cents pas des bords de la mer.

» L'infortuné de Rosier fut trouvé dans la galerie le corps fracassé, les os brisés de toutes parts. Son compagnon respirait encore, mais il ne put proférer un seul mot, et quelques minutes après il expira. »

De Maisonfort, resté à terre, témoin de l'événement, en a donné l'explication suivante :

Peu de minutes après leur départ, les voyageurs furent assaillis par des vents contraires, qui les rejetaient dans l'intérieur des terres. Il est probable alors que, pour descendre et chercher un courant d'air plus favorable qui les ramenât vers la mer, Pilatre de Rozier tira la soupape de l'aérostat à gaz hydrogène ; mais la corde attachée à cette soupape était très longue, aussi jouait-elle difficilement, et le frottement très-rude qu'elle occasionna déchira la soupape. L'étoffe du ballon, fatiguée par le grand nombre d'essais préliminaires et par plusieurs tentatives de départ, se déchira sur une étendue de plusieurs mètres, la soupape retomba dans l'intérieur du ballon et celui-ci se trouva vide en quelques instants. Selon ce récit, il n'y aurait pas eu inflammation de gaz au milieu de l'atmosphère ; on aurait reconnu que le réchaud de la montgolfière n'avait pas été allumé.

De Maisonfort courut vers l'endroit où l'aérostat venait de s'abattre ; il trouva les deux voyageurs enveloppés dans les toiles, et dans la position même qu'ils occupaient au moment du départ.

Par une triste ironie du hasard, ils vinrent expirer à l'endroit même où Blanchard était descendu, non loin de la colonne monumentale élevée à sa gloire. Aujourd'hui les voyageurs français qui se rendent en Angleterre, traversant Calais, ne manquent pas d'aller visiter, près de la forêt de Guines, le monument consacré à l'expédition de Blanchard. Ensuite on fait quelques pas, et à une certaine distance le cicerone vous désigne du doigt le point où ses émules ont expiré.

Ce premier aéronaute expira âgé de vingt-huit ans et demi.

Dupuis-Delcourt résume comme il suit les circonstances qui déterminèrent la mort des autres martyrs de l'aérostation.

Olivari périt à Orléans le 25 novembre 1802; il s'était enlevé dans une montgolfière en papier soutenu de quelques bandes de toile seulement. Sa nacelle, en osier, suspendue au-dessous du réchaud et lestée de matières combustibles destinées à entretenir le feu, devint, à une grande élévation, la proie des flammes. L'aéronaute, privé de ce seul soutien, tomba à une lieue de distance environ de son point de départ.

Mosment fit à Lille, le 7 avril 1806, sa dernière expérience. Son ballon était en soie, gonflé par le gaz hydrogène. Cet aéronaute avait coutume de s'élever debout, les pieds sur un plateau très léger qui lui tenait lieu de nacelle. Dix minutes après son départ, il lança dans l'air un parachute avec un quadrupède. On suppose qu'alors les oscillations du ballon ainsi délesté furent la cause de la chute de l'aéronaute. Quelques personnes prétendirent à cette époque que Mosment avait annoncé d'avance l'événement, et que ce n'était de sa part qu'une imprudence calculée.

Quoi qu'il en soit, le ballon continua seul sa route, et l'aéronaute fut retrouvé à moitié enseveli sous le sable dans les fossés qui bordent la ville.

Bittorff fit en Allemagne un grand nombre d'ascensions heureuses. Néanmoins il n'eut jamais d'autres machines que des montgolfières. A Manheim, le 17 juillet 1812, jour de sa mort, son ballon, étant en papier, de 16 mètres de diamètre sur 20 de hauteur, s'enflamma dans l'air, et Bittorff fut précipité sur les dernières maisons de la ville. Sa chute fut mortelle.

Harris, ancien officier de la marine anglaise, conservait toujours cette ardeur de courage qui entraine l'homme à combattre les éléments. Il avait fait avec Graham, aéronaute anglais, plusieurs ascensions qui lui donnèrent l'idée de construire lui-même un ballon, auquel il appliqua diverses prétendues améliorations qui paraissent avoir été mal conçues. En mai 1824, Harris tenta à Londres une expérience qui eut beaucoup de succès en apparence, mais qui se termina malheureusement. Au plus haut de l'air, il paraît que l'aéronaute, voulant descendre, ouvrit la soupape : elle était disproportionnée et avait, en outre, un vice de conformation qui l'empêcha de se refermer complétement. La déperdition du gaz se fit trop promptement, et le ballon s'abaissa si rapidement sur la terre, que Harris y perdit la vie du choc qui en résulta. Il n'était pas seul ; une jeune dame qui l'accompagnait ne fut que légèrement blessée.

Sadler, célèbre aéronaute anglais, qui avait déjà fait un grand nombre de voyages aériens, et qui, dans une de ses expéditions, avait franchi le canal d'Irlande entre Dublin et Holyhead (où il est large de 36 à 40 lieues), périt près de Bolton, en Angleterre, d'une manière déplorable, le 29 septembre 1824. Privé de lest, par suite de son long séjour dans l'atmosphère, et forcé de descendre, très tard, sur des bâtiments élevés, la violence du vent le fit heurter contre une cheminée, d'où il fut précipité à terre, hors de la nacelle. La prudence et le savoir de l'aéronaute ne peuvent être révoqués en doute. Sadler avait fait ses preuves dans près de soixante expériences. Des circonstances fâcheuses, bien difficiles à prévoir, ont seules causé sa perte. C'est ici un véritable naufrage aérien, un navigateur qui se brise sur des rochers et vient échouer au port par une nuit d'orage.

Cocking était monté deux fois, comme simple amateur, dans le ballon de Green. Il avait une idée fixe, celle de faire du nouveau. Il voulait tenter une descente en parachute avec un instrument de son invention, auquel il avait apporté de prétendus perfectionnements. Il y avait dans son projet plus que de l'absurdité.

Cocking, lui, changeait tout d'abord la forme éprouvée, raisonnée et raisonnable ; et, au lieu d'une surface concave, s'appuyant sur une colonne d'air, et la refoulant, il se suspendait à un cône renversé, sorte de vis aérienne, de tarière, qui, au lieu de ralentir la descente du corps pesant, devait en précipiter la chute.

C'est ce qui eut lieu en effet. Et malheureusement, comme nous l'avons dit, Green participa à cette expérience. Au-dessous de sa nacelle, dans une ascension publique faite au Wauxhall de Londres, le 27 septembre 1836, il suspendit le déplorable appareil auquel Cocking tenait par un fil ; puis, à une hauteur de 1 000 à 1 200 mètres, l'aéronaute se sépara de son compagnon ; et pendant qu'il continuait son voyage en s'élevant de plus en plus vers le ciel, il dut considérer avec effroi la chute du malheureux qu'il venait de lancer dans l'éternité.

« La descente fut tellement rapide, dit un témoin oculaire, que la vitesse moyenne en dut être de près de 20 mètres par seconde. En moins d'une minute et demie le malheureux aéronaute fut précipité à terre, d'où on le releva sans vie. »

Madame Blanchard avait substitué des pièces d'artifice aux verres de couleur de Garnerin. Au moment du départ on suspendait au-dessous de la nacelle, par un fil de fer de 10 mètres de longueur et d'une force proportionnée au poids qu'il devait porter, un cercle en bois d'un grand diamètre autour duquel étaient fixées les pièces d'artifice. Cette espèce d'auréole ou d'étoile était composée de pièces placées de manière à produire leur effet en contre-bas; elles étaient mêlées de flammes de Bengale et de feux de couleur; c'était un beau spectacle, mais qu'il est toujours plus sage et sans inconvénient de reproduire en employant un ballon perdu. — Le mardi 6 juillet 1819, il y avait grande fête au Tivoli de la rue Saint-Lazare, sur l'emplacement actuel de la gare de l'Ouest rive droite. Une foule considérable environnait le ballon de madame Blanchard. Après quelques détonations annonçant le départ, l'enceinte se trouva subitement illuminée de flammes de Bengale; l'aéronaute monte dans sa nacelle aux sons d'une musique éclatante et aux acclamations d'un public enthousiaste, impressionné par ce spectacle féerique. Le ballon s'élève avec lenteur et majesté, entraînant l'immense étoile, à laquelle on met le feu. — La voilà partie ! quelques secondes s'écoulent; les flammes de Bengale éclairent seules l'intrépide voyageuse, puis des flammes semblables s'allument d'elles-mêmes autour de la couronne qu'elle emporte dans l'air; — il tombe du ballon une pluie d'or et des milliers d'étincelles.

Trois minutes d'un pareil spectacle sont un siècle et passent cependant comme un éclair. — Un moment de calme succède; tous les yeux sont encore fixés sur le ballon, dont le feu est complètement éteint. Tout à coup une lueur inattendue se révèle, non pas au-dessous du ballon, là où devait se trouver la couronne éteinte, mais dans la nacelle même; puis on voit assez distinctement, malgré la grande élévation à laquelle elle était parvenue en ce moment, l'aéronaute s'agiter : la lueur grandit, puis disparaît subitement, reparaît encore, et se montre enfin au sommet du ballon, sous la forme d'un immense jet de gaz d'un bec de 0^m.60 de diamètre et de plus de 1 mètre de hauteur. Le gaz dont était rempli le ballon venait de s'enflammer, et la clarté sinistre que répandait ce fanal ambulant se projetait sur le boulevard et sur tout le quartier Montmartre.

C'est à ce moment, affreux pour les personnes qui comprenaient ce qui allait se passer, que se manifestait un sentiment général de satisfaction et de joie parmi les nombreux spectateurs réunis dans l'enceinte des jardins de Tivoli. On applaudissait de toutes parts ; on criait : « Bravo ! vive madame Blanchard ! elle va descendre en parachute ! »

On croyait à une surprise, à un supplément de spectacle.

Cependant on voyait, à la lueur de la flamme, le ballon s'amoindrir et s'abaisser graduellement. Il disparut enfin à la hauteur des maisons, comme un météore, ou comme une longue traînée de feu qu'un souffle aurait subitement éteint.

Au moment où l'expérience avait pris cette tournure menaçante, des artificiers et quelques personnes qui avaient compris qu'un accident se préparait, s'empressèrent de se porter au lieu où le ballon semblait devoir descendre. Des employés de Tivoli arrivaient rue de Provence, aux environs du n° 16, au moment où le ballon vide de gaz, entièrement déprimé, demeurait accroché au toit de cette maison, et où la malheureuse madame Blanchard, précipitée de sa nacelle, du haut du toit de la rue, expirait et tombait morte sur le coup.

Cette nouvelle parvint rapidement à Tivoli, où elle occasionna une stupeur sans égale. C'était la première fois que le ciel de Paris était témoin d'une chute de ce genre. Le feu d'artifice ne fut pas continué, tous les jeux cessèrent et une souscription, rapidement organisée, produisit quelques milliers de francs, dont on ne sut d'abord que faire, et qui, plus tard, furent employés à élever à la mémoire de madame Blanchard le monument qu'on voit au cimetière du Père-Lachaise.

L'aéronaute avait voulu, dit Dupuis-Delcourt, à qui nous empruntons ces détails, augmenter le spectacle ordinaire de ses ascensions en ballon : elle avait réellement préparé une *surprise* à ses nombreux spectateurs. — Et cette pensée, cette surprise, ont été la principale cause de sa mort. Elle avait préparé et emporté avec elle un petit parachute de 2 mètres environ de diamètre. Après l'extinction du feu de la couronne, elle devait lâcher ce petit parachute en allumant l'artifice qui le lestait et qui se terminait par une bombe à *pluie d'argent*.

Madame Blanchard, très petite de taille, fort légère, avait la mauvaise habitude de se servir d'un ballon fort petit. Celui du 6 juillet 1819 n'avait pas 7 mètres de diamètre; madame Blanchard était obligée de le remplir de gaz jusqu'à la gorge. En quittant le sol, le gaz hydrogène fusait et établissait une longue traînée de gaz sur la ligne parcourue par le ballon; une véritable traînée de poudre qui aurait dû prendre feu bien des fois. Mais le jour de sa fatale et dernière expérience, ce fut elle-même qui de sa propre main mit le feu à cette traînée. Au moment où, tenant hors de la nacelle le petit parachute, elle prit de l'autre main la lance d'artifice, sorte de mèche qu'elle avait emportée tout allumée, elle la fit passer à travers la traînée de gaz, qui dut aussitôt s'enflammer : on vit alors la courageuse aéronaute, quittant précipitamment le parachute et la mèche, se lever et chercher une première fois, puis une seconde, à éteindre, à comprimer l'appendice du ballon : mais presque aussitôt une colonne de feu se fit voir au haut de la machine, et madame Blanchard, cessant alors des efforts superflus, fut distinctement aperçue assise dans sa nacelle, cherchant à voir le lieu où allait s'abaisser son ballon, et s'occupant alors des moyens de se sauveter.

La combustion du gaz hydrogène dura plusieurs minutes, et le ballon, s'amoindrissant de plus en plus, descendait toujours.

Il y avait alors aux environs de la maison n° 16 de la rue de Provence, formant le coin de la rue Chauchat, peu de constructions, et d'immenses jardins; là, encore, l'aéronaute pouvait descendre ou tomber sans danger; c'est précisément sur le toit de la maison que le ballon porta, et c'est sur le côté de la rue que glissa l'appareil.

Au moment du choc, qui n'a pas été considérable, puisque de minces chevrons de bois n'ont pas été enfoncés, on entendit madame Blanchard crier : *A moi !* Ce furent ses dernières paroles. La fatalité voulut que la nacelle, en glissant sur le toit, rencontrât un de ces crampons de fer comme on en met pour le service des couvreurs. La nacelle s'arrêta dans sa marche, et l'infortunée aéronaute, qui ne s'attendait pas à cette secousse, fut précipitée la tête la première sur le pavé de la rue.

Quand on arriva près d'elle, on la trouva morte. Il n'existait sur elle aucune trace de brûlure. On voyait la nacelle encore bien accrochée au toit, et le ballon entièrement vide, pendant du haut du toit dans la rue.

TROISIÈME PARTIE

VOYAGES SCIENTIFIQUES, ÉTUDES, APPLICATIONS DIVERSES

CHAPITRE PREMIER

LES AÉROSTATS A LA TÊTE DES ARMÉES.

Guerres de la république. — Compagnie des aérostiers. — Bataille de Fleurus. — Les ballons en Égypte. — Napoléon. — Services modernes. — Guerre d'Italie. — Guerre d'Amérique.

Les voyages scientifiques en ballon seront l'objet principal de cette troisième partie. Mais avant d'y arriver, jetons un coup d'œil sur les applications diverses de l'aérostation, et en particulier sur leur application à la guerre.

A peine les premières ascensions avaient-elles étonné le monde en révélant un nouveau domaine à la conquête scientifique du génie, que les esprits chercheurs se mirent à bâtir sur cette nouvelle conquête mille applications directement utiles aux usages de l'homme. Si l'on se reporte aux préoccupations de l'époque et aux graves événements qui pesaient sur la destinée de la France, on comprendra que le Comité de salut public ait songé à appliquer les aérostats à l'observation des forces et des manœuvres des troupes ennemies.. En 1794, on mit ce moyen au service des armées françaises, et l'on créa à cet effet deux compagnies d'*aérostiers*. Le commandement de l'une de ces compagnies fut donné au capitaine Coutelle, jeune physicien d'un grand talent, qui rendit de mémorables services pendant la bataille de Fleurus. Les globes aérostatiques étaient maintenus captifs au moyen de cordes à une hauteur convenable dans l'atmosphère : c'était des postes aériens d'observation.. Placé dans la nacelle, le capitaine transmettait ses ordres aux aérostiers au moyen de drapeaux de différentes couleurs. Le jeune Coutelle, chargé de cette expédition, devenu plus tard colonel, a donné de ses opérations un récit pittoresque et animé qui nous retrace l'un des aspects de ces jours mémorables de la grande réplibipue. Il s'agit des armées de Sambre-et-Meuse et du Rhin. Voici cette relation, l'une des pages intéressantes de notre histoire scientifique et militaire.

Le Comité de salut public avait réuni auprès de lui une commission de savants parmi lesquels on comptait Monge, Berthollet, Guyton de Morveau, Fourcroy, Carnot, etc. Guyton proposa de faire servir l'aérostat aux armées comme moyen d'observation. Cette proposition fut acceptée par le gouvernement, sous la condition de ne pas employer l'acide sulfurique, le soufre étant nécessaire à la fabrication de la poudre ; la commission arrêta alors d'employer la décomposition de l'eau.

Cette expérience, faite par le célèbre Lavoisier, et répétée dans nos cabinets, n'avait pu donner que de faibles résultats ; une expérience en grand était nécessaire : il fallait pouvoir extraire 12 à 15 000 pieds cubes de gaz dans l'espace de temps le plus court.

L'expérience réussit : Coutelle retira 5 à 600 pieds cubes de gaz. Les membres de la commission, qui avaient été témoins de l'opération, furent si satisfaits que, dès le lendemain, il reçut l'ordre d'aller en poste à Maubeuge proposer au général Jourdan l'emploi d'un aérostat à son armée.

Le représentant auquel il devait présenter son ordre ne comprit d'abord ni sa mission ni l'ordre du Comité de salut public, encore moins un aérostat au milieu d'un camp : il le menaça de le faire fusiller avant de l'entendre, comme suspect ; il finit pourtant par se radoucir, et lui fit des compliments sur son dévouement.

« L'armée était à Beaumont, dit Coutelle, six lieues au delà de Maubeuge ; l'ennemi, à moins d'une lieue de distance, pouvait attaquer à chaque instant. Le général me fit cette observation, qu'il m'engagea à porter au Comité. J'arrivai à Paris après avoir passé deux jours et demi et deux nuits à cette expédition.

» La commission sentit alors la nécessité de faire l'expérience entière avec un aérostat propre à élever deux personnes, et le ministre mit à ma disposition le jardin et le petit château de Meudon.

» Plusieurs des membres de la commission vinrent présider à la première expérience d'une ascension au moyen d'un ballon tenu par deux cordes.

» Les commissaires m'engagèrent à me placer dans la nacelle et me donnèrent une suite de signaux à répéter et d'observations à faire. Je me fis élever successivement de toute la longueur des cordes, 270 toises : j'étais alors à 350 toises environ au-dessus du niveau de la Seine : je distinguais parfaitement, avec une lunette, les sept coudes de la rivière jusqu'à Meulan. Rappelé à terre, je reçus des compliments des membres de la commission, auxquels je ne dissimulai pas l'impression que pouvait éprouver celui qui, pour la première fois, se trouverait ainsi isolé à une plus ou moins grande distance de la terre, et je leur fis sentir la nécessité d'être toujours deux, c'est-à-dire une personne avec celle qui est à la tête de toutes les opérations.

» Arrivé à Maubeuge, mon premier soin fut de chercher un emplacement, de construire mon fourneau, de faire les provisions de combustible, et de tout disposer en attendant l'arrivée de l'aérostat et des appareils qui avaient servi à ma première expérience de Meudon.

» Les différents corps de l'armée ne savaient de quel œil regarder des soldats qui n'étaient pas encore sur l'état militaire, et dont le service ne leur était pas connu. Le général qui commandait à Maubeuge ordonna une sortie contre les Autrichiens, retranchés à une portée de canon de la place. Je lui demandai à être employé avec ma petite troupe dans cette attaque. Deux des miens furent grièvement blessés ; le sous-lieutenant reçut une balle morte dans la poitrine. Nous rentrâmes dans la place au rang des soldats de l'armée.

» Chaque jour nous trouvions des différences sensibles, soit dans les travaux que l'ennemi avait faits pendant la nuit, soit dans ses forces apparentes. Le cinquième jour, une pièce de 17, embusquée dans un ravin à demi-portée de canon, tira sur le ballon aussitôt qu'il fut aperçu au-dessus des remparts ; le boulet passa par-dessus ; un second coup fut bientôt préparé ; je voyais charger et mettre le feu à la pièce : le boulet, cette fois, passa si près que je crus l'aérostat percé. Au troisième coup, le boulet passa dessous. Tous traversaient la ville et allaient tomber au milieu du camp retranché. (J'avais avec moi un aérostier qui avait longtemps servi d'observateur à la tour, et que j'avais enrôlé dans ma compagnie.) Lorsque j'eus donné le signal de nous ramener à terre, ma troupe mit une telle activité pour m'y faire arriver que la pièce ne put tirer que deux coups. Le lendemain matin, la pièce n'était plus en position.

» L'expérience m'avait appris ce qu'il me fallait de force et d'adresse pour résister au vent ou pour se mettre en garde contre ses atteintes imprévues : j'employai la nuit à disposer vingt cordes autour de l'équateur du filet, que je rendis solides par des attaches très rapprochées et des coulants ; chaque aérostier devait porter sa corde, la fixer et la détacher au premier signal : la nacelle se suspendait et se détachait de la même manière : nous pûmes sortir de la place et passer près des vedettes ennemies à la pointe du jour.

» Je voyageais avec le ballon à une élévation suffisante pour que la cavalerie et les équipages militaires pussent passer sous la nacelle ; les aérostiers qui tenaient les cordes marchaient sur les deux bords de la route.

» La nacelle portait les deux cordes d'ascension, une grande toile qui servait aussi à contenir le ballon sur terre pendant la nuit, pour abattre le ballon lorsque le vent était trop fort ; des piquets, des masses et des pioches avec les sacs et les signaux. Le ballon pouvait enlever 500 livres ; mais le plus faible excès de légèreté suffisait pour s'élever dans le calme : alors je portais dans ma nacelle des sacs de sable de 10 et 20 livres, dont je diminuais le nombre, suivant la force du vent, ou que je vidais si des coups de vent me surprenaient. A Maubeuge, un coup de vent imprévu me portait sur la pointe d'un clocher ; un sac de 20 livres que je jetai brusquement me fit relever.

» A trois heures de l'après-midi (l'attaque avait commencé à trois heures et demie du matin), le général Jourdan me donna l'ordre de m'élever et d'observer un point sur lequel il me fit donner une note. Pendant que j'observais avec un officier de ma compagnie (le général n'avait pas d'officier d'état-major disponible), un bataillon qu'on faisait porter sur un autre point par le chemin le plus court, passa sous mes cordes ; j'entendis plusieurs voix qui répétaient avec humeur qu'on les faisait battre en retraite ; je distinguai parfaitement la voix de l'un d'eux, qui leur dit : « — Si nous battions en retraite, le ballon ne serait » pas là. »

» Nous étions près des hauteurs de Namur, lorsqu'un coup de vent, que nous n'avions pu prévoir, porta le ballon sur un arbre qui le fendit dans sa partie supérieure ; dans un instant il fut vidé.

» Les généraux autrichiens et les officiers de leur armée ne cessaient pas d'admirer cette manière de les observer, qu'ils appelaient aussi savante que hardie. J'en ai reçu les témoignages les plus honorables, toutes les fois que je me suis trouvé avec eux : « Il n'y a que les Français capables d'imaginer et

» d'exécuter une pareille surprise, » m'ont-ils répété, lorsque je leur ai dit qu'ils pouvaient en faire autant.

» Je reçus l'ordre de faire une reconnaissance sur Mayence ; je me postai entre nos lignes et la place, à une demi-portée de canon : le vent était fort ; et pour lui opposer plus de résistance, je montai seul avec plus de 200 livres d'excès de légèreté. J'étais à plus de 1500 toises d'élévation, lorsque trois bourrasques successives me rabattirent à terre, avec une si grande force, que plusieurs des barreaux qui soutenaient le fond de la nacelle furent brisés. Chaque fois le ballon s'élevait avec une telle vitesse, que 64 personnes, 32 à chaque corde, étaient en traînées à une grande distance. Si les cordes avaient été fixées à des grappins, ainsi qu'on me l'avait proposé, il n'y a pas de doute qu'elles n'eussent été cassées ou que le filet n'eût été rompu.

» L'ennemi ne tira point : cinq généraux sortirent de la place en élevant des mouchoirs blancs sur leurs chapeaux ; nos généraux, que j'en prévins, allèrent au-devant d'eux. Lorsqu'ils se furent rencontrés, le général qui commandait la place dit au général français : « Monsieur le général, je vous demande en » grâce de faire descendre ce brave officier ; le vent va le faire » périr ; il ne faut pas qu'il soit victime d'un accident étranger » à la guerre : c'est moi qui ai fait tirer sur lui à Maubeuge. »

» Le vent se calma un peu ; alors je pus compter à la vue simple les pièces de canon sur les remparts, ainsi que toutes les personnes qui marchaient dans les rues et sur les places.

» Généralement, les soldats ennemis, qui tous voyaient un observateur plonger sur eux et prendre des notes, étaient persuadés qu'ils ne pouvaient pas faire un mouvement sans être remarqués, nos soldats étaient de la même opinion et trouvaient dans les observateurs un genre de bravoure nouveau qui excitait leur admiration et leur confiance. Dans nos marches, toujours pénibles, la surveillance continuelle ne permettait à aucun aérostier de quitter la corde qui retenait le ballon ; il nous est arrivé de trouver sur notre passage des rafraîchissements pré-

Ballon qui servit aux observations militaires pendant la bataille de Fleurus.

parés pour nous ; souvent aussi des soldats des troupes légères nous apportaient du vin.

» Nous étions campés sur les bords du Rhin, devant Manheim, lorsque le général qui nous commandait m'envoya en parlementaire sur l'autre rive. Aussitôt que les officiers autrichiens eurent appris que je commandais l'aérostat, je fus accablé de questions et de compliments : un officier qui avait passé le fleuve avec moi observa que si mes cordes cassaient, je pourrais être exposé en tombant dans le camp ennemi. « Monsieur » l'ingénieur aérien, répondit un officier supérieur, les Autri- » chiens savent honorer les talents et la bravoure ; vous seriez » traité avec distinction. C'est moi qui vous ai aperçu et signalé » le premier, pendant la bataille de Fleurus, au prince de » Cobourg, dont je suis l'aide de camp. »

» Si le balancement qu'on éprouve, et qui est plus ou moins grand, suivant la force du vent, est souvent un obstacle lorsqu'on est obligé de se servir de la lunette (excepté dans les très grands vents je m'étais accoutumé à m'en servir), je dois faire observer que le plus souvent on distingue à la vue simple les différents mouvements des corps d'infanterie, de cavalerie, d'artillerie et leurs parcs ; à Maubeuge, devant Mayence et Manheim, je pouvais compter les pièces de canon dans les redoutes et sur les remparts à la vue simple.

» Ce qui cause une impression à laquelle on a besoin de s'accoutumer, c'est le bruit que le ballon fait lorsqu'il est comprimé par les coups de vent répétés : il s'y forme une concavité plus ou moins grande suivant la force du vent. Lorsque le coup de vent a passé, le ballon reprend sa forme, par l'élasticité du gaz qui était comprimé, avec une telle vitesse que le bruit ou coup de vent du taffetas se fait entendre à une grande distance ; ce qui ferait craindre sa rupture s'il n'était pas contenu par le filet. Du reste, cet accident ne m'est jamais arrivé, quoique je me sois souvent servi d'un ballon dont le taffetas avait perdu presque toute sa force.

» Pendant que j'étais à 150 toises d'élévation pour une reconnaissance sur les bords du Rhin, un frisson épouvantable me força pour la première fois de m'asseoir dans ma nacelle ; il fut suivi d'une fièvre violente qui me mit aux portes du tombeau à Frankenthal, où j'avais fait un établissement. Mon lieutenant prit le commandement de ma compagnie et passa le Rhin : dans la première nuit son ballon fut criblé de chevrotines et mis hors de service.

» Celui que conduisait le capitaine Lhomond fut également percé de plusieurs balles près de Francfort. Cette compagnie fut prisonnnière de guerre à Wurtzbourg, en Franconie, et fit ensuite partie de l'expédition d'Égypte.

» Forcé de prendre un congé, j'étais à peine en convalescence, lorsque je rentrai à Paris. Je fus élevé, en arrivant, au grade de chef de bataillon, et je repris la suite de mes travaux à Meudon. »

Le récit précédent renferme les plus beaux titres de la gloire militaire des aérostats. L'application ultérieure que l'on fit depuis cette époque offre plutôt un caractère de curiosité que d'utilité effective. Dès la république, le rôle que jouèrent les ballons dans l'expédition d'Égypte n'eut rien de belliqueux. Comme le rapporte Robertson, les Anglais s'emparèrent des transports où l'on avait embarqué les appareils et les provisions d'acide nécessaire à la production du gaz ; de sorte qu'on ne sait si Bonaparte en aurait fait usage : du moins ne négligea-t-il point de transporter le spectacle merveilleux des expériences aérostatiques chez les peuples des bords du Nil, que l'étonnement, selon lui, ne devait pas moins lui soumettre que la terreur (¹). Quoi-

---

(¹) Il paraît cependant que les ascensions aérostatiques ne produisirent pas sur l'imagination des Arabes un effet aussi surprenant qu'on était autorisé à le croire.

« Le 1ᵉʳ vendémiaire, septième anniversaire de la république, sur la proposition de Monge, dit Arago, il avait été décidé que, ce jour de fête, on rendrait les indigènes témoins d'un spectacle qui semblait devoir inévitablement frapper leur imagination. L'ascension de l'aérostat, préparée par Conté,

que quelques récits de l'expédition d'Égypte ne relatent aucune ascension aérienne, il paraît qu'une montgolfière tricolore en papier, de 45 pieds de diamètre, s'était élevée majestueusement au milieu des fêtes pompeuses célébrées au Caire à l'occasion du 9 vendémiaire.

On voit quel parti Bonaparte voulait tirer de la supériorité de nos lumières et du secret de nos découvertes sur l'esprit des plus doctes muftis, par la conversation qu'il eut avec plusieurs d'entre eux dans la grande pyramide de Chéops, le 23 thermidor an 6.

MUSSAMED. « Noble successeur de Scander (Alexandre), honneur à tes armes invincibles et à la foudre inattendue qui sort du milieu de tes guerriers à cheval ! »

BONAPARTE. « Crois-tu que cette foudre soit une œuvre des enfants des hommes? le crois-tu? Allah l'a fait mettre en mes mains par le génie de la guerre. »

IBRAHIM. « Nous reconnaissons à tes armes que c'est Allah qui t'envoie. Serais-tu vainqueur si Allah ne l'avait permis ? Le Delta et tous les pays voisins retentissent de tes miracles. »

BONAPARTE. « *Un char céleste montera par mes ordres jusqu'au séjour des nuées ;* et la foudre descendra vers la terre, le long d'un fil de métal, dès que je l'aurai commandé. »

Monge ne se trompait-il pas en cherchant dans ce qu'il appelait l'apathie des pays chauds, la cause du peu d'étonnement qu'avait manifesté l'élite de la population égyptienne. « Les Orientaux croient généralement à la sorcellerie» ; or, que sont les résultats positifs de la science, de l'art, à côté des conceptions imaginaires d'un sorcier? Pouvait-on raisonnablement espérer d'exciter de l'enthousiasme par quelques expériences plus ou moins ingénieuses chez des hommes nourris de la lecture

reussit à souhait; mais les Africains n'en montrèrent aucune surprise; on vit bon nombre d'individus de tous les rangs traverser la grande place Usbékieh sans daigner lever la tête à l'instant où le ballon planait majestueusement dans les airs. »

des *Mille et une nuits*, chez des hommes habitués à prendre les récits de la princesse Schéhérazade, non pour des rêveries d'une imagination fantasque, mais comme des peintures d'un monde réel.

Napoléon ne favorisa pas l'application des ballons aux reconnaissances militaires. Peut-être était-il assez exclusivement glorieux de son génie pour le laisser souverainement maître de ses succès et répudier tout service. Peut-être reconnut-il que l'utilité des aérostats, pouvant devenir générale, ne donnerait pas à la France un avantage particulier et modifierait la stratégie des armées. Quoi qu'il en soit, à son retour d'Égypte, il mit en vente le ballon de Fleurus. Le corps des aérostiers fut dissous et les aérostats s'envolèrent en fumée. Quelques critiques ont prétendu que l'antipathie de l'empereur pour les ballons avait pour cause le fait assez bizarre, et dont nous avons parlé plus haut, survenu le jour de son couronnement.

Comme on le lit dans un travail de M. Gangler, on retrouve à peine depuis l'empire quelques traces historiques de l'aérostation militaire. En 1812, les Russes avaient projeté d'écraser l'armée française à l'aide d'une machine infernale transportée par un aérostat.

En 1815, Carnot, commandant la défense d'Anvers, employa un ballon à des reconnaissances militaires.

En 1820, quelques partisans obstinés de l'aéronautique cherchent à remettre la question sur le tapis.

En 1826, les journaux se décident enfin à y donner quelque attention. Le *Spectateur militaire* publie un excellent article où l'auteur, M. Ferry, prédit l'oubli des traditions et la perte peut-être irréparable des découvertes déjà acquises. C'était déjà plus d'à moitié fait. — L'opinion publique s'émeut : une commission militaire est chargée d'un rapport. Ce rapport est enfin publié, et, favorable à la question, il va, comme de juste, et à la tradition fidèle, s'enfouir dans les cartons.

Lors de l'expédition d'Alger, l'aéronaute Margat obtient

l'autorisation d'accompagner l'armée. — Le ballon fut emporté, rapporté, payé, sans avoir même été déballé, et tout fut dit.

En 1848-49, les Autrichiens emploient, devant Venise, de petits ballons enlevant des bombes. Mais les courants de vent reportent ces envois sur les assiégeants, qui s'empressent de renoncer au procédé.

Enfin, en 1854, on essaya à Vincennes, mais en de mauvaises conditions et partant sans succès, de faire tomber d'un aérostat captif des projectiles détachés par un mécanisme électrique.

Depuis les guerres de la république, les ballons, si chaleureusement accueillis à l'aurore de leur carrière, ont été délaissés par les gouvernements. Nous ne remarquons guère que deux exemples d'application des aérostats aux opérations militaires; encore ces deux exemples sont-ils très rapprochés de nous. En 1859, la veille de la bataille de Solferino, on a dit que l'aéronaute Godard déclara qu'il n'y avait personne dans la plaine. Nous ne pensons pas que l'habile aéronaute eût été nommé « aéronaute de l'empereur », s'il s'était borné à ce service négatif. Quoi qu'il en soit, depuis le commencement du siècle, l'aérostation militaire ne peut s'honorer d'avoir rendu des services comparables à ceux de Fleurus. Pendant la guerre d'Amérique, son rôle fut plus important. Le gouvernement des États-Unis décora du titre d'*ingénieur aéronaute* M. Allan, de Rhode-Island, qui imagina de faire communiquer par un fil électrique l'observateur aérien avec le camp. Le premier message télégraphique qui ait été transmis du sein des régions aériennes est celui du professeur Love, à Washington, au président des États-Unis. Voici cette dépêche :

Washington, ballon l'Entreprise.

« Sir, le point d'observation commande une étendue de cinquante milles à peu près de diamètre. La cité, avec sa ceinture

de campements, présente une scène superbe. J'ai grand plaisir
à vous envoyer cette dépêche, la première qui ait été télégraphiée
d'une station aérienne, et à reconnaître tout ce que je vous dois
pour m'avoir tant encouragé et m'avoir donné l'occasion de dé-
montrer les services que la science aéronautique peut rendre à
l'armée dans ces contrées. »

Au mois de septembre 1861, un des plus hardis aéronautes,
nommé la Mountain, fournit, par son ascension aérienne, des
renseignements précieux au général Mac Clellan. L'aérostat de
la Mountain, qui était parti du camp de l'Onion, sur le Potomac,
passa au-dessus de Washington. Arrivé à une certaine hauteur,
la Moutain, sans se préoccuper du danger, coupa la corde qui
mettait son ballon en communication avec la terre, et s'élevant
rapidement à la hauteur d'un mille et demi, il se trouva directement au-dessus des lignes ennemies. Là il put observer parfaitement leur position et leurs mouvements. La Mountain jeta
ensuite assez de lest pour pouvoir s'élever à une hauteur de trois
milles ; il rencontra alors un courant d'air qui l'emporta dans la
direction de Maryland, où il opéra en sûreté sa descente, après
avoir passé, comme nous l'avons dit, au-dessus de Washington.

« Le général Mac Clellan a tellement été satisfait du résultat
des reconnaissances faites en aérostat, qu'à sa requête l'ordre a
été donné par le département de la guerre de construire quatre
nouveaux ballons. »

CHAPITRE II

Expériences scientifiques de Robertson, Lhoëst, Saccharof, etc.

Nous avons souvent rencontré des aéronautes et des physiciens fort peu sérieux eux-mêmes qui traitaient Robertson à peu près dans les termes dont on salue un saltimbanque. Nous avons, au contraire, rencontré des savants qui, comme Arago, se donnaient la peine d'examiner les expériences aérostatiques de ce physicien, et d'exposer au long le résultat de ces observations, malgré la forme pittoresque dont il décore son récit. Pour nous, nous prenons l'intérêt et l'utile partout où nous le trouvons, et nous ne fermerons pas la porte de notre amphithéâtre à l'aéronaute de Hambourg.

Le physicien Robertson, dit Arago, a exécuté à Hambourg, le 18 juillet 1803, avec son compatriote Lhoëst, le premier voyage aéronautique dont la science a pu tirer quelques indications utiles. Les deux voyageurs restèrent suspendus dans les airs durant cinq heures et demie, et allèrent tomber près de Hanovre, à 25 lieues de leur point de départ.

Nous demanderons aux *Mémoires* de Robertson lui-même, les passages les plus dignes d'intérêt de sa carrière d'aéronaute.

La première fois que nous le rencontrons dans les annales de l'aérostation, c'est en 1802, à la vente du ballon qui avait servi à la bataille de Fleurus.

Mais trois ans auparavant, il s'était chargé de faire monter un ballon d'une forme originale dans une fête donnée à l'ambassadeur turc, au jardin de Tivoli.

La fête eut lieu à Tivoli, le 2 juillet ; Robertson s'était présenté la veille chez Esseid-Aly pour obtenir qu'il écrivît son nom : il s'y prêta de bonne grâce, et le traça sur une feuille de papier en lettres qui avaient deux pouces de hauteur.

Il lui fit offrir du café et des confitures, et promit d'assister à cette *parade*.

Son nom fut peint en gros caractères sur un ballon de 15 pieds de diamètre, dont la forme était celle d'un croissant. Cette expérience plut beaucoup à l'ambassadeur, et fut très bien accueillie du public.

Jacques Garnerin, qui venait de débuter dans la carrière des aérostiers, en faisant monter une poupée élégante au-dessous d'un ballon de papier vernissé, essaya, le 24 août suivant, au jardin de l'hôtel Biron, l'expérience du parachute. L'ambassadeur fut prié d'y assister ; mais elle ne put réussir, et Esseid-Aly dit en sortant : « Qu'il l'avait bien prédit, que l'homme n'était pas fait pour voler ; que Mahomet ne le voulait pas. »

En 1803, Robertson partit pour Hambourg, où l'avait précédé Garnerin, ce qui suscita une rivalité peu intéressante pour nos lecteurs et que nous passerons sous silence pour arriver de suite aux ascensions qui sont l'objet de notre revue.

Les deux premières furent manquées par la faute du gouvernement prussien, qui ne laissa pas au physicien un délai suffisant pour préparer son ascension, et qui le contraignit à gonfler son ballon pendant une véritable tempête, qui brisa la soupape, rompit les cercle et emporta l'aérostat avec une vitesse de 14 milles d'Allemagne en moins d'une heure, vitesse qui n'avait jamais été donnée par aucun autre. Fort heureusement la nacelle n'était pas attachée. Ce ballon était l'un des plus beaux qu'on eût vus jusqu'alors ; il ne fut pas perdu. Le 18 juillet 1803, il était de nouveau gonflé et prêt à s'envoler dans l'espace.

C'était à côté de Hambourg, dans le jardin de Lhoëst. L'Alster, petite rivière qui se jette dans l'Elbe, forme près de Hambourg un lac charmant, sur la promenade appelée Juugfernstieg. Ce fut au milieu de ce lac que dix marins robustes, descendant l'Alster sur un bateau, conduisirent l'aérostat, impatient d'échapper à leurs efforts, quoique les deux voyageurs fussent déjà dans la nacelle. Ce spectacle nouveau, par un temps magnifique, attira toute la ville. Les sénateurs eux-mêmes, près d'entrer au conseil, quittèrent leurs stalles en boiserie gothique et accoururent tout costumés, avec leurs grandes fraises à la Henri IV et leurs robes noires en forme de soutane.

Voici une partie de la relation adressée plus tard sur ce voyage aérien au président de l'Académie impériale de Saint-Pétersbourg.

« Je partis à neuf heures du matin, accompagné de M. Lhoëst, mon condisciple et compatriote français, établi dans cette ville; nous avions 140 livres de lest. Le baromètre marquait 28 pouces, le thermomètre de Réaumur 16 degrés. Malgré un faible vent du nord-ouest, l'aérostat monta si perpendiculairement et si haut, que dans toutes les rues chacun croyait l'avoir à son zénith. Pour accélérer notre élévation, je détachai un parachute de soie, d'une forme parabolique, et ayant dans sa périphérie des cases dont le but était d'éviter les oscillations. L'animal qu'il contenait, enfermé dans une corbeille, descendit avec une lenteur de deux pieds par seconde, et d'une manière presque uniforme. Dès l'instant où le baromètre commença à descendre, nous ménageâmes notre lest avec prudence, afin d'éprouver d'une manière moins sensible les différentes températures par lesquelles nous allions passer.

» A dix heures quinze minutes le baromètre était à 19 pouces et le thermomètre à 3° au-dessus de zéro. Sentant arriver graduellement toutes les incommodités d'un air trop raréfié, nous commençâmes à disposer quelques expériences sur l'électricité atmosphérique. Mes premiers essais ne réussirent pas;

mais je ne tardai pas à en trouver la cause : j'observai que l'aérostat était un corps isolé dans l'espace et que, faisant partie moi-même de ce corps isolé, j'aurais beaucoup de peine à connaître le degré de l'électricité de l'atmosphère, ainsi que sa nature vitrée ou résineuse. Pour opérer, il fallait au moins que mes instruments pussent sortir de la sphère d'activité, et j'y parvins de cette manière.

» Nous jetâmes du lest pendant quelque temps ; bientôt le baromètre indiqua un mouvement progressif; enfin, le froid augmenta et nous ne tardâmes pas à le voir descendre avec une extrême lenteur. Pendant les différents essais dont nous nous occupions, nous éprouvions une anxiété, un malaise général ; le bourdonnement d'oreilles dont nous souffrions depuis longtemps augmentait d'autant plus que le baromètre dépassait les 13 pouces. La douleur que nous éprouvions avait quelque chose de semblable à celle que l'on ressent lorsque l'on plonge la tête dans l'eau. Nos poitrines paraissaient dilatées et manquaient de ressort ; mon pouls était précipité ; celui de M. Lhoëst l'était moins : il avait ainsi que moi les lèvres grosses, les yeux saignants ; toutes les veines étaient arrondies et se dessinaient en relief sur mes mains. Le sang se portait tellement à la tête, qu'il me fit remarquer que son chapeau lui paraissait trop étroit. Le froid augmenta d'une manière sensible; le thermomètre descendit alors assez brusquement jusqu'à 2° et vint se fixer à 5 1/2 au-dessous de glace, tandis que le baromètre était à 12 pouces 4/100. A peine me trouvais-je dans cette atmosphère que le malaise augmenta ; j'étais dans une apathie morale et physique; nous pouvions à peine nous défendre du sommeil, que nous redoutions comme la mort. Me défiant de mes forces, et craignant que mon compagnon de voyage ne succombât au sommeil, j'avais attaché une corde à ma cuisse, ainsi qu'à la sienne; l'extrémité de cette corde passait dans mes mains. C'est dans cet état, peu propre à des expériences délicates, qu'il fallut commencer les observations que je me proposais.

» Ranimés par un peu de vin, nous répétâmes d'abord avec l'électromètre et le condensateur l'expérience détaillée plus haut, et nous n'obtinmes aucun atome d'électricité. »

Nous choisissons et nous donnons ici les expériences les plus importantes :

Première expérience. — « A cette élévation, le verre, le soufre et la cire d'Espagne ne s'électrisent pas d'une manière sensible par le frottement; du moins je n'ai pu recueillir de cette électricité sur des corps conducteurs ou sur l'électromètre. J'attribue la difficulté d'accumuler l'électricité dans cette circonstance à l'isolement du corps électrisant, dans lequel l'électricité ne peut être restituée par le réservoir commun. »

Deuxième expérience. — « J'avais emporté dans ma nacelle une pile de Volta, composée de soixante couples, argent et zinc : elle fonctionnait très bien à notre départ, et donnait, sans condensateur, un degré à l'électromètre de Volta. A notre plus grande élévation, la pile ne donnait plus que 5/6 de degré au même électromètre. L'éclair galvanique m'a paru beaucoup plus sensible que sur la terre ; cet effet me semble contradictoire. »

Troisième expérience. — « Une aiguille d'inclinaison, suspendue avec soin, indiquait à notre depart 42°; elle a abandonné insensiblement sa position ; les oscillations, d'abord peu sensibles, ont graduellement augmenté. Les oscillations de l'aiguille se sont ralenties à mesure que l'aérostat se rapprochait de la terre, et, au moment de notre arrivée, elle se trouva fixée au même point qu'elle indiquait au moment de notre départ. »

Quatrième expérience. — « J'ai fait détoner 10 grains de muriate oxigéné de potasse; l'explosion n'a produit qu'un éclat aigu et perçant sans être fort ; mais il affectait l'oreille d'une manière insupportable et douloureuse. La remarque que je fis, que j'entendais avec peine la voix de mon compagnon de voyage, quoiqu'il me parlât assez haut, m'engagea à faire quelques essais sur le son : tous ceux que j'ai cherchés, en frappant différents corps métalliques, étaient peu sensibles pour nous ; leurs vibrations étaient cependant de longue durée. Il serait sans doute intéressant de connaître quelle vibration éprouverait le diapason ; mais quel moyen emploierait le physicien pour servir de mesure au ton qu'il adopterait dans l'air raréfié ? »

Cinquième expérience. — « Pour connaître à quel degré l'eau entrait en ébullition à cette élévation, je me suis servi de chaux vive afin de produire la chaleur ; mais, par une distraction pardonnable dans l'état où je me trouvais, je plaçai mon thermomètre dans le vase qui produisait la chaleur, au lieu de l'introduire dans celui qui devait la recevoir. L'instrument fut saisi si subitement, au moment même où je m'aperçus de l'erreur, que je ne pus le sauver. Il est constant que lorsqu'elle entra en ébullition, je pouvais y mettre la main. »

Sixième expérience. — « Une goutte d'éther vitriolique s'évapora en quatre secondes ; son odeur nous affecta d'une manière douloureuse, mais utile. Cette circonstance me fit sentir qu'il est indispensable, dans un voyage à cette élévation, de se munir d'une fiole d'alcali volatil ou de vinaigre très fort, enfin de quelque stimulant qui, en excitant la fibre, détourne l'assoupissement et le sommeil qui accablent le physicien et lui ôtent l'aptitude nécessaire à ses recherches. A ce point élevé, l'état où nous nous trouvions était celui de l'indifférence : là, le physicien n'est plus sensible à la gloire et à la passion des découvertes ; le danger même qui résulte dans ce voyage de la plus légère négligence ne l'occupe guère ; ce n'est qu'à l'aide d'un peu de vin fortifiant qu'il parvient à retrouver des intervalles de lumière et de volonté.

» Comme je ne veux rien omettre de ce qui peut jeter quelque jour sur les fonctions de l'économie animale et les opérations de la nature à cette élévation, je dois faire remarquer que, lorsque le baromètre était encore à 12 pouces, mon compagnon m'offrit du pain : je fis de vains efforts pour l'avaler, je ne pus jamais y parvenir. Si l'on considère attentivement l'état de l'atmosphère où j'étais, et dont la grande rareté n'offrait qu'une légère résistance à ma poitrine qui se dilatait; si l'on considère la petite quantité d'oxygène que doit contenir le fluide dans lequel je nageais, on pourra croire que mon estomac déjà plein d'un air plus dense et appauvri par la perte de l'oxygène, n'était point propre à recevoir des aliments solides et encore moins à les digérer. Je dois ajouter que les sécrétions naturelles ont été suspendues chez mon ami et chez moi pendant les cinq heures de voyage, et qu'elles n'ont eu lieu que trois heures après notre retour sur la terre. »

Septième expérience. — « J'avais emporté deux oiseaux au moment de l'expérience, j'en trouvai un mort sans doute par la raréfaction de l'air ; l'autre paraissait assoupi. Après l'avoir placé sur le bord de la gondole, je cherchai à l'effrayer pour lui faire prendre la fuite, il agita ses ailes, mais ne changea pas de place ; alors je l'abandonnai à lui-même, et il tomba perpendiculairement et avec une extrême vitesse. Il n'y a point de doute que les oiseaux ne pourraient se maintenir à cette élévation. »

Huitième expérience. — « Des faits nouveaux et relatifs à l'optique s'offrent aussi aux physiciens dans les régions supérieures. L'atmosphère inférieure était d'une pureté parfaite, tandis que celle qui était au-dessus de nos têtes était grise et brumeuse, de manière que ce beau bleu d'azur, alors visible pour l'homme qui se trouvait sur la terre, n'existait plus pour nous. (Il faut observer que le temps était calme et serein, et le jour le plus beau de la nature.) Le soleil ne nous paraissait pas éblouissant ; sa chaleur avait diminué en raison de notre élévation : elle était nulle lorsque l'on portait la main en dehors de la gondole, elle était faiblement sensible dans l'intérieur, où les rayons éprouvaient une légère réflexion. »

» A onze heures et demie, le ballon n'était plus visible pour la ville de Hambourg, du moins personne ne nous a assuré nous avoir observés à cette heure-là. Le ciel était si pur sous nos pieds, que tous les objets se peignaient à nos yeux, dans un diamètre de plus de 25 lieues, avec la plus grande précision, mais dans la proportion de la plus petite miniature. A onze heures quarante minutes, la ville de Hambourg ne paraissait plus que comme un point rouge à nos yeux ; l'Elbe se dessinait en blanc comme un ruban très étroit : je voulus faire usage d'une lunette de Dollon, mais ce qui me surprit, c'est qu'en la prenant je la trouvai si froide que je fus obligé de l'envelopper dans mon mouchoir pour la maintenir. Lorsque nous étions à notre plus grande élévation, il s'éleva du côté de l'est quelques nuages sous nos pieds, mais à une distance telle, que mon ami crut que c'était un incendie dans quelque ville. La lumière, étant différemment réfléchie par les nuages que sur la terre, leur fait prendre des formes plus arrondies et leur donne une couleur blanchâtre et éblouissante comme la neige ; beaucoup d'objets tels que des habitations, des lacs ou des bois, nous paraissaient des concavités.

» Ne pouvant supporter aussi longtemps que nous l'aurions désiré la position pénible où nous nous trouvions, nous descendîmes après avoir perdu beaucoup de gaz et de lest. Notre descente nous offrit le spectacle de la terreur que peut inspirer un aérostat aussi grand que le nôtre, dans un pays où l'on n'a jamais vu de semblables machines : elle s'effectuait justement au-dessus d'un pauvre village appelé Radenbourg, placé au milieu des bruyères du Hanovre. Notre apparition y jeta l'alarme, et l'on s'empressa de ramener les bestiaux des campagnes.

» Pendant que notre aérostat descendait avec assez de vitesse, nous agitions nos chapeaux, nos banderoles, et nous appelions à nous les habitants, mais notre voix augmentait leur terreur (¹).

(¹) Les villageois avaient pris l'aérostat pour un oiseau qu'ils croient in-

Ces villageois couraient en désordre, jetant des cris affreux ; ils abandonnaient leurs troupeaux, dont les beuglements augmentaient encore l'alarme. Lorsque l'aérostat toucha la terre, chacun s'était renfermé chez soi. Ayant appelé inutilement à plusieurs reprises, et craignant que la frayeur ne les portât à quelques violences, nous jugeâmes qu'il était prudent de remonter, et je m'y déterminai avec d'autant plus de plaisir que je désirais faire un troisième essai sur l'électricité, que deux fois j'avais obtenue positive.

» Cette seconde ascension épuisa tout à fait notre lest : nous en pressentions le besoin, car le ballon ayant nagé dans une atmosphère très raréfiée, était flasque et avait perdu beaucoup de gaz ; nous fîmes cependant encore 10 lieues. Je prévis que notre descente serait extrêmement accélérée : comme il ne me restait plus de lest, je rassemblai tout ce qu'il y avait dans la nacelle, tel que les instruments de physique, le baromètre même, le pain, les cordes, les bouteilles, les effets, jusqu'à l'argent que nous avions sur nous ; je déposai tous ces objets dans trois sacs, qui avaient contenu le sable, je les attachai à une corde que je fis descendre à 100 pieds au-dessous de la gondole. Ce moyen nous préserva de la secousse. Le poids parvint à terre avant l'aérostat, qui se trouva allégé de plus de 30 livres. Il descendit plus lentement sur la bruyère, entre Wichtenbech et Hanovre, après avoir parcouru 25 lieues en cinq heures et demie. On peut évaluer l'élévation de l'aérostat à 3 679 toises. »

Après cette ascension, Robertson fut en relation avec des savants de Hambourg, et notamment le professeur Pfaff, qui s'occupaient de la navigation aérienne au point de vue des questions météorologiques. Quelques jours après cette ascension, ce professeur écrivait à l'aéronaute : « Vous parlez d'une certaine hauteur à laquelle le gaz inflammable (hydrogène) se trouvera probablement en équilibre dans l'atmosphère. Je crois que cette

vulnérable et que le préjugé leur fait désigner sous le nom d'*oiseau de fer* ou *aigle d'acier.*

hauteur est l'extrémité de l'atmosphère elle-même ; car comme le gaz inflammable a une élasticité spécifique beaucoup plus grande que l'air atmosphérique, il se dilatera successivement en montant dans les régions plus hautes de l'atmosphère, et sa pesanteur spécifique diminuera dans le même rapport que la pesanteur spécifique de l'air atmosphérique : il sera donc toujours et constamment spécifiquement plus léger que l'air atmosphérique, et il ne cessera de monter que quand il sera arrivé au-dessus de l'atmosphère elle-même. C'est pour cela qu'un aérostat rempli de gaz inflammable arrivera jusqu'à une hauteur indéfinie, si deux conditions peuvent être complétement remplies : 1° la condition que le gaz inflammable puisse se dilater sans sortir de l'aérostat à mesure qu'il monte ; 2° la condition que le gaz inflammable contenu dans le ballon ne se mêle pas du tout avec l'air atmosphérique. »

Une nouvelle expérience fut fixée pour le 14 août. Le professeur et le physicien devaient la faire ensemble, mais le premier fut arrêté dans son projet par les instances et les inquiétudes de sa famille. « Je partis seul avec mon ami Lhoëst, dit Robertson, à midi quarante-deux minutes, le baromètre indiquant 27 pouces 11 lignes, et le thermomètre 21 degrés. Parvenu à une certaine élévation, j'abandonnai deux parachutes de différents diamètres, avec deux poids égaux, pour évaluer la résistance de l'air.

» A midi cinquante et une minutes, nous montions entre deux nuages majestueux qui semblaient s'entr'ouvrir pour nous offrir un passage. La forme de ces masses de vapeur blanchâtre est allongée et présente des lambeaux longs et perpendiculaires à la terre. Leurs parties supérieures n'offrent pas dans leur ensemble une surface unie comme nous le voyons de la terre, mais elles se terminent en forme conique ou pyramidale. Cet effet est sans doute dû au calorique, qui en fait des espèces de ballons ou montgolfières dont l'élévation est en rapport avec la densité de l'atmosphère. Les masses imposantes de vapeur semblaient

se précipiter avec impétuosité vers la terre comme pour s'abîmer. Mais cette illusion d'optique était due à l'immobilité appa-
rente de l'aérostat, qui parcourait environ 20 pieds par seconde.

» La crainte de perdre de vue la mer Baltique, que nous
apercevions par intervalles entre les nuages, nous obligea de renoncer au projet de nous élever aussi haut que la dernière fois.
Le baromètre était à 15 pouces et le thermomètre à 1 degré au-
dessous de O. J'abandonnai deux pigeons : l'un descendit dans
une diagonale peu inclinée, les ailes entr'ouvertes et sans les
agiter, avec une vitesse qui ressemblait à une chute; l'autre vol-
tigea un instant et vint se fixer auprès de nous et ne voulut pas
nous quitter. D'après l'invitation du docteur Reimarus, je fis le
même essai sur des papillons : l'air se trouva trop raréfié ; ils
tentèrent en vain de s'élever, mais ils n'abandonnaient pas la
gondole.

» Avec un verre convexo-convexe de 6 pouces de foyer, j'es-
sayai de brûler l'amadou, le soufre, etc., etc. ; je n'y parvins
qu'au bout de plusieurs minutes. Je transvasai le mercure d'une
bouteille pour recueillir l'air de la région qui m'entourait.

» D'après l'invitation de M. le docteur Rheitre, j'avais emporté des vessies remplies d'air atmosphérique, à moitié, à un
tiers, à un quart ; elles se sont distendues dans les proportions
de l'air qu'elles contenaient. La première était crevée avant que
le baromètre eût atteint 20 pouces. J'ai observé que la lumière
réfractée par un prisme n'offrait plus cette coloration vive et dis-
tincte : elle est fade et confuse. Les poids suspendus, à un peson
à ressort perdent de leur gravité ; l'aiguille d'inclinaison me parut recommencer ses oscillations.

» Le vent continuant à me porter vers la mer, je résolus de
terminer mes observations. J'effectuai ma descente dans une
prairie, à côté d'une forêt, près du village de Rehorst, dans le
Holstein, après avoir parcouru environ 16 lieues de France en
soixante-cinq minutes.

» L'air que j'avais rapporté fut analysé par M. le docteur Schmeisser. Son analyse ne donne pas les mêmes résultats que celle de M. Gay-Lussac, car il trouva une diminution sensible dans les proportions de l'oxygène, ce qui est très probable et même très conforme à l'opinion de plusieurs physiciens distingués qui ont porté leur investigation hors des laboratoires. »

Cette première dissidence entre Gay-Lussac et Robertson n'est pas la seule, et nous pouvons même dire que la plupart des faits observés par l'un et l'autre se contredisent. Comme il est difficile de suivre ici le précepte populaire et d'aller voir de quel côté est la vérité, nous avouerons que nous préférons l'autorité de Gay-Lussac à celle de Robertson. Un sentiment de rivalité de la part de celui-ci nous paraît au moins ridicule. Certes, il a raison de protester contre « les savants constitués, appointés même, pour exciter et entretenir l'émulation de ceux qui se livrent à des recherches utiles, et qui ne font, pour la plupart, servir cette auguste mission qu'à faire de la science un domaine exclusif pour eux et leurs clients. » Il est malheureusement vrai que quelquefois il est des savants qui méritent ce grave reproche. Mais cette indignité d'esprit n'autorise pas à révoquer en doute la valeur scientifique de ces hommes et de leurs expériences.

Au commencement de l'année 1804, Laplace proposa à l'Institut de profiter des moyens offerts par l'aérostation pour vérifier à de grandes hauteurs certains points de physique, et notamment ceux qui concernent la propriété magnétique dont Saussure avait cru reconnaître un affaiblissement sensible dans ses expériences sur le *col du Géant;* il ajouta que le gouvernement ayant alloué certains fonds à l'Institut pour des expériences utiles, il lui paraissait bien à propos de les employer à de telles recherches. Berthollet et plusieurs autres membres, qui avaient aussi des expériences ou vérifications à proposer, appuyèrent l'avis de Laplace.

Cette proposition ne pouvait être faite dans des circonstances plus favorables, puisqu'un des membres les plus distingués de cette classe de l'Institut, Chaptal, était alors ministre de l'intérieur. Aussi la décision fut-elle aussitôt prise, et Biot et Gay-Lussac furent désignés pour l'exécution. On ne pouvait faire un meilleur choix, ces deux savants étant les plus jeunes et les plus ardents professeurs de l'époque.

L'aérostat s'était trouvé plus tôt prêt que les aéronautes, qui crurent pouvoir le faire attendre, retenu qu'il était à des piquets par des cordages. Mais ces piquets avaient été plantés sur le terrain tout récemment remué, et par conséquent peu solide, du Luxembourg : une pluie abondante tombée la veille ou dans la nuit avait détrempé ce terrain, de sorte que les piquets ne purent tenir contre la force ascensionnelle de l'aérostat. Les aéronautes, en arrivant, furent fort étonnés de le voir en l'air, et bien des gens occupés à ramener le fugitif, dont très heureusement on avait saisi les lisières. On décida qu'il fallait l'établir dans un local plus convenable, et remettre l'ascension à un autre jour. Ce fut dans le jardin du « Conservatoire des arts », et par un temps très favorable, qu'elle se fit, belle, majestueuse et sans le moindre accident.

Voici, pour les physiciens, la correspondance de la relation de M. Biot, avec le rapport fait à la Société galvanique sur le Mémoire de Robertson :

Relation de MM. Biot et Gay-Lussac. — « Nous avons observé nos animaux à toutes les hauteurs ; ils ne paraissaient souffrir en aucune manière. Pour nous, nous n'éprouvions aucun effet, si ce n'est une accélération du pouls. A 3 400 mètres de hauteur, nous donnâmes la liberté à un petit oiseau que l'on nomme un verdier ; il s'envola aussitôt, mais revint presque à l'instant se poser sur nos cordages ; ensuite, prenant de nouveau son vol, il se précipita vers la terre, en décrivant une ligne tortueuse, peu différente de la verticale. Nous le suivîmes des yeux jusque dans les nuages, où nous le perdîmes de vue. Mais un pigeon, que nous lâchâmes de la même manière, à la même hauteur, nous offrit un spectacle plus curieux : remis en liberté sur le bord de la nacelle, il y resta quelques instants, comme pour mesurer l'étendue qu'il avait à parcourir ; puis il s'élança en voltigeant d'une manière inégale, en sorte qu'il semblait essayer ses ailes ; mais, après quelques battements, il se borna à les étendre tout à fait : il commença à descendre vers les nuages, en décrivant de grands cercles, comme tous les oiseaux de proie. Sa descente fut rapide, mais réglée ; il entra bientôt dans les nuages, et nous l'aperçûmes encore au-dessous. »

Quant aux voyageurs eux-mêmes, voici comment ils parlent de leur situation à 2 724 mètres de hauteur, suivant leur estimation :

« Vers cette élévation, nous observâmes les animaux que nous avions emportés ; ils ne paraissaient pas souffrir de la rareté de l'air ; cependant le baromètre était à 20 pouces 8 lignes, ce qui donne une hauteur de 2 622 mètres. Une ébulle violette, à qui nous avons donné la liberté, s'envola très vite. Le thermomètre marquait 13 degrés de la division centigrade (1.04 de Réaumur). Nous étions très surpris de ne pas éprouver de froid ; au contraire, le soleil nous échauffait fortement : nous avions ôté les gants que nous avions mis d'abord, et qui ne nous ont été d'aucune utilité. Notre pouls était fort accéléré ; celui de M. Gay-Lussac, qui bat ordinairement 62 pulsations par minute, en battait 80 ; le mien, qui donne ordinairement 89 pulsations, en donnait 111. Cette accélération se faisait donc sentir pour nous deux à peu près dans la même proportion. Cependant notre respiration n'était nullement gênée ; nous n'éprouvions aucun malaise, et notre situation nous semblait extrêmement agréable. »

Rapport à la Société galvanique. — « Nous savons depuis longtemps qu'un animal ne peut passer impunément d'un air auquel il est habitué dans un air beaucoup plus dense et beaucoup plus rare. Dans le premier cas, il a à souffrir de l'effort de l'air extérieur, qui le presse outre mesure; dans le second, ce sont les liquides ou fluides élastiques faisant partie de son système, qui, moins pressés qu'ils ne doivent l'être, se dilatent et agissent contre leur enveloppe. Dans l'un et l'autre cas, ce sont à peu près les mêmes effets, anxiété, malaise général, bourdonnement d'oreilles, et souvent des hémorragies; l'expérience de la cloche du plongeur nous avait depuis longtemps indiqué ce qui arriverait aux aéronautes. Notre collègue et son compagnon de voyage ont éprouvé ces effets dans une grande intensité; ils avaient les lèvres gonflées, les yeux saignants; les veines arrondies se dessinaient en relief sur leurs mains, et, ce qui est très remarquable, ils conservèrent, l'un et l'autre, un teint brun et rougeâtre qui étonnait ceux qui les avaient vus avant leur ascension. Cette distension des vaisseaux, dans leurs ramifications extrêmes, doit nécessairement produire un embarras, une gêne dans tous les mouvements musculaires, et c'est principalement à cette cause que je crois qu'il faut attribuer les vains efforts que fit notre collègue pour avaler le pain que son compagnon de voyage lui présenta, lorsqu'ils étaient encore à une hauteur marquée par 12 pouces du baromètre. »

Relation de M. Biot. — « Nous n'avions pas encore essayé l'électricité de l'air, parce que l'observation de la boussole, qui était la plus importante, avait absorbé toute notre attention ; d'ailleurs, nous avions toujours eu des nuages au-dessous de nous, et l'on sait que les nuages sont diversement électrisés. Nous n'avions pas encore les moyens nécessaires pour calculer leur distance d'après la hauteur du baromètre, et nous ne savions pas jusqu'à quel point ils pouvaient nous influencer. Cependant, pour essayer au moins notre appareil, nous tendîmes un fil métallique de 80 mètres de longueur (240 pieds), et, après l'avoir isolé de nous, nous prîmes de l'électricité à son extrémité supérieure, et nous la portâmes à l'électromètre : elle se trouva résineuse. Nous répétâmes deux fois cette observation dans le même moment : la première, en détruisant l'électricité atmosphérique par l'influence de l'électricité vitrée de l'électrophore; la seconde, en détruisant l'électricité vitrée tirée de l'électrophore au moyen de l'électricité atmosphérique. C'est ainsi que nous pûmes nous assurer que cette dernière était résineuse. Cette expérience indique une électricité croissante avec les hauteurs, résultat conforme à ce que l'on avait déjà conclu par la théorie. »

Rapport à la Société galvanique. — « De toutes les observations que notre collègue nous a communiquées, il n'en est pas, à mon avis, de plus importantes que celles dont il me reste à parler, et qui concernent l'électricité. Elles tendent à rectifier une erreur qui m'a paru générale dans une question qui occupe depuis quelque temps les physiciens : je veux parler des masses pierreuses et métalliques que l'on sait être tombées de l'atmosphère. Il en est bien peu, parmi ceux qui ont écrit sur ce phénomène, qui n'aient eu recours à l'électricité pour expliquer les effets lumineux et les détonations dont la chute de ces corps est constamment précédée.

» Une substance ne donne d'électricité par frottement qu'autant qu'on la fait communiquer avec le réservoir commun ; sans cela on la frotterait inutilement : or, les couches d'air que parcourt la masse métallique dans les régions supérieures sont, je pense, trop bien isolées pour que le frottement y produise l'effet ordinaire.

» Les expériences de notre collègue confirment en entier ces assertions, que je ne donnais que d'après un examen approfondi de la manière dont se comporte le fluide électrique par les divers moyens que nous avons de le mettre en jeu : « Dans » cette élévation, dit-il, le verre, le soufre et la cire d'Espagne » ne s'électrisent pas d'une manière sensible par le frottement ; » du moins n'ai-je pu recueillir de cette électricité sur des con— » ducteurs ni sur l'électromètre. » Ce physicien ne tarda pas à reconnaître la cause de l'inutilité du frottement, en considérant que le corps frotté et le corps frottant étaient isolés l'un et l'autre. L'expérience à laquelle cette observation le conduit nous en dit plus que nous ne pourrions en apprendre dans nos cabinets. »

CHAPITRE III

Ascension de Biot et Gay-Lussac.

Arago n'a pas mis en évidence la contradiction qui existe entre les observations de Robertson, Lhoëst, Saccharof, et celle de Biot et Gay-Lussac.

Ces deux physiciens partirent du jardin du Conservatoire des arts et métiers, le 24 août 1804, munis de tous les instruments de recherches nécessaires, mais les petites dimensions de leur ballon ne leur permirent pas de dépasser la hauteur de 4 000 mètres. A cette hauteur ils essayèrent, à l'aide d'une aiguille aimantée horizontale, de résoudre le problème de l'intensité magnétique, qui avait été le but principal de leur voyage ; mais le mouvement de rotation du ballon présenta des obstacles sérieux et imprévus. Ils parvinrent toutefois à les surmonter en partie, et déterminèrent, dans ces régions aériennes, la durée de cinq oscillations de l'aiguille aimantée. On sait que cette durée doit augmenter là où la force magnétique qui ramène l'aiguille à sa position naturelle a diminué, et que cette durée doit être plus courte si la même force directrice a augmenté. C'est donc un cas tout à fait analogue à celui du pendule oscillant, quoique les mouvements de l'aiguille s'exécutent dans le sens horizontal.

Ascension de Gay-Lussac seul.

Cette célèbre ascension eut lieu le 16 septembre 1804, à neuf heures quarante minutes du matin. Cette fois, Gay-Lussac s'éleva jusqu'à la hauteur de 7 016 mètres au-dessus du niveau de la mer.

Dans cette seconde ascension, la physique s'enrichit de plusieurs importants résultats.

On savait déjà, au moment de ce mémorable voyage, que l'air, sous toutes les latitudes et à peu de hauteur au-dessus du niveau de la mer, renferme à peu près les mêmes proportions d'oxygène et d'azote. Cela résultait, avec évidence, des expériences de Cavendish, de Macarthy, de Berthollet, de Davy. On avait appris aussi par les analyses de Saussure, exécutées sur de l'air près du col du Géant, qu'à la hauteur de cette montagne l'air contient la même proportion d'oxygène que celui de la plaine. Les analyses eudiométriques de Gay-Lussac, faites avec le plus grand soin sur l'air recueilli à 6 636 mètres de hauteur, établirent que dans ces hautes régions il était non seulement composé en oxygène et en azote, comme celui qu'on avait pris à la surface de la terre, mais encore qu'il ne renfermait pas un atome d'hydrogène.

Les lignes suivantes, extraites de la relation de Gay-Lussac, mettent sur la voie de l'explication véritable du malaise que les voyageurs les plus vigoureux éprouvent en gravissant des pics élevés tels que le mont Blanc ([1]).

« Parvenu au point le plus haut de mon ascension, à 7 016 mètres au-dessus du niveau moyen de la mer, dit le courageux physicien, ma respiration était sensiblement gênée ; mais j'étais

([1]) Il est permis de remarquer que, dans un autre volume (*Voyages scientifiques*), Arago exprime la même idée d'une manière sensiblement différente : « Gay-Lussac a réduit à leur juste valeur les récits de douleurs physiques qu'on suppose ressentir dans les couches d'air très élevées. »

encore bien loin d'éprouver un malaise assez désagréable pour m'engager à descendre. Mon pouls et ma respiration étaient très accélérés : respirant très fréquemment dans un air d'une extrême sécheresse, je ne dois pas être surpris d'avoir eu le gosier si sec, qu'il m'était pénible d'avaler du pain. » Passons maintenant à l'expérience qui fut le motif principal de ces deux voyages, entrepris sous les auspices de la première classe de l'Institut, celle de l'étude de la variation de l'aiguille aimantée sous l'influence du globe à ces hauteurs. Gay-Lussac réussit, dans ce second voyage, à compter dans un temps déterminé, deux fois plus d'oscillations que dans le premier. Les résultats doivent donc offrir une plus grande exactitude. Il trouva qu'une aiguille qui, à la surface de la terre, employait 42^s.2 pour faire 10 oscillations, n'exécuta le même nombre d'oscillations qu'en 42^s.8 à la hauteur de 4 808 mètres au-dessus de Paris. Le résultat fut 42^s.5 à 5 631 mètres, et 42^s.7 à 6 884 mètres.

Après avoir terminé toutes ses recherches avec la tranquillité et le sang-froid d'un physicien dans son cabinet, Gay-Lussac prit terre à trois heures quarante-cinq minutes entre Rouen et Dieppe, à 80 lieues de Paris, près du hameau de Saint-Gourgon, dont les habitants exécutèrent avec beaucoup de bienveillance toutes les manœuvres que le voyageur aérien leur commanda, afin que la nacelle n'éprouvât pas des secousses qui auraient mis les instruments en danger ([1]).

([1]) « La gravité du sujet ne doit pas m'empêcher, dit Arago, de rapporter une anecdote assez singulière, dont je dois la connaissance à Gay-Lussac. Parvenu à 7 000 mètres, il voulut essayer de monter plus haut encore, et se débarrassa de tous les objets dont il pouvait rigoureusement se passer. Au nombre de ces objets figurait une chaise en bois blanc, que le hasard fit tomber sur un buisson, tout près d'une jeune fille qui gardait les moutons. Qnel ne fut pas l'étonnement de la bergère ! comme eût dit Florian. Le ciel était pur, le ballon invisible. Que penser de la chaise, si ce n'est qu'elle provenait du paradis ? On n'avait à opposer à cette conjecture que la grossièreté du travail ; les ouvriers, disaient les incrédules, ne pouvaient là-haut être si inhabiles. La dispute en était là lorsque les journaux, en publiant toutes les particularités du voyage de Gay-Lussac, y mirent fin, et rangèrent parmi les faits naturels ce qui jusqu'alors avait paru un miracle. »

CHAPITRE IV

Voyages de MM. Barral et Bixio.

Après les noms de Robertson, Gay-Lussac, Biot, la science a enregistré les noms de deux aéronautes dont les études ont enrichi la météorologie de résultats plus importants peut-être que ceux dont nous venons de parler.

Nous donnerons une esquisse de leurs voyages d'après le rapport qu'en a fait Arago à l'Académie des sciences (¹).

MM. Barral et Bixio avaient conçu le projet de s'élever en ballon à une grande hauteur, pour étudier, avec les instruments perfectionnés que nous possédons aujourd'hui, divers phénomènes atmosphériques encore imparfaitement connus. Il s'agissait de déterminer la loi du décroissement de température avec la hauteur, la loi du décroissement de l'humidité; de décider si la composition chimique de l'atmosphère est la même partout; de doser l'acide carbonique à diverses élévations; de comparer les effets calorifiques des rayons solaires dans les plus hautes régions de l'atmosphère avec ces mêmes effets observés à la surface de la terre; de constater s'il arrive en un point donné la même quantité de rayons calorifiques de tous les

(¹) Voy. Œuvres de François **Arago**, tome IX : *Voyages scientifiques*.

points de l'espace ; de rechercher si la lumière réfléchie et trans·
mise par les nuages est ou n'est pas polarisée ; etc.

Toutes les dispositions étant faites dans le jardin de l'Observatoire de Paris, l'ascension eut lieu le samedi 29 juin 1850,
à dix heures vingt-sept minutes du matin ; le ballon étant rempli
de gaz hydrogène pur, obtenu par l'action de l'acide chlorhy-
drique sur le fer.

D'après toutes les prévisions et tous les calculs, les deux physiciens devaient s'élever, si la constitution des couches supérieures de l'atmosphère s'accorde avec les idées théoriques aujourd'hui admises, jusqu'à la hauteur de 10 000 à 12 000
mètres.

Au moment du départ, on put s'apercevoir facilement que
plusieurs dispositions de l'appareil aérostatique n'étaient pas
convenables. Le ballon, sous l'action incessante des rafales,
s'était déchiré en plusieurs points, et l'on avait été obligé de le
raccommoder en toute hâte ; il tombait une pluie torrentielle.
Que fallait-il faire ? Ne pas partir eût été peut-être le plus prudent ; mais MM. Barral et Bixio rejetèrent bien loin une pareille
idée. Ils se placèrent dans la nacelle et s'élancèrent dans les
airs, sans même qu'on eût pu prendre le soin, tant le vent était
violent, de déterminer, avec un peson, la puissance ascensionnelle de l'aérostat. Leur mouvement de bas en haut fut extrêmement rapide. Tous les spectateurs le comparèrent à celui
d'une flèche ; bientôt MM. Barral et Bixio disparurent dans les
nuages, et c'est au-dessus de ce rideau qui les dérobait à la
vue des hommes que s'est accompli le drame émouvant qu'il
nous reste à raconter.

Le ballon dilaté pressait avec une grande force sur les mailles
du filet, qui était beaucoup trop petit ; il s'enfla du haut en bas,
descendit sur les voyageurs dont la nacelle avait été attachée
avec des cordes trop courtes, et les couvrit en quelque sorte
comme un chapeau. Alors les deux physiciens se trouvèrent dans
la position la plus difficile ; l'un d'eux, dans ses efforts pour dé-

gager la corde de la soupape, produisit une ouverture dans le prolongement inférieur du ballon ; le gaz hydrogène qui s'échappait presque à la hauteur de leur tête, les asphyxia successivement, ce qui occasionna chez eux des syncopes momentanées et d'abondants vomissements.

En consultant le baromètre, MM. Barral et Bixio s'aperçurent qu'ils descendaient rapidement ; ils cherchèrent à découvrir la cause de ce mouvement imprévu, et reconnurent que le ballon s'était déchiré dans la région de son équateur sur une étendue de près de deux mètres. Ils comprirent alors, avec un sang-froid qu'on ne saurait trop admirer, que tout ce qu'ils pouvaient espérer, c'était de sortir la vie sauve de leur entreprise hardie ; ils descendaient avec une vitesse très supérieure à leur ascension, ce qui n'est pas peu dire. MM. Barral et Bixio se débarrassèrent de tout ce qui leur restait de lest ; ils jetèrent par-dessus les bords de la nacelle des couvertures dont il s'étaient munis pour se garantir du froid, et jusqu'à leurs bottes fourrées, mais ne se séparèrent d'aucun de leurs instruments de recherches.

Les aéronautes tombèrent, à onze heures quatorze minutes, dans une vigne dont le terrain était heureusement détrempé, près Lagny. Les laboureurs et les vignerons accoururent, trouvèrent les deux physiciens se tenant par les jambes et les bras enlacés dans les ceps de vigne, afin de neutraliser autant que possible le mouvement horizontal de la nacelle ; ils leur prêtèrent les secours les plus empressés.

Dans ce voyage, la couche de nuages traversée par les deux aéronautes avait au moins 3 000 mètres d'épaisseur ; et, après être arrivés à une hauteur de 5 900 mètres, ils descendirent tellement vite, par suite d'une déchirure à la partie supérieure du ballon, qu'ils parcoururent 5 800 mètres en quatre à cinq minntes.

MM. Barral et Bixio recommencèrent immédiatement les préparatifs d'une nouvelle ascension aérostatique qui eut lieu un mois après la précédente. Ils partirent encore du jardin de l'Observatoire, et, comme la première fois, Arago fut témoin de leur départ. Il prit part à toutes les décisions arrêtées pour rendre le voyage fructueux au point de vue de la science.

Aux plus grandes hauteurs où ils soient parvenus, les voyageurs n'éprouvèrent aucun malaise. M. Bixio ne ressentit pas les vives douleurs d'oreilles dont il avait souffert la première fois, sans doute à cause de la précaution qu'il prit de maintenir l'air contenu dans cet organe et l'air extérieur à la même pression, en faisant de temps à autre le mouvement de déglutition. Ajoutons que les deux physiciens ont rencontré une couche de nuages qui avait plus de 5 000 mètres d'épaisseur, qu'ils ne sont pas parvenus à la traverser entièrement, que leur descente a commencé à s'opérer contre leur gré, à la hauteur d'environ 7 000 mètres, que cette descente involontaire a été l'effet d'une déchirure qui s'était produite dans la partie inférieure du ballon. Ils pouvaient, en jetant leur dernier lest, prolonger peut-être leur séjour dans les hautes régions auxquelles ils étaient parvenus, mais les circonstances dans lesquelles ils étaient placés ne leur permettaient plus d'obtenir des documents utiles à la science, et ils ont dû renoncer à lutter contre la cause qui les forçait à se rapprocher de la surface de la terre.

Lorsque les voyageurs eurent atteint leur station supérieure dans ce nuage de 5 000 mètres d'épaisseur, il se forma dans la masse vaporeuse qui les entourait une éclaircie à travers laquelle ils virent le bleu du ciel. Le polariscope, dirigé vers cette région, montrait une polarisation interne; lorsqu'on pointait à côté, hors de l'éclaircie, la polarisation était nulle.

Un phénomène optique assez intéressant a signalé cette ascension. Avant d'atteindre la hauteur limite, la couche des nuages qui couvrait le ballon ayant diminué d'épaisseur ou étant devenue moins dense, nos deux observateurs virent le soleil affaibli et tout blanc; en même temps ils aperçurent au-dessous du plan horizontal de la nacelle, au-dessous de leur horizon, et à une distance angulaire de ce plan égale à celle qui mesurait la hauteur du soleil, un soleil semblable à celui qu'eût réfléchi une nappe d'eau située à cette hauteur. Il est naturel de supposer, comme l'ont fait nos deux voyageurs, que le second soleil était formé par la réflexion des rayons lumineux sur les faces horizontales de cristaux de glace flottant dans cette atmosphère vaporeuse.

« Venons maintenant, dit Arago, au résultat le plus extraordinaire, au résultat tout à fait inattendu qu'ont fourni les observations thermométriques. Gay-Lussac, dans son ascension par un temps serein ou plutôt légèrement vaporeux, avait trouvé une température de 9°.5 au-dessous de zéro, à la hauteur de 7 016 mètres. C'est le minimum qu'il ait observé. Cette température de 9°.5 au-dessous de zéro, MM. Barral et Bixio l'ont trouvée dans le nuage, à la hauteur d'environ 6 000 mètres ; mais à partir de ce point-là, et dans une étendue d'environ 600 mètres, la température varia d'une manière tout à fait extraordinaire et hors de toute prévision. Ils ont vu à la hauteur de 7 040 mètres, à quelque distance de la limite supérieure du nuage, le thermomètre centigrade descendu à 39° au-dessous de zéro. C'est 30 degrés au-dessous de ce qu'avait trouvé Gay-Lussac à la même hauteur, mais dans une atmosphère sereine.

» Cette hauteur de 7 049 mètres a été déduite des calculs de M. Mathieu, en tenant compte de la diminution de la pesanteur à ces grandes hauteurs et de l'influence de l'heure de la journée sur la mesure barométrique des hauteurs, c'est-à-dire à 33 mètres au-dessus de celle où Gay-Lussac s'est élevé. Il est juste de dire que les formules à l'aide desquelles on calcule les hauteurs reposent sur l'hypothèse d'un décroissement de température à peu près uniforme, et que, dans ce cas-ci, un changement de hauteur, que l'on peut évaluer à 600 mètres, a donné lieu à une variation d'environ 30 degrés, tandis que, dans l'air serein, la variation n'aurait été que de 4 à 5 degrés. »

Voici maintenant un extrait du journal du voyage des deux aéronautes :

« Après être arrivés à une hauteur considérable dans l'atmosphère, nous ouvrons une cage où se trouvaient deux pigeons : ils refusent de s'échapper ; nous les lançons dans l'espace : ils étendent leurs ailes, tombent en tournant et décrivent de grands cercles en disparaissant dans le brouillard qui nous entoure. Nous n'apercevons pas au-dessous de nous l'ancre qui est attachée à l'extrémité d'une corde de 50 mètres de long que nous avions déroulée.

» Nous jetons du lest et nous nous élevons davantage. Les nuages s'écartent au-dessus de nous, et nous voyons dans le ciel une place d'un bleu d'azur clair, semblable à celui que l'on voit sur terre par un temps serein.

» Nos doigts sont raidis par le froid, mais nous n'éprouvons aucune douleur d'oreilles, et la respiration n'est nullement gênée. — Le ciel est de nouveau couvert de nuages, mais laisse encore parvenir le soleil voilé et son image. — Nous savons qu'il y a intérêt à voir si le froid augmentera si nous parvenons à nous élever davantage. Nous jetons du lest, ce qui détermine une nouvelle ascension. — Le baromètre marque 35.02. L'extrémité de la colonne du thermomètre du baromètre est inférieure de 2 degrés environ à la dernière division tracée sur l'instrument. Cette division est — 37 degrés ; la température était donc de 39 degrés environ ; la hauteur à laquelle nous sommes arrivés est de 7 039 mètres.

» Le baromètre oscille de 315^{mm}.02 à 326^{mm}.20 ; ainsi l'aérostat oscille de 7 039 mètres à 6 798. Il ne nous reste plus que 4 kilogrammes de lest, que nous jugeons prudent de conserver pour la descente. D'ailleurs il est inutile de chercher à monter davantage avec des instruments désormais muets ; le mercure se congèle. Tout au plus pouvons-nous chercher à nous maintenir quelque temps à cette hauteur ; mais, bien que l'appendice soit assez relevé pour éviter la sortie du gaz par son orifice, le ballon commence son mouvement descendant. — Nous faisons nos prises d'air. Le tube de l'un de nos ballons se casse sous l'effort que nous faisons pour en ouvrir le robinet ; le second se remplit d'air sans accident. Mais le froid paralyse tous nos efforts ; les observations sont devenues impossibles ; nos doigts sont inhabiles à toute opération. Nous nous laissons descendre. — Nous rencontrons les petites aiguilles de glace. — Nous jetons la dernière portion de lest et tout ce que nous avons de disponible, hormis les instruments. — Nous touchons à terre au hameau de Peux, commune de Saint-Denis-lez-Rebais, arrondissement de Coulommiers. »

CHAPITRE V

Les excursions aéronautiques entreprises pendant ces derniers temps en Angleterre proclament, à la gloire des institutions savantes de cette nation, que leurs aéronautes préfèrent les expériences utiles aux spectacles frivoles. Au lieu de ballons de couronnement de fêtes, nous voyons là des expéditions dans le but d'étudier les phénomènes météorologiques et physiques qui se produisent dans les régions les plus élevées de l'atmosphère terrestre.

En juillet 1852, le comité de direction de l'Observatoire de Kew, près de Londres, résolut d'entreprendre ces voyages. Cette résolution fut approuvée par le conseil de l'Association britannique pour l'avancement des sciences, et les instruments furent immédiatement préparés.

Le ballon employé fut celui de M. Green, qui accompagna constamment M. John Welsh, chargé des observations ; il fut rempli de gaz d'éclairage.

La plus grande hauteur à laquelle M. Welsh est parvenu a été atteinte dans le quatrième voyage, exécuté le 10 novembre. Le départ eut lieu à deux heures vingt et une minutes, et la descente à trois heures quarante-cinq minutes, près de Folkestone, à 23 lieues à l'est-sud-est de Londres. Le ballon s'éleva jusqu'à 6 989 métr., et la température minimum observée fut de —23°.6; le baromètre indiqua une pression minimum de 310^{millim}.9. A terre, le baromètre marquait 761^{millim}.1, et le thermomètre +9°.6. Un premier nuage fut rencontré à 152 mètres de hauteur; sa surface supérieure se terminait à 600 mètres. Venait ensuite un espace de 620 mètres de hauteur libre de tout brouillard. A 1 220 mètres se trouvait un nouveau nuage qui se terminait à 1 494 mètres. Au delà il n'y avait plus que quelques cirrus placés à une très grande hauteur.

L'on faisait observer, en 1853, que jusqu'à cette époque l'homme n'était pas monté dans l'atmosphère jusqu'à la couche aérienne dans laquelle baignent les sommets les plus élevés des montagnes de l'ancien et du nouveau monde, le Kintschindjingoa, haut de 8 592 mètres, et l'Aconcagua, haut de 7 291 mètres. En gravissant les montagnes, l'homme n'a guère pu arriver qu'à 6 000 mètres. En juin 1802, Alexandre de Humboldt, accompagné de Bonpland, s'éleva à 5 878 mètres sur le Chimborazo. En décembre 1831, M. Boussingault, accompagné du colonel Hall, atteignit sur la même montagne la hauteur de 6 004 mètres au-dessus du niveau de la mer. Si l'on ajoute à ces deux célèbres ascensions les voyages aéronautiques de Lhoëst et Robertson, le 18 juillet 1803; de Gay-Lussac, le 16 septembre 1804; de MM. Barral et Bixio, le 29 juillet 1850; de M. Welsh, le 26 août et le 10 novembre 1852, on aura le compte total de toutes les entreprises où il ait été donné à l'homme de se maintenir quelques instants dans des couches d'air situées à 6 000 ou 7 000 mètres au-dessus du niveau moyen des mers.

Le plus élevé de tous ces voyages fut celui de MM. Barral et Bixio : ils s'élevèrent jusqu'à la hauteur de 7 049 mètres, où, comme nous l'avons vu plus haut, ils rencontrèrent un froid excessif de — 39°.7.

Depuis cette époque, nous pouvons signaler d'autres ascensions plus élevées encore que les précédentes : ce sont celles de M. Glaisher, chef du département météorologique de l'Observatoire de Greenwich, avec l'aéronaute Coxwell.

Le 5 septembre 1862, les aéronautes anglais sont parvenus jusqu'à la hauteur de 10 000 mètres. A cette distance prodigieuse, le froid était si intense que M. Coxwell perdit l'usage de ses mains ; il ne put ouvrir la soupape pour redescendre en donnant issue au gaz qu'en tirant la corde avec ses dents. Depuis la hauteur de 8 500 mètres, M. Glaisher était déjà sans connaissance, et bien peu s'en fallut que les deux voyageurs ne restassent morts et gelés dans l'atmosphère. A 8 kilomètres d'élévation, le thermomètre était descendu à 21 degrés au-dessous de zéro. La marche des températures, dans les ascensions de M. Glaisher, s'est montrée fort irrégulière : le mercure s'est maintenu au même niveau pendant un certain temps, lorsqu'on traversait un courant d'air chaud, et est même quelquefois monté de plusieurs degrés pendant que le ballon s'élevait. Ainsi, le 17 juillet 1862, la température resta à—3 degrés jusqu'à 4 kilomètres de hauteur ; elle se maintint à +5°.6 vers 6 kilomètres, et tomba rapidement à—9 degrés à 8 kilomètres. Des irrégularités analogues ont été observées les 18 août, 5 septembre, etc.

On a pu néanmoins former un tableau donnant la moyenne de la température pendant l'élévation. Il en résulte que la quantité dont il faut s'élever pour avoir un abaissement d'un degré s'augmente constamment avec la hauteur. Si à la surface du sol elle n'est que de 50 à 100 mètres, à 8 kilomètres elle est de 530 ; le décroissement est donc devenu dix fois moins rapide qu'à la surface de la terre. Quand le ciel est couvert, le décroissement dans le premier kilomètre est moindre que lorsque le temps est serein ; ce qui se comprend facilement, les nuages empêchant le rayonnement de la chaleur terrestre.

A 6 ou 7 kilomètres, l'humidité n'est plus que les 12 ou 16 centièmes de ce qu'elle est quand l'air est saturé de vapeur d'eau.

L'électricité est positive, elle diminue avec la hauteur également : à 700 mètres, l'électroscope n'en accuse plus de traces.

On a trouvé en général que le mouvement du pouls était accéléré ; mais ce phénomène est peu constant et diffère selon les personnes. Les mains et les lèvres de M. Glaisher bleuirent plusieurs fois entre 6 et 7 000 mètres de hauteur.

M. Glaisher a fait, sur la propagation des sons, plusieurs expériences intéressantes. On entendait à 3 kilomètres l'aboiement d'un chien, le sifflement d'une locomotive ; on entendit même, par une atmosphère extrêmement humide, à *six kilomètres et demi* de hauteur. C'est la plus grande élévation à laquelle l'oreille ait pu percevoir des bruits partis de la surface terrestre. Dans la même ascension, exécutée à la fin du mois de juin 1863, M. Glaisher entendit le vent mugir sous lui, lorsqu'il se trouvait à trois kilomètres d'élévation. Le 31 mars, le sourd murmure de Londres s'entendait encore à deux kilomètres de hauteur ; un autre jour, au contraire, les cris de plusieurs milliers de personnes n'étaient plus perceptibles au-dessus de 1 500 mètres.

Dans une descente, de grosses gouttes d'eau tombaient sur le ballon, à 5 kilomètres du sol. Depuis 4 jusqu'à 6 kilomètres on traversait une tourmente de neige ; seulement, au lieu de tomber, la neige semblait s'élever au-dessus du ballon qui descendait plus rapidement. On ne voyait guère de flocons neigeux, mais beaucoup de cristaux aciculaires. La neige cessa à 3 kilomètres de hauteur ; les couches inférieures de l'air offraient alors une teinte brune, excessivement foncée et sombre. A 1 500 mètres, les aéronautes avaient épuisé tout leur lest, et le ballon tomba comme un corps inerte. Il arriva à terre en produisant un choc terrible qui brisa plusieurs instruments.

A 7 250 mètres d'altitude, M. Glaisher trouva la température de l'air égale à 18 degrés au-dessous de zéro.

On peut juger, d'après ces diverses ascensions, quel froid énorme doit régner dans les régions planétaires et quelles nombreuses difficultés les aéronautes ont à subir pour exécuter les expériences scientifiques dans les hautes régions de l'atmosphère !

De toutes les ascensions consacrées à la science, les plus complètes sont celles de M. Glaisher, de l'Observatoire de Greenwich. Commencées en 1862, elles s'élèvent aujourd'hui au nombre de trente. Elles embrassent l'étude des problèmes fondamentaux de la météorologie. Les résultats obtenus par le savant astronome sont surtout concluants en ce qui concerne la loi de la décroissance de la température de l'air selon la hauteur, selon l'état du ciel et selon les époques, loi dont la connaissance est due tout entière à M. Glaisher. Les résultats relatifs aux variations de l'humidité atmosphérique ne sont pas moins remarquables, quoique moins décisifs. Qu'il suffise à ce résumé historique d'établir ici que les ascensions de l'observatoire de Greenwich ont manifesté brillamment toute l'importance de l'aérostation en météorologie et tous les services qu'on en peut et qu'on en doit attendre.

Une observation spéciale s'impose ici à notre pensée. Une partie des résultats obtenus par ces dernières ascensions ne concernent que le climat de l'Angleterre et ne s'appliquent qu'aux îles Britanniques. La situation de ce pays entouré par la mer s'oppose, d'autre part, à une longue durée pour les ascensions faites de l'Observatoire de Greenwich. Aussi M. Glaisher a-t-il souvent émis le regret de ne pouvoir prolonger ses observations sans être exposé à se voir porté par le vent au-dessus de la mer.

CHAPITRE VI

**La direction des aérostats. — Expériences de M. Henry Giffard en 1852 et
en 1855. — Perfectionnements du matériel aérostatique. — Les ballons
captifs à vapeur. — Tentative de M. Dupuy de Lôme.**

La direction des ballons, considérée longtemps comme une
utopie, est après tout un problème parfaitement soluble, ainsi
que l'ont compris dès l'origine de l'aérostation Guyton de Mor-
vaux et la plupart des membres de l'Académie des sciences.
Sans doute, avec les seules ressources de la science actuelle, il
ne faut pas songer à remonter des vents violents : l'avenir réserve à nos descendants des surprises ; mais dès à présent,
lorsque les mouvements de l'air sont calmes, et que les courants
aériens n'ont qu'une faible vitesse, il paraît démontré qu'un
ballon allongé, muni d'une hélice, pourrait très bien se diriger
dans l'air pendant un temps limité. Comment s'étonner que
jusqu'ici des tentatives faites pour diriger les ballons par des
hommes dénués de science aient échoué ? Voici l'essai le plus
curieux qu'on ait encore fait.

Un de nos plus habiles ingénieurs français, M. Henry Giffard,
célèbre par l'invention de l'injecteur automatique, après avoir

exécuté un grand nombre d'ascensions pour étudier le milieu aérien, après avoir médité mûrement les conditions du grand problème, résolut de construire un aérostat allongé, à la partie inférieure duquel une machine à vapeur mettrait en mouvement une hélice motrice. Ce projet, considéré d'abord comme d'une trop grande hardiesse, fut mené à bonne fin par l'inventeur.

M. Giffard avait compris la nécessité de modifier la forme de l'aérostat. « Que faire, dit-il, pour réduire au minimum la résistance du milieu, ou en d'autres termes, pour faciliter au plus haut point le passage de cette masse à travers l'atmosphère? La réponse se fait naturellement, et d'ailleurs les peuples les plus anciens et les moins civilisés, en construisant leurs flèches ou leurs canots, nous en ont indiqué le moyen. Il faut donner au volume gazeux le plus grand allongement possible dans le sens de son mouvement, de telle sorte que l'étendue transversale qu'il offre, et de laquelle dépend en grande partie la résistance, soit diminué dans la même proportion (¹). »

M. Giffard s'arrêta à la forme d'un cylindre, dont chaque bout est armé d'une pointe aussi aiguë que possible, et dont la jonction avec celui-ci se fait progressivement et sans déviation brusque.

En 1852, ce jeune ingénieur, qu'un grand publiciste désigna alors sous le nom du Fulton de la navigation aérienne, avait déjà construit le premier navire aérien. Il s'éleva seul dans son aérostat à vapeur, le 26 septembre.

L'aérostat cubait 2 500 mètres, il n'avait pas moins de 44 mètres de longueur et 12 mètres de diamètre au milieu. Il était enveloppé de toutes parts, sauf à la partie inférieure et aux pointes, d'un filet dont les extrémités ou *pattes d'oie* se réunissaient à une série de cordes fixées à une traverse horizontale en bois de 20 mètres de longueur. Cette traverse portait à son ex-

______

(¹) Brevet pris à Paris, le 20 août 1851, par M. Henry Giffard.

trémité une espéce de voile triangulaire représentant le gouvernail et la quille.

La nacelle attachée à la partie inférieure de ce systéme et formée d'un brancard en bras, servait de support à la machine à vapeur et à tous ses accessoires. La cheminée de la chaudiére était dirigée de bas en haut, et la combustion du coke avait lieu sur une grille complétement entourée d'un cendrier, de sorte qu'il était impossible d'apercevoir extérieurement la moindre trace de feu.

L'hélice motrice, à trois patelles de $3^m.40$ de diamètre, était destinée à prendre le point d'appui sur l'air et à faire progresser l'appareil. La vitesse de l'hélice était d'environ 110 tours par minute, et la force que développait la machine pour la faire tourner de 3 chevaux, ce qui représente la puissance de 25 ou 30 hommes.

On voit combien était simple la construction du navire aérien de M. H. Giffard. « Le probléme à résoudre, dit l'inventeur, pouvait être envisagé sous deux points de vue principaux : la suspension convenable d'une machine à vapeur et de son foyer sous un aérostat de forme nouvelle plein de gaz inflammable, et la direction proprement dite de tout le systéme dans l'air. Sous le premier rapport il y avait déjà des difficultés à vaincre. En effet, jusqu'ici les appareils aérostatiques enlevés dans l'atmosphére s'étaient bornés invariablement à des globes sphériques ou ballons. En l'absence de tout fait antérieur suffisamment concluant, et malgré les indications de la théorie, je devais encore concevoir certaines craintes sur la stabilité de l'appareil ; l'expérience est venue pleinement me rassurer à cet égard, et prouver que l'emploi d'un aérostat allongé, le seul que l'on puisse espérer diriger convenablement, était, sous tous les autres rapports, aussi avantageux que possible, et que le danger résultant de la réunion du feu et du gaz inflammable pouvait être complétement illusoire. Pour le second point, celui de la direction, les résultats obtenus ont été ceux-ci : dans un air parfaitement calme, la vitesse du transport en tous sens est de 2 ou 3 mètres par seconde ; cette vitesse est évidemment augmentée ou diminuée, par rapport aux objets fixes, de toute la vitesse du vent, s'il y en a, et suivant qu'on marche avec ou contre, absolument comme un bateau montant ou descendant un courant quelconque ; dans tous les cas, l'appareil a la faculté de dévier plus ou moins de la ligne du vent et de former avec celle-ci un angle qui dépend de la vitesse de ce dernier. »

Ces résultats ont été confirmés par l'ascension. Malheureusement le vent avait une vitesse bien supérieure à 3 mètres par seconde, et le premier ballon à vapeur ne put remonter le courant aérien. Mais sa déviation de la ligne du vent, sa rotation sous le jeu du gouvernail, sa parfaite stabilité dans l'air, furent victorieusement démontrées.

En 1855, M. H. Giffard avait construit un second aérostat beaucoup plus allongé que le premier ; il exécuta une nouvelle ascension, et arriva par moments à tenir tête au vent, quand l'hélice était mise en mouvement par la machine à vapeur ; mais il comprit que ces ballons, construits avec les seules ressources de l'aéronautique d'alors, étaient trop faibles pour remonter les courants aériens moyens ; il résolut de transformer de toutes pièces le matériel des ballons, de trouver une étoffe imperméable au gaz, de résoudre le problème de la préparation économique du gaz hydrogène, afin d'avoir entre les mains ce qu'il faut pour construire de puissants navires aérostatiques.

C'est à cette œuvre que M. Henry Giffard a consacré de longues années de sa carrière, et en attendant qu'il reprenne ses tentatives de direction, il a créé les ballons captifs à vapeur, qui peuvent être considérés comme une révolution dans l'art des constructions aérostatiques.

Nous ne parlerons pas du ballon captif de l'Exposition universelle de 1867, mais nous décrirons l'aérostat captif que M. Giffard a construit à Londres en 1869, et qui était plus remarquable que le premier par ses dimensions colossales. Tout le

Le grand ballon captif de M. Giffard (1869, 1878-1879).

monde a admiré cette merveille à Paris, dans la cour des Tuileries, pendant l'Exposition de 1878, et des milliers de spectateurs ont voulu prendre place dans sa nacelle. On l'a rétabli en 1879; mais un coup de vent l'a un beau jour réduit en pièces, et l'on n'a plus essayé de le remonter.

Représentez – vous une charpente circulaire de la hauteur

Nacelle du ballon captif de M. Giffard.

d'une maison de cinq étages, toute garnie de toiles, et formant un cylindre de 175 mètres de diamètre. Au milieu de cette arène se dresse l'aérostat, qui n'a pas moins de 12000 mètres cubes, et dont la hauteur totale est de 37 mètres. Le captif est suspendu au-dessus d'une grande cuvette au fond de laquelle le câble est retenu par une poulie de fer; il est maintenu en outre par une centaine de cordes attachées à son équateur et fixées à

la charpente circulaire. Le câble, qui a 650 mètres de longueur,
pèse environ 3 000 kilogrammes et a été éprouvé à une tension de 20 000 kilogrammes ; attaché au ballon par l'inter-
médiaire d'un peson, il s'engage autour d'une poulie mobile

Le peson du ballon captif de M. Giffard.

(p. 279), située au fond de la cuvette, et s'étend ensuite dans
un tunnel souterrain pour s'enrouler autour de l'immense bo-
bine de fer que fait agir la vapeur. Le cylindre où s'enroule le
câble a 7 mètres de longueur et 2 mètres de diamètre ; le nombre
de spires faits par la corde est de 100. Deux machines à vapeur
de la force de 150 chevaux mettent en mouvement tout ce mé-

canisme. Le ballon captif est gonflé avec du gaz hydrogène pur, et son étoffe est complètement imperméable. Elle est formée de plusieurs tissus superposés ; une feuille de caoutchouc est enveloppée dans deux tissus de toile, puis le tout est couvert d'une seconde couche de caoutchouc, d'un tissu de mousseline, au-dessus

La poulie du ballon captif de M. Giffard.

de laquelle on applique une couche de vernis à la gomme laque et six couches de vernis à l'huile. L'étoffe du ballon captif ne pèse pas moins de 2 800 kilogrammes, sa surface est de 2 500 mètres carrés, et pour coudre tous les fuseaux il a fallu faire 4 kilomètres de couture !

Telle est la description qui a été donnée du *Great-Eastern* de l'air (¹), de ce gigantesque appareil qui enlevait à la fois 32 passagers à une hauteur de 600 mètres d'altitude. On comprend quelle pouvait être l'importance d'un tel mécanisme au point de vue des observations météorologiques, mais on concevra aussi que, grâce aux nouvelles ressources fournies à l'aéronautique par M. Henry Giffard, la construction des grands navires aériens, allongés, formés d'étoffe solide et imperméable, capables de sou—

(¹) *Voyages aériens*, Hachette et Cⁱᵉ.

lever des machines puissantes, n'est plus une utopie, et qu'elle s'exécutera peut-être dans un avenir assez proche.

Les premières tentatives de M. Henry Giffard ont été reprises par M. Dupuy de Lôme, qui n'y a rien ajouté. Émettons le vœu qu'elles soient continuées avec un matériel plus considérable. Il semble évident qu'un aérostat allongé, de 15 000 à 20 000 mètres cubes, pourrait enlever un moteur assez pesant pour produire la force nécessaire à vaincre les vents d'intensité moyenne. La navigation aérienne est bien plus aujourd'hui une affaire de construction qu'une œuvre d'invention. Le principe existe ; la pratique reste à créer.

CHAPITRE VII

Voyages scientifiques de M. Camille Flammarion.

La nécessité d'accomplir de longues traversées aériennes pour la solution d'un certain nombre de problèmes, tels que l'état physique et hygrométrique des nappes de nuages, la formation des nuées au lever du soleil, leur hauteur variable selon les heures, la vitesse des vents, la direction des courants, la formation des orages, etc., ont engagé un astronome français, M. Camille Flammarion, à entreprendre en France des études correspondantes à celles que M. Glaisher n'a pas pu développer en Angleterre en raison de la position géographique de cette contrée. Une série de voyages scientifiques en ballon a été commencée par lui au mois de mai 1867. Douze voyages aériens, accomplis de nuit et de jour, l'ont conduit à des résultats scientifiques importants, que nous allons résumer d'après les rapports adressés à l'Académie des sciences par M. Flammarion lui-même [1].

LOI DE LA VARIATION DE L'HUMIDITÉ DANS L'AIR SUIVANT L'ALTITUDE.

« Dans dix séries d'observations spéciales représentant environ cinq cents positions différentes, la distribution de la vapeur

[1] *Comptes rendus de l'Académie des sciences*, séance du 25 mai 1868.

d'eau dans les couches atmosphériques a suivi une règle constante que l'on peut énoncer en ces termes :

» 1° L'humidité de l'air s'accroît à partir de la surface du sol jusqu'à une certaine hauteur ; 2° elle atteint une zone où elle reste à son maximum ; 3° elle décroît à partir de cette zone et diminue constamment ensuite à mesure que l'on s'élève dans les régions supérieures.

» La zone à laquelle je donnerai le nom de *zone d'humidité maximum* varie de hauteur suivant les heures, suivant les époques et suivant l'état du ciel.

» Je ne l'ai trouvée qu'en de rares circonstances (principalement à l'aurore) voisine de la surface du sol.

» Cette marche générale de l'humidité est constante, que le ciel soit pur ou couvert, et elle se manifeste dans les observations faites pendant la nuit aussi bien que dans les observations diurnes.

» Les tableaux hygrométriques construits après chaque voyage montrent avec évidence la permanence de cette loi.

ACCROISSEMENT DU POUVOIR DIATHERMANE DE L'AIR
ET DE LA RADIATION SOLAIRE
AVEC L'ALTITUDE ET AVEC LE DÉCROISSEMENT DE L'HUMIDITÉ.

» Lorsqu'on a dépassé les régions inférieures de l'atmosphère, et en général l'altitude de 2 000 mètres, on ne peut s'empêcher de constater l'accroissement très sensible de la chaleur du soleil relativement à la température de l'air ambiant. Ce fait ne m'a jamais plus impressionné que dans la matinée du 10 juin 1867, lorsque, nous trouvant à sept heures du matin à une hauteur de 3 300 mètres, nous avons eu pendant une demi-heure 15 degrés de différence entre la température de nos pieds et celle de nos têtes, ou, pour mieux dire, entre la température de l'intérieur de la nacelle (ombre) et celle de l'extérieur (soleil). Le thermomètre à l'ombre marquait 8 degrés ; le thermomètre au soleil marquait 23 degrés. Tandis que nos pieds souffraient de ce froid relatif, un ardent soleil nous brûlait le cou, les joues, et en général les parties du corps directement exposées à la radiation solaire.

» L'effet de cette chaleur est encore augmenté par l'absence du plus léger courant d'air.

» Dans une ascension postérieure à celle-ci, j'ai éprouvé en même temps la différence singulière de 20 degrés entre la température de l'ombre et celle du soleil, à 4 150 mètres d'altitude. Le premier thermomètre marquait 9°.5 au-dessous de zéro ; le second, + 10°.5.

» Cet écart du rapport de la température de l'air à celle d'un corps exposé au soleil s'accuse et se manifeste en raison de la décroissance de l'humidité. La radiation solaire, la différence entre la chaleur directement reçue de l'astre radieux et la température de l'air, *augmente* à mesure que *diminue* la quantité de vapeur d'eau répandue dans l'atmosphère. Cette constatation permanente de la transparence de l'air privé d'eau pour la chaleur établit que c'est la vapeur d'eau qui joue le plus grand rôle dans l'action de conserver la chaleur solaire à la surface du sol.

» Ces résultats doivent être mieux dégagés de toute influence étrangère que ceux qui proviennent d'observations faites sur les montagnes ; car, dans ce dernier cas, la présence des neiges et du rayonnement doit avoir un effet constant, tandis que les observations aéronautiques s'accomplissent dans des régions absolument libres.

CIRCULATION DES COURANTS. — LEUR DÉVIATION GIRATOIRE ET LES MOUVEMENTS GÉNÉRAUX DE L'ATMOSPHÈRE. — INTENSITÉ ET VITESSE.

» Immergé dans le courant atmosphérique qui l'emporte, l'aéronaute se trouve situé dans la meilleure condition possible pour connaître la direction constante du courant, comme pour en mesurer la vitesse. J'ai eu soin, dans chaque voyage, de tracer exactement sur la carte de France ou d'Europe la projection de la ligne aérienne suivie par l'aérostat, à l'aide de points de repère qu'on prend avec la plus grande facilité lorsque le ciel est pur, et qu'on peut toujours arriver à obtenir, même sous un ciel nuageux, soit en profitant des éclaircies, soit en descendant de temps en temps au-dessous des nuages.

» L'aérostat marque si bien la direction et la vitesse absolues du courant, que la première sensation éprouvée en naviguant dans les airs est celle d'une immobilité complète. C'est une impression toute particulière et toujours surprenante de se voir voguer avec la vitesse du vent et de ne sentir aucun souffle d'air, la moindre brise, le plus léger mouvement, même lorsqu'on se trouve emporté avec furie dans l'espace par la plus violente tempête. Je n'ai éprouvé qu'une seule fois une bonne brise, le 15 avril dernier, pendant quelques minutes; je l'attribue à ce que l'aérostat, lancé alors avec une vitesse de 55 kilomètres à l'heure, est arrivé dans une région où l'air se déplaçait moins rapidement.

» Un fait capital ressort avec évidence du tracé de mes différentes lignes aériennes. Ces routes inclinent les unes et les autres dans le même sens, en vertu d'une déviation giratoire générale.

» Ainsi, par exemple, le 23 juin 1867, l'aérostat, conduit par un vent du nord, file d'abord dans la direction du sud, puis il forme vers l'ouest un angle léger avec la ligne du méridien de Paris ; cet angle, d'abord très faible, puisque le ballon passe à l'est d'Orléans en traversant le 48e degré de latitude, s'accuse ensuite de plus en plus. En traversant le 47e degré, la direction devient sud sud-ouest. En arrivant au 46e, elle est tout à fait sud-ouest, et c'est ainsi que nous descendons à quatre heures vingt minutes du matin, à la Rochefoucauld, près Angoulême. Étant partis de Paris la veille à quatre heures quarante-cinq minutes, nous avions parcouru 480 kilomètres en onze heures trente-cinq minutes, avec des vitesses croissantes dont il sera question ci-après.

» Le 15 avril 1868, parti du Conservatoire, l'aérostat vogue d'abord vers le sud sud-ouest, passe au zénith de l'Observatoire, laisse à l'ouest Bourg-la-Reine et Longjumeau et passe sur Arpajon et Étampes. Nous suivons sensiblement la ligne du chemin de fer d'Orléans, en laissant à notre droite Angerville, Arthenay, Chevilly ; puis , traversant la forêt d'Orléans , nous arrivons bientôt sur la Loire, en tournant de plus en plus vers le sud-ouest. Après avoir laissé Orléans à gauche de notre route, nous suivons le cours de la Loire pour descendre à Beaugency, ayant de la sorte constamment dessiné un arc de cercle nous emportant vers le sud-ouest.

» Il me paraît difficile de croire que ces observations constantes ne révèlent pas un fait général. Au-dessus de la France, les courants atmosphériques sont déviés suivant un cercle qui paraît marcher dans le sens sud-ouest nord-est–sud.

OBSERVATIONS SUR LE DÉCROISSEMENT DE LA TEMPÉRATURE SELON LA HAUTEUR.

» La décroissance de la température de l'air, qui joue un si grand rôle dans la formation des nuages et dans les éléments de la météorologie, est loin de suivre une loi régulière et constante. Elle varie selon les heures, les saisons, l'état du ciel, l'origine des vents, l'état de la vapeur d'eau, etc. Ce n'est que par un très grand nombre d'observations qu'on pourra parvenir à dégager une règle déterminée, l'action de plusieurs causes secondaires agissant sans cesse et devant d'abord être connue et éliminée.

» Il résulte de 550 observations aérostatiques, faites dans ces conditions si dissemblables, et pourtant moins mauvaises que les conditions des observations faites sur les montagnes, il en résulte, dis–je, que la décroissance de la température de l'air diffère d'abord selon que le ciel est pur ou couvert; elle est plus rapide lorsque le ciel est pur ; elle est plus lente lorsque le ciel est couvert.

» Dans un ciel pur, l'abaissement moyen de la température a été trouvé de 4 degrés pour les 500 premiers mètres à partir de la surface du sol ; de 7 degrés pour 1 000 mètres ; de 10°.5 pour 1 500 mètres ; de 13 degrés pour 2 000 mètres ; de 15 degrés pour 2 500 mètres ; de 17 degrés pour 3 000 mètres ; de 19 degrés pour 3 500 mètres : moyenne, 1 degré pour 189 mètres.

» Dans un ciel nuageux, l'abaissement de la température a été trouvé de 3 degrés pour les 500 premiers mètres ; de 6 degrés pour 1 000 mètres ; de 9 degrés pour 1 500 mètres ; de 11 degrés pour 2 000 mètres ; 14 degrés pour 2 500 mètres ; 16 degrés pour 3 000 mètres ; 18 degrés pour 3 500 mètres : moyenne, 1 degré pour 194 mètres.

» La température des nuages est supérieure à celle de l'air situé au-dessous et au-dessus.

» Le décroissement est plus rapide dans les régions voisines de la surface du sol et se ralentit à mesure qu'on s'élève.

» Le décroissement est plus rapide le soir que le matin, et pendant les journées chaudes que pendant les journées froides.

» On rencontre parfois dans l'atmosphère des régions plus chaudes ou plus froides que la moyenne de l'altitude, et qui traversent l'atmosphère comme des fleuves aériens. Ces variations n'empêchent pas la loi générale énoncée plus haut d'être l'expression de la réalité.

» Comme on l'a vu au § 2, la différence entre les indications du thermomètre de l'ombre et celles du thermomètre du soleil augmente à mesure qu'on s'élève dans les hauteurs de l'atmosphère.

NUAGES. — FORMES, DIMENSIONS, ÉTAT HYGROMÉTRIQUE ET CALORIFIQUE, ETC.

» La multitude des formes revêtues par les nuages, que les météorologistes ont essayé de classer sous huit dénominations distinctes, me paraît être à chaque instant une cause d'erreur pour l'observateur. On ne s'entend généralement pas sur la véritable signification de chaque nom, et au surplus cette signification précise n'a pu être déterminée. C'est pourquoi je me bornerai à deux désignations plus simples et plus spécialement caractéristiques. J'appellerai *cumulo-stratus* les nuages qui couvrent ordinairement la surface du sol, ressemblent à d'énormes bouffées de vapeur grise, à des balles de coton lorsqu'on regarde au zénith, et paraissent se toucher en vertu de la perspective lorsque le regard approche de l'horizon. J'appellerai *cirrus* les petites nuées blanches qui apparaissent dans les hauteurs de l'azur, sont légères, colorées le soir, parfois pommelées, et planent ordinairement sous la forme de filaments déliés. Je laisserai de côté les *stratus*, qui n'existent pas pendant le jour, et paraissent n'être qu'une forme due à la perspective, et les *nimbus*, qui ne désignent que l'aspect du nuage au moment où il se résout en pluie. Il n'y aurait ainsi que deux grandes classes spéciales.

» Les premiers, les cumulo-stratus, sont situés à la distance moyenne de 1 000 à 1 500 mètres de la terre. On en rencontre au-dessous comme au-dessus de ces limites.

» Les seconds, les cirrus, ne sont pas inférieurs à cinq fois cette distance moyenne des premiers.

» Pendant la journée du 23 juin 1867, le temps était resté brumeux, et les nuages s'étendaient comme une immense nappe grise formée de vastes cumulo-stratus. A cinq heures du soir, nous atteignîmes la surface inférieure de cette nappe à la hauteur de 630 mètres. La surface supérieure était à 810 mètres. Ainsi, ces nuages, qui ne laissaient pas percer le soleil, n'avaient pas 200 mètres d'épaisseur.

» Le maximum d'humidité relative s'est manifesté sous la surface inférieure des nuages. L'hygromètre, marquant là 90 degrés, marque 89 à 650 mètres, 88 à 680, 87 à 720, 86 à 800, 85 à 840, au-dessus de la surface supérieure des nuages ; puis il continue de décroître.

» La chaleur s'accroît, d'autre part, à mesure qu'on s'élève dans le sein des nuages. Le thermomètre, qui marquait 20 degres au niveau du sol, est descendu jusqu'à 15 à 600 mètres.

En entrant dans la nue, il s'élève à 16 à 650 mètres, à 17 à 700, à 18 à 750, à 19 à 810 mètres ; puis il décroît à l'ombre et continue d'augmenter au soleil.

» En me reportant à cette première traversée des nuages dans l'aérostat solitaire, je ne puis m'empêcher de noter ici l'impression qui correspond dans l'âme à ces variations sensibles. En sortant de la sphère inférieure, grise, monotone, sombre et triste, et en s'élevant dans les nues, on éprouve une sensation de joie indéfinissable, résultant sans doute de ce qu'une lumière inconnue se fait insensiblement autour de nous, dans cette région vague qui blanchit et s'illumine à mesure qu'on s'élève dans son sein. Et lorsque, parvenu au niveau supérieur, on voit tout à coup se développer sous ses regards l'immense océan des nuages, on se trouve toujours agréablement surpris de planer dans un ciel lumineux, tandis que la terre reste dans l'ombre. Un effet inverse se produit lorsqu'on redescend sous les nuages. On éprouve quelque tristesse à se voir retomber du ciel dans l'obscurité vulgaire et sous le lourd plafond qui couvre si souvent notre globe.

» Le 15 juillet 1867, au lever du soleil, j'ai pu observer lentement la formation des nuages au-dessus du bassin du Rhin. Nous voyons le soleil se lever à trois heures quarante minutes ; l'aérostat plane à 2 000 mètres de hauteur au-dessus d'Aix-la-Chapelle. A quatre heures vingt-cinq minutes, des nuages commencent à se former bien au-dessous de nous, dans une zone située à la moitié de notre hauteur environ. La terre, qui jusqu'à ce moment était restée visible, est dérobée ici et là par d'immenses flocons.

» Suspendus légèrement dans le sein de l'atmosphère, les nuages se dissipent sur un point, s'épaississent sur un autre avec une étonnante facilité. De plus, les lambeaux qui flottent de part et d'autre se rapprochent comme par attraction.

» Le soleil devient plus chaud à mesure qu'il s'élève davantage au-dessus de l'horizon, et fait monter notre ballon. Le même effet se produit sur les nuages; ils s'élèvent sensiblement et relativement plus vite que nous. En une heure ils se sont élevés de 800 mètres, et leur surface supérieure arrive presque à notre nacelle comme un marchepied.

» Peu à peu ils se fondent avec la même facilité qu'ils sont apparus; les derniers errent çà et là et disparaissent bientôt.

» Le thermomètre marque 2 degrés.

» L'hygromètre s'est incliné à la sécheresse, allant de 82 degrés à 62 degrés, de 1 900 à 2 400 mètres. En opérant un peu plus tard notre mouvement de descente, nous avons trouvé 90 degrés à 1 600 mètres, 98 degrés à 1 100 mètres, 90 degrés à 706, 84 degrés à 240, et 82 degrés à la surface.

» En résumé, la hauteur moyenne des deux couches principales de nuages est celle que j'ai signalée au commencement de cette note. Le maximum d'humidité n'est pas dans leur sein, mais dans le plan de leur surface inférieure. La température à l'ombre est plus élevée dans les nuages cumulo-stratus qu'au-dessous comme au-dessus. Ces nuages ne sont pas autre chose qu'un état visible de la vapeur d'eau répandue dans l'air sous forme ordinairement invisible. Ils marchent avec l'air et peuvent redevenir invisibles en traversant certaines régions. Leur hauteur varie selon les heures; c'est vers le milieu du jour qu'elle est le plus élevée. »

EXPÉRIENCES DIVERSES.

« *A. Transmission du son, intensité, vitesse.* — L'intensité des sons émis à la surface de la terre se propage sans s'éteindre jusqu'à de grandes hauteurs dans l'atmosphère. Pour en citer quelques exemples, le sifflet d'une locomotive s'étend à 3 000 mètres de hauteur, le bruit d'un train à 2 500 mètres, les aboiements jusqu'à 1 800 mètres; un coup de fusil se perçoit à la même distance; les cris d'une population se transmettent parfois jusqu'à 1 600 mètres, et l'on y discerne également bien le chant du coq et le son d'une cloche. A 1 400 mètres, on entend très distinctement les coups de tambour et tous les sons d'un orchestre. A 1 200 mètres, le cahot des voitures sur le pavé est bien perceptible. A 1 000 mètres, on reconnaît l'appel de la voix humaine; pendant la nuit silencieuse, le cours d'un ruisseau ou d'une rivière un peu rapide produit à cette hauteur l'effet de chutes d'eau puissantes et sonores. A 900 mètres, le coassement des grenouilles laisse entièrement apprécier son timbre plaintif. Il n'est pas jusqu'aux bruits crépusculaires du grillon champêtre (*cri-cri*) qu'on n'entende très distinctement jusqu'à 800 mètres de hauteur.

» Il n'en est pas de même pour les sons dirigés de haut en bas. Tandis que nous entendons une voix qui nous parle à 500 mètres au-dessous de nous, on n'entend pas clairement nos paroles à plus de 100 mètres.

Les nuages et les brouillards, au lieu d'arrêter le son, comme ils arrêtent la lumière, le transmettent mieux que l'air transparent et le renforcent pour des auditeurs éloignés.

» B. *Optique. Ombre lumineuse du ballon.* — En même temps que le ballon vogue, emporté par le courant, son ombre voyage, soit sur la campagne, soit sur les nuages. Cette ombre est ordinairement noire, comme toute ombre. Mais il arrive fréquemment aussi qu'elle se détache en clair sur le fond de la campagne et paraît ainsi lumineuse.

» En examinant cette ombre à l'aide d'une lunette, on trouve qu'elle se compose d'un noyau foncé et d'une pénombre en forme d'auréole. Cette auréole, souvent très large relativement au diamètre du noyau central, s'éclipse à la simple vue, de sorte que l'ombre tout entière paraît comme une nébuleuse circulaire se projetant en jaune sur le fond vert des bois et des prés. J'ai remarqué qu'en général cette ombre lumineuse est d'autant plus accentuée que l'humidité est plus grande à la surface du sol.

» Sur les nuages, cette ombre présente parfois un aspect

étrange. Il m'est arrivé plusieurs fois, en sortant du sein des nues et en arrivant dans le ciel pur, d'apercevoir tout à coup, à 20 ou 30 mètres de moi, un second aérostat parfaitement dessiné se dégageant en gris sur le fond blanc des nuages. Ce phénomène se manifeste au moment où l'on revoit le soleil. On distingue les plus légers détails de l'armature de la nacelle, et notre ombre reproduit curieusement nos gestes.

» Le 15 avril 1868, l'ombre du ballon nous est apparue environnée de cercles concentriques colorés, dont la nacelle formait le centre. Elle se détachait admirablement sur un fond jaune blanc. Un cercle bleu pâle ceignait ce fond et la nacelle en forme d'anneau. Autour de cet anneau s'en dessinait un second jaunâtre, puis une zone rouge-gris, et enfin, comme circonférence extérieure, un légère nuance de violet se fondant insensiblement avec la tonalité grise des nuages.

» La scintillation des étoiles est plus faible dans les hauteurs de l'atmosphère qu'à la surface du sol.

» C. *Couleur et transparence du ciel.* — Au-dessus de 3 000 mètres de hauteur, le ciel paraît obscur et impénétrable. Sa nuance est un gris-bleu foncé dans les régions qui environnent le zénith ; il est bleu azur dans la zone élevée de 40 à 50 degrés, bleu pâle et blanchissant en approchant de l'horizon. L'obscurité du ciel supérieur est ordinairement proportionnelle à la décroissance de l'humidité. Lorsque l'atmosphère est très pure, il semble qu'un léger voile bleu transparent s'interpose au-dessous de nous, entre la nacelle et les intenses colorations de la surface terrestre.

» Je ne puis mieux terminer cet exposé qu'en émettant le vœu que ces sortes d'observations et d'études se multiplient dans notre pays. Le but de la météorologie, dirai-je en interprétant une assertion de Humboldt, doit être « de reconnaître » l'unité dans l'immense variété des phénomènes, et de dé- » couvrir, par le libre exercice de la pensée et par la combi-

» naison des observations, la constance des phénomènes au mi-
» lieu de leurs changements apparents. » Le monde atmosphérique est encore voilé pour la science, et c'est par le nombre
autant que par la sévérité de nos investigations que nous par-
viendrons à arracher à la nature quelques-uns de ses secrets. » [1]

[1] Pour les détails des voyages de M. Flammarion, récits, observations, impressions, etc., voir son ouvrage *Voyages aériens*, journal de bord de douze voyages scientifiques en ballon. 1 vol. in-12. Paris, 1881.

CHAPITRE VIII

La série des expériences inaugurées par M. Flammarion au mois de mai 1867 a été le signal d'un réveil de l'aérostation scientifique en France. Cet astronome accomplissait son sixième voyage aérien, le 23 juin 1867, pour sa traversée nocturne de Paris à Angoulême, lorsque M. Wilfrid de Fonvielle s'élança pour la première fois dans les airs dans la nacelle du *Géant*, construit par M. Nadar; et un an plus tard, le 12 août 1868, M. Gaston Tissandier commençait à son tour ses nombreux voyages scientifiques.

M. de Fonvielle a fait une série d'ascensions variées, tant en France qu'en Angleterre; mais jusqu'à présent il n'a point publié de rapport méthodique sur les observations scientifiques qu'il a pu faire. Nous extrairons des rapports de M. Tissandier les résultats principaux obtenus, dans ses voyages aériens, sur la météorologie et la physique du globe.

« *Courants aériens superposés.* — Il arrive fréquemment que les nuages suspendus dans l'atmosphère suivent des directions sensiblement différentes de celle du vent qui souffle à la surface de la terre, quelquefois diamétralement opposées. Plusieurs courants aériens distincts peuvent ainsi se trouver superposés dans l'atmosphère. Les voyages en ballon permettent de constater bien des faits de ce genre qui échappent aux observateurs terrestres.

Lors de mon ascension avec M. Duruof, le 16 août 1868, au-
dessus du détroit du Pas-de-Calais, j'ai observé deux courants
aériens bien distincts superposés dans l'air. Le courant inférieur
régnait de la surface de la terre et de la mer jusqu'à l'altitude
de 600 mètres. Il avait une température de 13°c. Il se dirigeait
du nord-est vers le sud-ouest. A sa partie supérieure, des nuages
floconneux et blancs, isolés les uns des autres par de petits intervalles, étaient réunis sur un même plan horizontal en nombre
considérable. Ils flottaient à la surface supérieure du courant
aérien, en suivant la même direction. Aussi les voyions-nous
courir avec une rapidité considérable, puisque nous nous mou-
vions nous-mêmes au sein du courant supérieur avec une vitesse
de 32 à 36 kilomètres à l'heure en sens inverse.

» Nous avons constaté la présence du courant supérieur jusqu'à l'altitude de 1 700 mètres, point culminant de notre ascension. La température était de 15 degrés. A cette hauteur
nous apercevions d'autres nuages qui paraissaient suspendus à
quelques centaines de mètres au-dessus de nos têtes : ils formaient probablement la limite supérieure du second courant
aérien, et étaient peut-être surmontés d'un troisième courant;
mais il ne nous est pas permis d'émettre à cet égard autre
chose que des conjectures.

» Les nuages au milieu desquels l'aéronaute peut se trouver
plongé offrent des aspects variés. Pendant mon voyage de Calais, je me suis trouvé plongé dans des nuages si sombres, si
épais, qu'ils interceptaient presque complètement la lumière solaire. Nous étions enveloppés par des vapeurs d'un gris foncé,
tellement denses que la vue de l'aérostat avait complètement
disparu. C'est à peine si je pouvais apercevoir mon compagnon
de voyage, M. Duruof, placé cependant tout à côté de moi.
Cette vapeur d'eau était sèche et ne se condensait nullement
en eau. Sa température était de 14 degrés. Les cumulus sont
souvent d'un blanc éblouissant, même quand on se trouve plongé
dans leur masse. On est parfois environné d'une vapeur blanche

opaline qui paraît être lumineuse, et sa présence n'empêche pas de distinguer nettement les objets voisins.

» Les nuages forment souvent, au-dessus de la surface terrestre, de véritables bancs de vapeur, dont la surface supérieure présente des aspects des plus variés. Cette surface est tantôt mamelonnée comme une mer de glace ; elle est alors tout à fait blanche, avec des éclats argentés quand la lumière du soleil s'y réfléchit. Les mamelons qui y forment des proéminences plus ou moins considérables projettent des ombres tout à fait noires et acquièrent ainsi un relief extraordinaire. Ces masses de nuages, ainsi vues de haut en bas, prennent l'apparence de masses solides semblables à d'immenses amas de neige.

» Les effets de coucher du soleil sont admirables au-dessus de ces océans nuageux ; les couleurs les plus vives s'y observent comme dans les pays tropicaux, et les massifs de vapeur se colorent en rouge éclatant, en violet, et prennent tour à tour l'apparence de l'or ou de la pourpre.

» *Formation de la neige.* Il m'a été donné de faire, dans le cours de deux ascensions aérostatiques, quelques observations intéressantes sur la formation de la neige. Le 8 novembre 1868, nous nous sommes élevés, mon frère, M. Mangin et moi, de l'usine de la Villette, à 11 heures du matin, au moment où des flocons de neige tombaient très abondamment. A 2 000 mètres d'altitude, nous apercevions autour de nous de très petits cristaux qui s'aggloméraient en tombant et qui paraissaient se souder entre eux à des niveaux inférieurs pour donner naissance à des flocons volumineux. La faible quantité de lest dont nous disposions ne nous a pas permis de dépasser sensiblement cette altitude de 2 000 mètres. A cette hauteur, les nuages de neige dans lesquels nous étions plongés semblaient avoir encore une épaisseur assez considérable, car on n'entrevoyait que faiblement la lumière du soleil.

» Le 29 novembre 1875, il nous a été donné de rapporter des observations beaucoup plus complètes. A 11 heures quarante minutes, nous nous sommes élevés dans le ballon *l'Atmosphère* avec mon frère, MM. Poitevin et L. Redier. La chute de légers cristaux de neige qui signala notre départ ne tarda pas à cesser. La température, jusqu'à 700 mètres, était de — 2 degrés. A cette altitude, le massif de nuages blanchâtres, opalins, s'étendait au-dessus de la surface terrestre, sur une épaisseur de 800 mètres. En y pénétrant nous vîmes la température s'abaisser et descendre à — 3 degrés, puis à — 4 degrés.

» A 1 500 mètres, après avoir dépassé la surface supérieure de ce nuage, nous avons plané au milieu d'un véritable banc de cristaux de glace suspendu dans l'atmosphère sur une épaisseur de 150 mètres. La température du milieu ambiant était de zéro. Les cristaux qui voltigeaient autour de nous étaient transparents, très nettement formés d'étoiles hexagonales variées, de 0^m.004 de diamètre et du plus remarquable aspect. L'élévation de température était due sans doute à la formation même de ces cristaux. Quant au fait de la suspension des paillettes de glace au sein de l'air, il peut s'expliquer par les mouvements de tourbillonnement dont elles étaient animées sous l'influence des rayons solaires réfléchis par la surface supérieure des nuages. Ces nuages étaient, en effet, d'un blanc éblouissant et offraient à s'y méprendre l'aspect des montagnes de neige. A 1 650 mètres, l'air était assez pur, et la température, jusqu'à 1 770 mètres, s'éleva encore pour atteindre 1 degré. Des cumulus s'étendaient à un niveau plus élevé, et le ciel bleu s'entrevoyait à travers les intervalles qui les séparaient par moments. Quand le soleil était voilé, les cristaux de glace, bien moins éclairés, il est vrai, ne semblaient plus cependant être soumis aux mêmes mouvements tourbillonnants. Il est probable qu'ils tombaient alors au sein du nuage inférieur et arrivaient jusqu'à la surface du sol, où, comme nous l'avons constaté à la descente, ils étaient beaucoup plus gros, mais moins réguliers, et comme recouverts d'un givre opaque qui leur donnait l'aspect d'un sel effleuri.

» *Ombres aérostatiques.*— Le 8 juin 1872, un remarquable *spectre d'Ulloa* s'est offert à nos yeux. A cinq heures trente-cinq minutes du soir, l'aérostat avait dépassé les beaux cumulus blancs qui s'étendaient horizontalement dans l'atmosphère à 1 900 mètres d'altitude. Le soleil était ardent et la dilatation du gaz déterminait notre ascension vers des régions plus élevées que je ne pouvais atteindre sans danger, n'ayant pour la descente qu'une faible provision de lest. Je donne quelques coups de soupape pour revenir à des niveaux inférieurs. A ce moment, nous planons au-dessus d'un vaste nuage ; le soleil y projette l'ombre assez confuse de l'aérostat, qui nous apparaît entourée d'une auréole aux sept couleurs de l'arc-en-ciel. A peine avons-nous le temps de considérer ce premier phénomène, que nous descendons de 50 mètres environ. Nous passons alors tout à côté du cumulus qui s'étend près de notre nacelle, et forme un écran d'une blancheur éblouissante, dont la hauteur n'a certainement pas moins de 70 à 80 mètres. L'ombre du ballon s'y découpe cette fois en une grande tache noire, et s'y projette à peu près en vraie grandeur. Les moindres détails de la nacelle, l'ancre, les cordages, sont dessinés avec la netteté des ombres chinoises. Nos silhouettes ressortent avec régularité sur le fond argenté du nuage ; nous levons nos bras et nos sosies lèvent les bras. L'ombre de l'aérostat est entourée d'une auréole elliptique assez pâle, mais où les sept couleurs du spectre apparaissent visiblement en zones concentriques. La température est de 14 degrés centigrades environ, l'altitude de 1 900 mètres. Le ciel était très pur et le soleil très vif. Le nuage sur la paroi verticale duquel l'apparition s'est produite avait un volume considérable, et ressemblait à un grand bloc de neige en pleine lumière. Nous étions nous-mêmes entourés d'une certaine nébulosité, et la terre ne s'entrevoyait plus que sous un brouillard indécis. »

Dans une autre ascension, exécutée en février 1872, MM. A. et G. Tissandier ont encore été plus favorisés pour compléter ces observations curieuses des ombres aérostatiques. « Pendant trois heures consécutives, disent les aéronautes, nous avons plané à 400 mètres environ au-dessus d'une couche de nuages, où l'ombre du ballon s'est constamment projetée, entourée d'auréoles lumineuses d'un spectacle incomparable. Nous avons observé trois aspects différents de ces effets d'optique. A l'altitude de 1 350 mètres, l'ombre du ballon n'avait pas d'auréole extérieure ; celle-ci était seulement visible autour de la nacelle. A 1 700 mètres, l'ombre plus petite était encadrée d'un arc-en-ciel circulaire, formant comme un cadre irisé d'une forme elliptique ; enfin, au même niveau, nous avons vu plus tard trois auréoles concentriques, parfaitement nettes, se dessiner sur l'océan des nuages autour de notre ombre. Dans tous les cas le violet était intérieur et le rouge extérieur ; mais le bleu et l'orange étaient beaucoup plus apparents que les autres couleurs du spectre. » On voit combien sont intéressants ces phénomènes ; il est probable qu'ils sont dus à la diffraction des rayons lumineux, et que l'aéronaute en s'élevant par un ciel couvert de cumulus pourrait donner naissance, en quelque sorte à volonté, à ces merveilleux effets de la lumière.

CHAPITRE IX

Recherches expérimentales de **M**. Paul Bert sur la raréfaction de l'air. — Ascension à grande hauteur du ballon *le Zénith*. — Mort dramatique de Crocé-Spinelli et Sivel.

Pendant plusieurs années, M. Paul Bert, professeur à la Faculté des sciences de Paris, s'est consacré à des études sur l'action exercée par les modifications de la pression barométrique sur l'organisme. Le savant professeur a été conduit aux résultats importants que nous allons résumer.

« Les hommes et les animaux, dit M. P. Bert, qui vivent sur les montagnes élevées, sont par là même soumis à une pression dont la faiblesse, par rapport à celle des bords de la mer, ne peut être sans action sur leur organisme. Or, des villes importantes sont bâties à des hauteurs qui dépassent 3 000 mètres, et les hauts plateaux de l'Anahuac (2 000 mètres) nourrissent des millions d'hommes. D'un autre côté, les voyageurs qui gravissent le flanc des montagnes, les aéronautes emportés dans les régions élevées de l'atmosphère, éprouvent fréquemment des troubles physiologiques, de plus en plus graves à mesure qu'ils montent, et qui finissent par rendre l'ascension impossible et mettre la vie en danger. »

Ces effets constatés par les voyageurs qui se sont élevés sur les hautes montagnes, ou par les aéronautes qui ont conduit leurs

nacelles jusque dans des plages aériennes éloignées du niveau de
la mer, sont connus sous le nom de *mal des montagnes*. On
peut décrire ainsi les sensations qui en sont la conséquence :
« Tout d'abord la marche devient difficile, les jambes semblent
plus lourdes à déplacer ; la respiration s'accélère, et, sous la
double influence de la fatigue et de l'anhélation, le voyageur est
bientôt contraint de s'arrêter. Au repos, il se remet bien vite et
recommence sa marche ascensionnelle. Mais les phénomène re-
paraissent et s'aggravent ; il s'y joint des battements de cœur,
des bourdonnements d'oreilles, des vertiges, des nausées. Plus
tard, la faiblesse devient telle que la marche est presque impossible, et il a fallu aux illustres voyageurs dont les noms se rat-
tachent à l'histoire des grandes ascensions (de Saussure, de
Humboldt, Boussingault, etc.) une grande force morale pour
triompher d'un malaise écrasant. Le repos, qui tout à l'heure
faisait tout disparaître, ne suffit plus maintenant, et, même
étendu sur le sol, le voyageur est en proie aux nausées, aux pal-
pitations ; quelquefois même des hémorragies nasales viennent
l'effrayer plus encore que l'affaiblir. Il finit par être obligé de
s'arrêter et de redescendre. »

Si les aéronautes n'ont point la fatigue de la marche, ils n'en
éprouvent pas moins des malaises comparables à ceux que res-
sentent les voyageurs sur les montagnes ; à des hauteurs de
6 000 ou 7 000 mètres ils sentent leurs forces les abandonner ; l'évanouissement est proche, la vie semble vouloir
échapper !

Comment combattre d'une manière efficace ces malaises qui
sont pour l'explorateur des hautes régions de l'air un obstacle
insurmontable ? Voici les résultats de ces nouvelles expériences :

La tension réelle de l'oxygène que nous respirons est d'un
cinquième d'atmosphère, puisqu'il entre pour un cinquième
(0.21) dans sa composition. Cette tension pourra être accrue en
augmentant soit la proportion centésimale, soit la pression atmosphérique, c'est-à-dire en comprimant l'air. Ainsi, de l'air con-

tenant 42 pour 100 d'oxygène correspondra à l'air ordinaire comprimé à deux atmosphères, etc. On peut donc désigner par 21 la tension de l'oxygène de l'air à la pression normale ; par 42, cette tension à 2 atmosphères ; par 63, à 3 atmosphères, etc. Inversement, la tension à une demi-atmosphère (38 c. de mercure) sera 10.5 ; à un tiers d'atmosphère, 7, etc.

Or, il résulte des recherches de M. P. Bert que les changements dans la pression atmosphérique n'agissent nullement, comme le voulaient la plupart des théories ayant cours, par quelque influence mécanique ou physique, mais uniquement parce qu'ils font varier la tension de l'oxygène, et par suite les conditions de ses combinaisons avec le sang et les tissus. Pour lutter contre la torpeur des hautes régions, il suffirait donc d'absorber de l'oxygène.

Au-dessus d'une atmosphère, quand la pression décroît, animaux et végétaux sont menacés d'une mort qui n'est qu'une simple asphyxie par privation d'oxygène. Au-dessus, des accidents arrivent, la mort même survient, et exclusivement à cause de la trop grande tension de l'oxygène, qui agit alors comme un poison violent.

M. P. Bert a montré par de nombreuses analyses du sang artériel de chiens soumis à diverses dépressions, que plus ces dépressions sont considérables, moindres sont les quantités d'oxygène contenues dans leur même volume de sang. Les expériences ont été exécutées dans un grand appareil, formé de deux cylindres, où un homme peut pénétrer, et dans lesquels une pompe à vapeur permet d'obtenir de très faibles pressions. — M. Bert a prouvé par l'analyse minutieuse des gaz contenus dans le sang des sujets (chiens, oiseaux, etc.) sur lesquels il expérimentait, que l'action de la diminution de pression n'est rien autre chose que celle de la diminution d'oxygène dans le sang. — Pour combattre cette action, il suffirait donc d'inhaler de l'oxygène.

M. P. Bert, pour confirmer ses belles théories, a voulu se

rendre compte par lui-même des sensations éprouvées sous l'influence des dépressions.

L'expérimentateur se plaça dans un des cylindres de son appareil. La pompe à vapeur faisait le vide. Vers la pression de 45 centimètres de mercure, commencèrent les phénomènes du mal des montagnes : nausées, dégoûts, faiblesses, etc. ; le pouls était monté de 60 à 80 cent. A ce moment, M. Bert se mit à respirer un air artificiel, où l'oxygène se trouvait à la proportion de 75 centièmes, air contenu dans un ballonnet. Instantanément les malaises disparurent et le pouls revint à sa valeur première. Et cependant le baromètre baissait toujours et atteignait après plus d'une heure le niveau de 25 centimètres, correspondant à 8 850 mètres. C'est à cette hauteur que M. Glaisher, dans la célèbre ascension avec M. Coxwell, tomba sans connaissance au fond de sa nacelle. Cette hauteur est égale à celle du plus élevé des pics terrestres, le Gaurisankar, au Népaul, qui deviendrait ainsi accessible, avec le seul secours de quelques mètres cubes d'oxygène.

Ces expériences sont intéressantes. Malheureusement, les conditions ne sont point les mêmes dans les hauteurs aériennes que sous une cloche à plongeur, et en voulant les recommencer dans une ascension à grande hauteur, le 15 avril 1875, MM. Crocé-Spinelli et Sivel ont trouvé la mort.

Tout le monde se souvient encore de cette terrible catastrophe. Le 15 avril 1875, à 11^{h}32^m du matin, l'aérostat *le Zénith* s'élevait majestueusement et gaiement de l'usine à gaz de la Villette, monté par trois aéronautes, MM. Crocé-Spinelli, Sivel et Gaston Tissandier. A 1 heure et demie, l'aérostat atteignait la hauteur de 8 600 mètres ; mais ses trois passagers étaient évanouis dans la nacelle. A partir de 7 000 mètres environ, ils avaient été pris d'un état d'engourdissement déjà connu par l'ascension de M. Glaisher à une élévation plus grande encore, et dont ils ne s'étaient en aucune façon préoccupés à leur départ, convaincus qu'ils étaient que l'inhalation de l'oxygène suffirait pour empêcher les malaises observés dans les ascensions antérieures. Mais à ces grandes hauteurs les battements du pouls s'accélèrent très vite, le corps et l'esprit s'affaiblissent peu à peu, graduellement, insensiblement, sans qu'on en ait conscience. On devient absolument indifférent, et avant même de perdre connaissance, on ne lèverait pas le doigt pour ne pas mourir. « On ne souffre en aucune façon, écrivait à ce propos le survivant de la catastrophe ; au contraire, on éprouve une joie intérieure, et comme un effet de ce rayonnement de lumière qui vous inonde ; on monte et l'on est heureux de monter. » Le vertige des hautes régions n'est pas un vain mot.

Après une demi-heure environ d'évanouissement, M. Tissandier s'éveilla et vit ses deux amis évanouis au fond de la nacelle. Le ballon descendait rapidement, et le vent était violent de bas en haut ; il n'eut pas la force de jeter du lest pour empêcher le ballon de tomber, et se rendormit comme dans un rêve. Quelques moments après, il se sentit secouer par le bras, et reconnut Crocé-Spinelli qui s'était ranimé et qui criait : « Jetez du lest, nous descendons. » Mais c'est à peine s'il pouvait ouvrir les yeux, et tout ce dont il se souvient, c'est d'avoir vu son compagnon jeter par-dessus bord les instruments, les couvertures, et tout ce qu'il pouvait. Il est probable que le ballon délesté remonta encore une fois dans les hautes régions, car trois quarts d'heure plus tard, M. Tissandier, de nouveau réveillé, sentit que le ballon tombait avec une vitesse effrayante, la nacelle était balancée fortement et décrivait de fortes oscillations ; ses deux compagnons étaient accroupis au fond de la nacelle. Sivel avait la figure noire, les yeux ternes, la bouche béante et remplie de sang ; Crocé avait les yeux à demi fermés et la bouche ensanglantée. Ils étaient morts. Le choc à terre fut d'une violence extrême, le ballon sembla s'aplatir ; mais le vent était rapide, et la nacelle fut entraînée sur les champs, tandis que les corps des deux malheureux aéronautes étaient cahotés durement et sur le point d'être à chaque instant jetés hors de la nacelle. Enfin l'aéronaute put saisir la corde de la soupape, et arrêter définitivement le ballon contre un arbre, près de la commune de Ciron (Indre). Il était quatre heures du soir.

La science comptait deux soldats de plus morts au champ d'honneur, et les noms de Sivel et Crocé-Spinelli venaient s'ajouter au martyrologe de la navigation aérienne.

CHAPITRE X

L'aérostation militaire. — Les ballons du siège de Paris.
La nouvelle école de Meudon.

L'emploi des ballons pendant la guerre de 1870 est un des
chapitres les plus intéressants de l'histoire de l'aérostation.

Paris, que l'on croyait protégé contre l'investissement complet,
grâce à l'étendue de la ligne des forts qui l'enceignent, fut cerné
par l'armée prussienne le 19 septembre 1870. Ce jour-là, une
voiture postale qui la veille encore avait emporté hors Paris des
ballots de dépêches, fut obligée de rétrograder. Le 20 et le 21,
il devint impossible aux courriers de la poste de se frayer aucun
passage à travers les lignes ennemies. La capitale était complétement fermée pour la France et pour l'Europe : sauf de rares
exceptions, pendant six mois nul ne put y entrer ou ne put en
sortir par voie de terre.

Mais il allait être du moins possible, grâce aux ballons, de
déjouer en partie toutes les précautions de l'ennemi !

Le 23 septembre 1870, le ballon *le Neptune*, gonflé depuis
quelques jours sur la place Saint-Pierre, à Montmartre, en vue
d'exécuter des ascensions captives, servit le premier à porter au
dehors les dépêches et les lettres de la capitale investie. Il s'é-
leva à huit heures du matin, conduit par M. J. Duruof, qui emportait dans sa nacelle 125 kilogrammes de dépêches.

La poste aérienne était créée! M. Rampont, directeur des postes, signa un traité avec M. Eugène Godard d'une part et MM. Yon et d'Artois d'autre part, stipulant la commande de ballons-poste cubant 2 000 mètres cubes. Il s'entendit avec des colombophiles, qui se trouvaient à Paris depuis de longues années, et qui jusque-là ne s'étaient fait qu'un jeu des courses de pigeons, et leur confia le soin d'organiser le service de la poste par pigeons, ce qui devait être le complément indispensable de la poste par ballons.

Les aérostats emportaient les dépêches de Paris en même temps que les pigeons messagers : ceux-ci rentraient dans la capitale investie avec des dépêches microscopiques attachées à une des plumes de leur queue.

Depuis le 23 septembre 1870 jusqu'au 28 janvier 1870, soixante-quatre ballons ont franchi les lignes prussiennes. Cinq d'entre eux ont été faits prisonniers, deux autres se sont perdus en mer. Ils ont enlevé dans les airs 64 aéronautes, 91 passagers, 363 pigeons voyageurs, et 9 000 kilogrammes de dépêches représentant 3 000 000 de lettres de 3 grammes.

Au moyen de la photographie microscopique, les pigeons voyageurs ont apporté au gouvernement de Paris une quantité innombrable de dépêches imprimées par la lumière sur des pellicules de collodion transparentes, que l'on amplifiait à l'aide du microscope à lumière électrique.

Les ascensions du siège de Paris, exécutées le jour, la nuit, quelquefois au milieu de bourrasques et de tempêtes, par des aéronautes improvisés, ou par de braves marins, abondent en épisodes émouvants et même en drames terribles; l'histoire de l'aérostation française consacrera ces souvenirs. Nous ne pouvons reproduire ici que quelques-uns des faits les plus saisissants.

Le 7 octobre 1870, M. Gambetta sortit de Paris dans la nacelle de l'aérostat *l'Armand-Barbès;* il atterrit à Montdidier; l'ennemi avait plusieurs fois projeté des balles dans sa direction. Quelques jours auparavant, M. Gaston Tissandier, qui avait passé au-dessus de Versailles, s'était vu assaillir à 1 600 mètres d'altitude par une fusillade de l'ennemi. Mais, grâce au ciel, les balles n'atteignent pas une telle hauteur. Les projectiles prussiens ne purent atteindre aucun des aérostats du siège de Paris. M. de Kératry et d'autres personnes chargées de missions purent se rendre en province par la même voie.

L'expédition la plus remarquable fut celle exécutée le 24 novembre 1870, par M. Rollier accompagné d'un voyageur. Ces aéronautes s'élevèrent de la gare du Nord à onze heures quarante-cinq du soir. Le vent était violent, la nuit noire. M. Rollier maintint son ballon à une grande altitude jusqu'au moment du lever du soleil. Quelle ne fut pas sa stupeur quand il vit, à l'aurore, les vapeurs aériennes se dissiper et découvrir à ses yeux l'immensité de l'Océan ! Pendant deux longues heures, les voyageurs se crurent perdus ! Le moment arriva bientôt où le lest fut presque épuisé et où l'aérostat, fatalement ramené vers l'Océan par l'action de la pesanteur, allait être englouti dans les flots ! Par un hasard vraiment providentiel, le vent dirigea le ballon vers la Norvège, où les aéronautes atterrirent à plus de cent lieues au nord de Christiania.

Au mois de novembre, les naufrages aériens furent nombreux. Le 24 novembre, M. Buffet suivit la même direction que M. Rollier, mais il aperçut la mer au nord de la Hollande et fut assez heureux pour toucher terre sur le rivage, près de la ville de Castelre.

Le 30 du même mois est la date du premier sinistre aérien du siège de Paris. Le marin Prince s'éleva seul, à onze heures du soir, dans la nacelle du *Jacquard*, au milieu des ténèbres. On ne le revit jamais ! Un navire anglais aperçut, en vue de Plymouth, le ballon qui se perdit en mer.

Le jour même de ce dramatique événement, MM. Martin et Ducauroy, eux aussi, étaient jetés vers l'océan Atlantique. Partis de Paris à minuit, sur *le Jules-Favre*, ils aperçoivent la mer au lever du jour; par bonheur, le vent les pousse juste au-dessus de la petite île de Belle-Ile-en-Mer, où ils atterrissent malgré un vent furieux.

Le 27 janvier, au moment de l'armistice, l'aéronaute Lacaze termine la liste des naufrages aériens de la guerre. Il s'élève à trois heures du matin, dans le ballon *Richard-Wallace*, passe près de la terre en vue de Niort, mais au lieu de s'arrêter, il jette du lest et repart dans les hautes régions de l'air. Il continue son trajet et traverse à 2 000 mètres de haut la ville de la Rochelle. Les assistants s'attendent à le voir revenir vers le sol... Mais, à leur stupéfaction, il continue son voyage, et l'aérostat ne tarde pas à se perdre à l'horizon dans les profondeurs de l'Océan, où le malheureux Lacaze trouva son tombeau !

Lacaze était le soixante-troisième aéronaute sorti de Paris en ballon ; le lendemain, le soixante-quatrième et dernier ballon, *le Général-Cambronne*, allait porter à la France la nouvelle de l'armistice.

Depuis la guerre de 1870, les gouvernements se sont sérieusement occupés de l'application des ballons à l'art militaire. Les Allemands nous ont devancé ; mais, dès l'année 1875, le gouvernement français ressuscitait l'*école de Meudon*, qui, sous la première république, avait rendu, comme nous l'avons vu, de signalés services aux armes françaises. Une compagnie d'aéronautes a été créée dans ce but, et des études théoriques et pratiques, des observations, des recherches, des expériences, se succèdent sans relâche, tant pour la direction des ballons que pour leurs applications variées au génie militaire. Cette école appartient exclusivement à l'État, et les opérations sont tenues secrètes. Mais on sait déjà qu'elle a réalisé de rapides progrès dans l'aéronautique. C'est l'école de l'avenir.

FIN

TABLE DES GRAVURES

TABLE DES MATIÈRES

PREMIÈRE PARTIE

LA CONQUÊTE DU CIEL

DEUXIÈME PARTIE

PANORAMA DE L'AÉROSTATION DEPUIS L'ANNÉE 1783

TROISIÈME PARTIE

VOYAGES SCIENTIFIQUES, ÉTUDES, APPLICATIONS DIVERSES

PARIS. — TYPOGRAPHIE DU MAGASIN PITTORESQUE

(JULES CHARTON, ADMINISTRATEUR DÉLÉGUÉ)

rue des Missions, 15